孟庆武◎著

XIANGZHEN HE JIEDAO
ZONGHE XINGZHENG ZHIFA CHENGXU
SHIWU YU CAOZUO

# 乡镇和街道
# 综合行政执法程序
## 实务与操作

法律出版社 LAW PRESS
北京

**图书在版编目（CIP）数据**

乡镇和街道综合行政执法程序实务与操作 / 孟庆武著 . -- 北京 : 法律出版社 , 2024. -- ISBN 978-7-5197-9550-4

Ⅰ. D922.11

中国国家版本馆 CIP 数据核字第 202428N8G8 号

**乡镇和街道综合行政执法程序实务与操作**
XIANGZHEN HE JIEDAO ZONGHE XINGZHENG ZHIFA CHENGXU SHIWU YU CAOZUO

孟庆武 著

责任编辑 朱轶佳 周恩惠
装帧设计 鲍龙卉

**出版发行** 法律出版社
**编辑统筹** 司法实务出版分社
**责任校对** 王 皓
**责任印制** 胡晓雅
**经 销** 新华书店

**开本** 710 毫米 ×1000 毫米 1/16
**印张** 17 **字数** 205 千
**版本** 2024 年 12 月第 1 版
**印次** 2024 年 12 月第 1 次印刷
**印刷** 北京盛通印刷股份有限公司

地址：北京市丰台区莲花池西里 7 号（100073）
网址：www.lawpress.com.cn
投稿邮箱：info@lawpress.com.cn
举报盗版邮箱：jbwq@lawpress.com.cn

销售电话：010-83938349
客服电话：010-83938350
咨询电话：010-63939796



**书号**：ISBN 978-7-5197-9550-4
**定价**：66.00 元

# 编写说明

一、“综合行政执法”主要指乡镇和街道执法部门根据相关部门下放的执法事项，开展的行政检查、行政处罚和行政强制活动。本书的研究重点是综合行政执法中的行政处罚活动。

二、本书的主要内容，是根据或参考相关规范性文件、司法判例和观点，结合理论通说，按照行政处罚普通程序的流程顺序，梳理执法的“规范动作”、常见实务问题的处理等。

三、本书的主要目标，是实现执法人员“学习后直接拿过来就能用”，做到执法程序规范严格公正文明，保障当事人的合法权益，减少不必要的执法风险。

四、正文中所称“规范性文件”，泛指各级各类行政机关制定的行为规范，包括法律、法规、规章和其他规范性文件。[1]

五、正文中规范性文件名称中的“中华人民共和国”一般情况下予以省略，执法文书范例中规范性文件名称保留“中华人民共和国”。

六、引用和叙述规范性文件，没有特别说明的，一般为相关文件的

〔1〕《行政处罚法》第16条规定：“除法律、法规、规章外，其他规范性文件不得设定行政处罚。”根据该条的逻辑，其他规范性文件是法律、法规、规章以外的行政机关制定的规定，因此出于表达方便，本书将规范性文件作为一个统称，包括法律、法规、规章和其他规范性文件。

最新版本。有关法条的检索与校对运用了国务院政策文件库和国家法律法规数据库。引用规范性文件条文时，条文的款、项之间不另分行、分段。

# 目　　录

# 第一章　乡镇和街道综合行政执法概述

乡镇和街道综合行政执法，是指乡镇人民政府和街道办事处以自己的名义开展行政处罚、行政强制以及有关检查监督等执法活动。乡镇人民政府和街道办事处根据法律、法规授权或国务院、省、自治区、直辖市人民政府相对集中授权以及有关部门委托下放的行政执法权限，依法履行职责。一般情况下，乡镇和街道综合行政执法事项与公众联系较为紧密，直接面向基层，这些执法事项由基层承担更为方便有效，属于基层治理的刚需。主要涉及农业农村、文化市场、环保、土地、应急、住建等领域执法。乡镇和街道综合行政执法面广量大，一头连着政府，一头连着企业百姓，对执法人员提出了很高的要求。

然而实践中乡镇和街道执法人员对执法程序的把握和认识水平参差不齐，难免出现执法程序不规范甚至程序违法的问题。执法人员要坚持法治思维、法治意识，坚持程序正当原则，熟悉掌握执法流程的“规范动作”，保障程序正义和当事人合法权益，实现规范、严格、公正、文明执法。

## 一、乡镇和街道综合行政执法改革历程

为了解决多头重复执法、执法效能低下等问题，推动基层政府事、责、权相对应，不断提高行政执法效能和治理水平，我国持续推进综合行政执法改革，试图通过机构合并、职能整合和人员统筹等方式根除行政执法痼疾。

相对集中行政处罚权试点工作开展之初，改革对于“基层”的关照主要限于市、县两级行政管理体制和执法体制，直接针对乡镇和街道综合行政执法及其执法权配置的布局并不突出。[1]自党的十八大以来，在理顺“央地关系”的政策驱动下，地方政府纵向职责配置的空间得到进一步释放，赋予乡镇和街道执法权的改革布局逐渐清晰。[2]

2013 年 11 月，党的十八届三中全会通过了《中共中央关于全面深化改革若干重大问题的决定》，明确提出：“整合执法主体，相对集中执法权，推进综合执法，着力解决权责交叉、多头执法问题，建立权责统一、权威高效的行政执法体制”，“对吸纳人口多、经济实力强的镇，可赋予同人口和经济规模相适应的管理权”。

2015 年 12 月，中共中央、国务院印发《关于深入推进城市执法体制改革改进城市管理工作的指导意见》，明确了下移执法重心，提出：“逐步实现城市管理执法工作全覆盖，并向乡镇延伸，推进城乡一体化发展。”

2016 年 12 月，中共中央办公厅、国务院办公厅印发《关于深入推

〔1〕 参见金晓伟：《“基层一支队伍管执法”：制度逻辑、实践探索与规范路径》，载《治理研究》2023 年第 4 期。

〔2〕 参见金晓伟：《“基层一支队伍管执法”：制度逻辑、实践探索与规范路径》，载《治理研究》2023 年第 4 期。

进经济发达镇行政管理体制改革的指导意见》，提出："省（自治区、直辖市）政府可以将基层管理迫切需要且能够有效承接的一些县级管理权限包括行政审批、行政处罚及相关行政强制和监督检查权等赋予经济发达镇"，"整合现有的站、所、分局力量和资源，由经济发达镇统一管理并实行综合行政执法"。

2017 年 2 月，中共中央办公厅、国务院办公厅印发《关于加强乡镇政府服务能力建设的意见》，提出："按照权力下放、权责一致的原则，除法律法规规定必须由县级以上政府及其职能部门行使的行政强制和行政处罚措施，以及行政许可事项外，对直接面向人民群众、量大面广、由乡镇服务管理更方便有效的各类事项依法下放乡镇政府"，"推动行政执法重心下移，探索乡镇综合执法有效形式，开展综合执法工作"。

2018 年 2 月，党的十九届三中全会通过了《中共中央关于深化党和国家机构改革的决定》，提出："推动治理重心下移，尽可能把资源、服务、管理放到基层，使基层有人有权有物，保证基层事情基层办、基层权力给基层、基层事情有人办。"这里的"基层"已经不局限于"经济发达镇"的场域。

2019 年 1 月，中共中央办公厅、国务院办公厅印发《关于推进基层整合审批服务执法力量的实施意见》，指出："整合现有站所、分局执法力量和资源，组建统一的综合行政执法机构，按照有关法律规定相对集中行使行政处罚权，以乡镇和街道名义开展执法工作，并接受有关县级主管部门的业务指导和监督，逐步实现基层一支队伍管执法。"

2019 年 10 月，党的十九届四中全会提出："推动执法重心下移，提高行政执法能力水平。"[1]

2021 年 4 月、8 月，中共中央、国务院先后印发《关于加强基层

---

〔1〕 参见余凌云、郑琳：《为执法重心下移进行法律赋权》，载求是网，http://www.qstheory.cn/llwx/2019-11/21/c_1125280745.htm。

治理体系和治理能力现代化建设的意见》和《法治政府建设实施纲要（2021—2025年）》，分别提出“根据本地实际情况，依法赋予乡镇（街道）行政执法权，整合现有执法力量和资源”和“继续深化综合行政执法体制改革，坚持省（自治区）原则上不设行政执法队伍，设区市与市辖区原则上只设一个行政执法层级，县（市、区、旗）一般实行‘局队合一’体制，乡镇（街道）逐步实现‘一支队伍管执法’的改革原则和要求”。

2021年1月22日，《行政处罚法》首次“大修”顺利完成并予以公布。新修订的《行政处罚法》回应了基层综合行政执法的实践需求，顺应基层行政执法改革的趋势，对行政处罚权下移制度作出了明确规定。《行政处罚法》第24条第1款规定：“省、自治区、直辖市根据当地实际情况，可以决定将基层管理迫切需要的县级人民政府部门的行政处罚权交由能够有效承接的乡镇人民政府、街道办事处行使，并定期组织评估。决定应当公布。”

2022年，党的二十大报告强调“完善基层综合执法体制机制”，将综合行政执法改革推向纵深。同年，浙江成为全国唯一“大综合一体化”行政执法改革国家试点，探索对行政执法领域进行体制重构、流程再造、多跨协同，至今尚在进行中。

这一系列法律政策文件、改革举措、实践探索，对推动乡镇和街道综合行政执法体制改革，配强乡镇（街道）执法权能，满足基层治理需求以助推我国行政执法改革深入进行具有重大进步意义。

在此背景下，乡镇和街道综合执法改革在全国范围内得到广泛的推广和实施，全国大部分省份通过出台地方性法规、决定、公告、指导意见等规范性文件的方式实质性推动乡镇和街道综合执法改革，以推动基层治理体系和治理能力现代化的进程。例如，在2019年和2020年广东省委和省政府分别下发《关于深化乡镇街道体制改革完善基层治理体系的意见》(粤发〔2019〕27号)和《关于乡镇街道综合行政执法的公告》(粤府函〔2020〕136号),2020年北京市人民政府印发《关于向街道办事处和乡镇人民政府下放部分行政执法职权并实行综合执法的决定》(京政发〔2020〕9号),2021年河北省出台《河北省乡镇和街道综合行政执法条例》,2022年浙江省制定和实施《浙江省综合行政执法条例》,2023年重庆市人民政府办公厅印发《关于深化乡镇(街道)综合行政执法改革的实施意见》(渝府办发〔2023〕74号),2024年山东省人民政府印发《关于印发〈山东省赋予试点县(市、区)所辖乡镇(街道)行政执法权指导目录〉的通知》(鲁政字〔2024〕35号)。全国各地持续推进综合行政执法改革,为加快推进国家治理体系和治理能力现代化提供了重要保障。

## 二、乡镇和街道综合行政执法基本原则

乡镇和街道综合行政执法的基本原则,是指导和规范整个执法过程的基本精神和基本准则,也是行政法基本原则在乡镇和街道综合行政执法的具象化。由于本书主要探讨执法程序的实务与操作,是对法律规则和实务运用分析梳理,故对于乡镇和街道综合行政执法基本原则只是简要阐述,执法人员有所了解即可。乡镇和街道综合行政执法的基本原则主要有依法行政、合理行政、程序正当原则,此外还包括诚实守信、高效便民等。下文具体对依法行政、合理行政、程序正当三个原则展开说明。

### (一)依法行政原则

依法行政原则是各国行政法的共同理念或基本原则,其基本含义在于行政机关和其他行政公务组织必须依法行使行政权或者从事行政

管理活动。[1]这就要求行政执法活动必须在法律范围内进行，要做到主体法定和职权法定。主体法定要求行政执法的主体是享有相应职权的组织，不具有行政执法主体资格的组织都无权进行行政执法。职权法定要求行政执法主体的活动是履行职能的活动，滥用职权、超越权限的执法行为会导致无效行政。执法人员要牢固树立法治权威，尊重法治精神，做到“法无授权不可为”。

（二）合理行政原则

合理行政原则，是指行政主体不仅应依法行政，其行政行为的内容还要客观、适度，符合公平正义，实现执法既有力度又有温度。这就要求行政执法活动做到公平公正、坚持比例原则。公平公正原则要求在执法活动中平等对待当事人，同样情况同等对待，不同情况区别对待，同时行政执法要坚持以事实为依据，以法律为准绳，合理考虑相关因素，排除无关因素。坚持比例原则要求行政执法活动兼顾行政目标的实现和行政相对人权益的保护，如果为了实现行政目标可能对行政相对人的权益造成某种不利影响，应使这种不利影响被限制在尽可能小的范围和限度内，使二者处于适度的比例。例如，《法治政府建设实施纲要（2021—2025年）》明确要求：“广泛运用说服教育、劝导示范、警示告诫、指导约谈等方式，努力做到宽严相济、法理相融，让执法既有力度又有温度。全面推行轻微违法行为依法免予处罚清单。”

（三）程序正当原则

法律正义，包括实体正义和程序正义两个方面。正当的程序不仅是实体正义的工具，在许多情况下，只有通过正当程序方可求得正当的

---

〔1〕 参见应松年主编：《行政法与行政诉讼法学》（第2版），高等教育出版社2018年版，第28页。

实体结果。[1]程序正当原则，是指行政行为必须按照法定的顺序、步骤、方式、时限进行，即遵守正当法律程序。程序正当原则在综合行政执法中主要体现为回避、告知、公开、听取陈述申辩、听证、说理式执法等。在实践中，常有执法机关因程序违法或者剥夺当事人重大程序权利而败诉的案例发生，同时，也存在因执法人员不熟悉执法程序细节而引发执法风险的案例。这也是本书主要从执法程序实务来展开的原因，执法人员坚持程序正当原则，熟悉掌握执法程序，可以有效避免很多执法风险。

〔1〕 参见应松年主编：《行政法与行政诉讼法学》（第 2 版），高等教育出版社 2018 年版，第 33 页。

# 第二章 立案实务

立案环节的简要流程一般是获取案源（主动或被动获取案源/线索），获取案源后一般要制作《立案登记表》，进行初步调查和分类处置（初步调查取证、先行登记保存、责令整改等），制作《立案审批表》，报行政机关负责人审批后，视情况作出是否立案的决定。

立案环节中，获取案源、初步调查和分类处置不是截然分开的，是一个有机整体。例如，在行政检查中发现违法案件线索，就同时进行初步调查、固定证据，之后对照立案或不予立案标准，根据实际情况及时立案或不予立案，对不属于本部门职责或者超出管辖范围的应当及时移送有权处理的部门，涉嫌犯罪的应当依法移送公安机关。

## 一、获取案源的常见方式

案源获取，是综合行政执法部门通过依职权监督检查或其他渠道获取违法线索的过程。以线索来源分类，主要有以下四类：

（一）行政检查

一般是日常主动检查（日常巡查）和执行上级排查检查任务，包括随机抽查、随机抽样、行政调查、定向检查、不定向检查、常规检查、专项检查等，如根据卫片图斑开展卫片执法检查。行政检查是获取案源最主要的方式。

（二）投诉举报

通过投诉、举报知晓线索，如通过群众反映问题、信访、市民服务热线获取违法行为线索。

（三）部门移送交办

包括其他部门移送的线索，如对违法行为无执法权或无地域管辖权的部门移送的线索，和上级部门交办的线索，如上级督查检查发现交办的问题。

（四）其他途径

其他途径发现的线索，如媒体曝光等。

## 二、行政检查实务

（一）乡镇和街道综合行政执法机构具有行政检查权

需要明确的是，乡镇和街道综合行政执法部门在承接有关部门委托下放的执法权时，相应地承接了行政检查权。明确这一点的意义是，首先，执法人员开展行政检查存在法律依据，要消除顾虑，依法全面履职；其次，在行政检查时，要依据有关法律、法规、规章或参考其他政策法律文件关于检查程序的规定和要求，做到程序合法，保障当事人程序权利，避免执法风险。

以下从法理和实践层面对乡镇和街道综合行政执法机构具有行政检查权展开分析：

1. 法理层面

推进乡镇和街道综合行政执法的目的之一就是实现“一支队伍管执法”，解决多头执法扰民问题。行政检查是最广泛的行政执法行为，是优化营商环境、推动基层善治、强化为民服务最迫切的着手之处。因此，行政检查权亦应当集中统一行使，否则重复检查、多头执法以及相互推诿等老问题就会在新体制下再现，甚至可能更复杂。

2. 实践层面

各地乡镇和街道综合行政执法改革的文件一般也将与行政处罚有关的行政检查权授权乡镇和街道统一行使。

例如，山东省人民政府《关于印发〈山东省赋予试点县（市、区）所辖乡镇（街道）行政执法权指导目录〉的通知》（鲁政字〔2024〕35号）要求：“向27个经济发达镇赋权经验，省政府决定将部分县级政府有关部门行使的行政处罚权以及与之相关的行政检查权、行政强制措施权授权20个左右试点县（市、区）所辖的乡镇政府和街道办事处行使。”

重庆市人民政府办公厅《关于深化乡镇（街道）综合行政执法改革的实施意见》（渝府办发〔2023〕74号）要求：“按照‘一支队伍管执法’的要求，由乡镇（街道）综合行政执法大队行使乡镇（街道）权限范围内的行政处罚以及与之有关的行政检查和行政强制措施。”

北京市人民政府《关于向街道办事处和乡镇人民政府下放部分行政执法职权并实行综合执法的决定》（京政发〔2020〕9号）明确：“市政府决定将由市、区有关部门承担的部分行政处罚权、行政强制权下放至街道办事处和乡镇人民政府，并由其依法行使与之相关的行政检查权，实行综合执法。”

### （二）关于行政检查履职要求的规范依据

1. 法律

《行政处罚法》《行政许可法》《安全生产法》《公路法》《土地管理

法》等对行政检查进行了程序规定。

例如,《行政处罚法》第55条规定:“执法人员在调查或者进行检查时,应当主动向当事人或者有关人员出示执法证件。当事人或者有关人员有权要求执法人员出示执法证件。执法人员不出示执法证件的,当事人或者有关人员有权拒绝接受调查或者检查。当事人或者有关人员应当如实回答询问,并协助调查或者检查,不得拒绝或者阻挠。询问或者检查应当制作笔录。”

《行政许可法》第63条规定:“行政机关实施监督检查,不得妨碍被许可人正常的生产经营活动,不得索取或者收受被许可人的财物,不得谋取其他利益。”

《土地管理法》第68条规定:“县级以上人民政府自然资源主管部门履行监督检查职责时,有权采取下列措施:(一)要求被检查的单位或者个人提供有关土地权利的文件和资料,进行查阅或者予以复制;(二)要求被检查的单位或者个人就有关土地权利的问题作出说明;(三)进入被检查单位或者个人非法占用的土地现场进行勘测;(四)责令非法占用土地的单位或者个人停止违反土地管理法律、法规的行为。”

2. 行政法规

《优化营商环境条例》《道路运输条例》等对行政检查进行了程序规定。

例如,《优化营商环境条例》第54条规定:“国家推行‘双随机、一公开’监管,除直接涉及公共安全和人民群众生命健康等特殊行业、重点领域外,市场监管领域的行政检查应当通过随机抽取检查对象、随机选派执法检查人员、抽查事项及查处结果及时向社会公开的方式进行。针对同一检查对象的多个检查事项,应当尽可能合并或者纳入跨部门联合抽查范围。对直接涉及公共安全和人民群众生命健康等特殊行业、重点领域,依法依规实行全覆盖的重点监管,并严格规范重点监管的程序;对通过投诉举报、转办交办、数据监测等发现的问题,应当有针对性地进行检查并依法依规处理。”

《道路运输条例》第60条第1款规定:“县级以上人民政府交通运输主管部门的工作人员实施监督检查时,可以向有关单位和个人了解情况,查阅、复制有关资料。但是,应当保守被调查单位和个人的商业秘密。”

3. 部门规章和其他规范性文件

《民用航空行政检查工作规则》《中国人民银行执法检查程序规定》《国家能源局行政检查工作规定》《养老机构行政检查办法》等对相关领域行政检查作了可操作性很强的详细规定。

《自然资源行政处罚办法》《海关办理行政处罚案件程序规定》《市场监督管理行政处罚程序规定》《农业行政处罚程序规定》《交通运输行政执法程序规定》《生态环境行政处罚办法》《烟草专卖行政处罚程序规定》《住房和城乡建设行政处罚程序规定》《城市管理执法办法》《档案行政处罚程序规定》《中国人民银行行政处罚程序规定》《国家能源局行政处罚程序规定》《公安机关办理行政案件程序规定》等对相关领域行政检查作了相应规定。

例如,《养老机构行政检查办法》第21条规定:“实施行政检查,检查人员有权实施下列行为:(一)查看养老机构服务场所;(二)向养老机构和个人了解情况;(三)查阅与检查事项有关的合同、票据、账簿及其他有关文件资料、信息系统;(四)对检查过程进行音像记录;(五)通过收集原件、原物或者采取记录、录音、录像、照相或者复制等方式获得有关材料;(六)法律、法规、规章规定的其他行为。”

《养老机构行政检查办法》第24条规定:“实施行政检查,检查人员应当填写检查记录表,如实记录检查内容、发现的问题等情况并签字。采取现场检查方式的,检查记录表还应当由养老机构法定代表人(主要负责人)或者其委托的工作人员签字确认。无法取得签字的,检查人员应当注明原因；确有必要的，可以邀请在场人员作为见证人，并由检查人员和见证人共同签字确认。”

《市场监督管理行政处罚程序规定》第 22 条规定：“办案人员调查或者进行检查时不得少于两人，并应当主动向当事人或者有关人员出示执法证件。”

4. 其他规定

主要指地方性法规和地方政府规章，如《广东省行政检查办法》《江苏省行政程序条例》《河北省乡镇和街道综合行政执法条例》《威海市涉企行政检查管理办法》《青岛市规范涉企行政检查办法（试行）》等。

（三）可以参考借鉴的规范依据

乡镇和街道综合行政执法部门开展执法检查，应当以有关法律、行政法规、部门规章特别是本地区有关行政检查的地方性法规或规章为依据；如果本地区没有相关规定，也可以参考其他省级层面关于行政检查的规章。借鉴参考发达地区的法律文件，有助于规范行政检查行为，促进严格规范公正文明执法，保护公民、法人和其他组织的合法权益，维护公共利益和社会秩序。

省级层面值得参考借鉴的是《广东省行政检查办法》《江苏省行政程序条例》；特别是《广东省行政检查办法》，2020 年在全国范围内率先出台，对于严格规范行政检查行为，着力提升政府监管的公平性、规范性和有效性，保护公民、法人和其他组织的合法权益，打造广东法治化营商环境具有重要意义，也为全国法治政府建设提供了新经验。特别是在组织检查、实施检查、保障检查对象权利等部分对规范行政检查作出了细致的规定，基层执法人员在日常执法检查时可以参考。

例如，在行政检查的原则方面，《广东省行政检查办法》第 5 条第 1

款规定："行政检查应当遵循依法实施、权利保障、高效便民、廉洁透明的原则。"

在组织行政检查方面，《广东省行政检查办法》第13条规定："行政执法主体应当重点对下列执法事项或者检查对象依法依规实行全覆盖重点检查：（一）直接关系食品安全、药品安全、公共卫生、安全生产、自然资源保护、生态环境保护等重点领域治理的；（二）被多次投诉举报的；（三）被列入经营异常名录或者有严重违法违规记录等情况的；（四）其他在日常监管中发现需要重点检查的。"第17条规定："推行'综合查一次'制度，避免行政执法主体对检查对象重复检查。同一行政执法主体同一时期对同一检查对象实施多项检查的，原则上应当合并进行。不同行政执法主体需要对同一检查对象进行多项检查并且内容可以合并完成的，原则上应当组织联合检查。"

在实施行政检查方面，《广东省行政检查办法》第21条规定："现场检查应当遵守下列规定：（一）实施前经本单位负责人批准；（二）由两名以上行政执法人员实施；（三）出示行政执法证件；（四）告知检查对象有关权利义务；（五）听取检查对象的意见；（六）记录询问、检查情况；（七）法律、法规、规章规定的其他程序。日常检查的批准程序可以按本单位的管理制度执行。"第23条规定："行政执法主体实施行政检查可以采取下列方法：（一）听取检查对象情况说明；（二）查阅、调取、复制相关资料；（三）审查检查对象自查报告；（四）组织实地调查、勘查；（五）遥感监控、在线监测、卫星定位；（六）抽取样品进行检验、检疫、检测或者技术鉴定；（七）询问有关人员；（八）法律、法规、规章规定的其他方式。"

在保障检查对象权益方面，《广东省行政检查办法》第33条规定："行政执法主体应当平等对待检查对象，充分保障检查对象的合法、正当权益，不得妨碍检查对象正常的生活和生产经营活动。"第36条规定："行政执法主体不得以实施行政检查为由，限制或者变相限制其他地区的个人或者企业到本地区从事生产经营和提供服务，不得变相限制其他地区的商品进入本地区市场。"第37条规定："行政执法主体开展清理整顿、专项整治等活动时，应当严格依照法定的权限和程序实施行政检查。除涉及人民群众生命安全、发生重特大事故或者举办国家重大活动并依法报经有权机关批准外，不得在相关区域采取要求相关行业、领域的市场主体普遍停产、停业的措施。"

（四）行政检查的"规定动作"

实践中，受制于乡镇和街道"熟人社会"的习惯、当地的法治水平、提高行政效率的要求、行政相对人的配合程度等因素，行政检查未必能做到或者不需要做到"尽善尽美"；这是客观现实，具有合理性。但是根据法律规定，参考其他法律政策文件，遵循程序正当等行政法基本原则，结合法院审查中行政机关违反法定程序的案例，行政检查仍然应当尽量做到如下"规定动作"：

1. 规范要求

行政检查时，至少两名持证执法人员，穿着制服，全程摄录，出示执法证件，说明理由，告知当事人或现场关联人员有如实提供证据的义务，并告知其有知情权、要求回避权、要求执法人员说明执法理由权、陈述申辩权等权利，告知事项均应记入笔录。特别需要注意的是，乡镇和街道执法机构在进行行政检查时，应当听取当事人的陈述、申辩。

执法人员要查阅当事人的相关证照、主体资格、身份证明、制度、记录、技术资料、必要的台账记录及其他书面文件（以下简称文件材料）。经查阅当事人相关证照等文件材料后，发现与案情有关的，应要求当事人提供复制件；当事人不方便复制的，应为其提供便利，不得额外收取费用。复制件应按照证据标准要求当事人签字捺印确认。

根据实际需要拍摄现场情况，制作《现场检查（勘验）笔录》，写明日期、地点、检查（勘验）起止时间、检查（勘验）对象，对现场情况进行客观、详细描述，避免出现主观判断，执法人员签名后交当事人或在场有关人员核对；其有核对障碍的，向其宣读。核对后，如当事人或有关人员对《现场检查（勘验）笔录》无异议，应要求其在笔录上签名；有异议的，可在笔录上注明理由并签名；拒绝签名的，由执法人员注明拒签情况。当事人不在，由现场有关人员签字确认的，应要求有关人员注明身份。重大、特殊案件或其他情况（如执法记录仪不能正常工作）应有两名见证人到场，并在笔录上签字。

有必要的要运用专业技术手段进行测试和采样。进行现场测试或采样的，应当场制作测试报告和采样记录；不能当场制作的，按照取证要求带回或请求相关部门协助，全面收集事实证据。对有可能毁损、灭失或难以取得的证据材料，应当及时调取或采取证据先行登记保存、封存、留样及摄影摄像等证据保全措施。现场存在现实危险的，应及时采取强制措施制止。

2. 参考指引

有些地方或部门出台了现场执法规范指引，执法人员可以参考借鉴。例如，2022 年河北省住房和城乡建设厅制定了《河北省城市管理现场执法指引（试行）》（第一批），选取了四个部分高频城管现场执法事项进行规范指引，分别是占道经营执法、占用挖掘城市道路执法、现场调查取证执法和阻挠执法、暴力抗法执法。每部分详细介绍了适用情景、法律依据、执法程序、法律文书、注意事项、执法案例等内容，从执法动作、执法语言、全过程记录等方面进行了具体规定，全面推进严格、规范、公正、文明执法。2023 年甘肃省住房和城乡建设厅制定了《甘肃省城市管理执法人员仪容举止指引（试行）》《甘肃省城市管理执法人员着装指引（试行）》《甘肃省城市管理执法装备使用管理指引（试行）》

《甘肃省城市管理执法队伍队列指引（试行）》，进一步规范城市管理执法队伍仪容举止、着装、执法装备使用管理和队列动作，提升执法队伍形象，提高城市管理执法服务水平。

### （五）“放管服”改革背景下如何规范涉企行政检查

近年来，为了保护经营主体合法权益，促进市场公平竞争，打造一流营商环境，各地纷纷出台政策文件，开展专项行动，采取各类措施，持续规范涉企行政执法行为，特别是规范涉企行政检查，取得了一定成效。

例如，早在2020年《广东省行政检查办法》就明确推行“综合查一次”制度，要求同一行政执法主体同一时期对同一检查对象实施多项检查的，原则上应当合并进行。2024年7月，山东省人民政府办公厅发布《关于进一步规范涉企行政执法行为持续优化营商环境的若干措施的通知》（鲁政办字〔2024〕71号），从加强涉企督导检查调研活动统筹、深化“综合查一次”改革、大力推行非现场执法、加强涉企检查结果处置标准化建设四个方面规范涉企行政检查。2024年5月，江苏省苏州市在全市范围内开展规范涉企行政执法监督检查专项行动，加强部门协调联动，全力推进“综合查一次”改革；加强分级分类监管，探索建立涉企检查“白名单”；加强执法队伍建设，全面规范行政执法监督检查；加强监管方式创新，推行包容审慎柔性监管模式，取得了显著成效。[1]

乡镇和街道综合执法部门直接面向市场主体，涉企检查直接关系企业生产经营秩序；乡镇和街道综合执法部门要学习借鉴规范涉企行政检查的先进经验，不断规范涉企行政检查。一是减少对企业的干扰。

---

〔1〕　参见苏州市司法局：《苏州市开展规范涉企检查专项行动持续优化营商环境》，载苏州市人民政府官网2024年6月3日，https://www.suzhou.gov.cn/szsrmzf/bmdt/202406/01b51915596b4110a44bf54be51cb748.shtml。

严格涉企检查程序，强化内部审批执行，杜绝随意检查，压减非执法类督导调研，杜绝各类无工作计划、无实际内容、不以解决问题为目的的入企督导调研。二是推行“综合查一次”改革。推行检查事项清单化管理，规范涉企检查事项、频次、内容，实现经营主体照单整改、执法人员依单检查。三是推行非现场执法。有条件的地区，要充分运用大数据、人工智能等技术，在安全生产、交通运输、生态环境等领域，推行以远程监管、移动监管和预警防控为特征的非现场监管执法，实现在线即时监督监测，压减入企检查次数。四是强化全流程管理。检查结果依法需要企业整改的，实行“一次告知、全程跟踪、及时复核”。需要进一步立案调查的，严格立案审核，及时依法查处，做到工作闭环。

## 三、初步调查和分类处置

### （一）立案前可以初步调查取证

无论是行政检查发现线索，还是经过投诉、举报发现线索，都需要执法人员进行核实处置，一般情况下此时尚未立案；有的执法人员认为没有立案就不能进行取证，这其实是个误区。

立案前进行初步调查取证具有合理性，且得到法院支持。在晋海家居用品（上海）有限公司诉上海市奉贤区城市管理行政执法局行政处罚案中，法院认为，立案是作出行政处罚的必经程序，但并不一定是启动调查的先行程序。一方面，这是由于行政机关决定立案应当建立在有初步证据的基础上，不进行事先调查便难以决定是否立案；另一方面，由于证据取得往往强调及时性，及时调查取证利于行政机关依法、有效履行职权。该案中，奉贤区城市管理行政执法局的执法人员在立案前对现场进行拍照、制作《现场检查笔录》，并询问相关见证人，以固定证据，在初步确定事实的基础上，进行正式立案，这一系列行为并不违背程序正当性的要求。[1]

从规范依据上，部门规章也多有相应规定，如《住房和城乡建设行政处罚程序规定》第 15 条规定："立案前核查或者监督检查过程中依法取得的证据材料，可以作为案件的证据使用。"

因此，立案前获取的证据，只要主体适格，程序合法，执法人员获取的证据就是合法的，其效力并不受是否立案的影响；执法人员在这方面可以消除顾虑。对于投诉、举报、上级机关交办、其他机关移送、媒体曝光的案件，行政机关必须在批准立案后才能启动调查程序，但是为了查明案件是否符合立案标准，可以进行初步调查（初步核查）。对于通过监督检查、日常巡查检查发现违法线索的，或需要立即查处的违法行为，可以先行调查取证，并在规定时间内决定是否立案和补办立案手续。

### （二）对行政检查获得线索的处理

乡镇和街道综合行政执法部门查处的违法行为大多有很强的时效性，如占道、店外经营、工地扬尘防控等案件，若不及时固定证据，违法现场很容易灭失。因此，执法员要第一时间对违法现场的情况拍照、录像，制作现场检查（勘验）笔录，必要时还可以采取证据先行登记保存甚至查封、扣押等强制措施。

对需要责令限期改正，逾期不改正方能处罚的违法行为，应在确定违法行为存在后，先制作现场检查（勘验）笔录，拍摄现场影像记录，下达《责令（限期）改正 / 停止通知书》，并根据实际情况留出整改期限。切忌违法行为不确定、证据未固定即下《责令（限期）改正 / 停止通知书》，或者整改期限过短或过长。

---

〔1〕 参见上海市第一中级人民法院行政判决书，〔2014〕沪一中行终字第 384 号。

《责令（限期）改正 / 停止通知书》下达后，还需及时跟进复查，制作复查检查（勘验）笔录。如果复查日超出整改期限，与“责令改正日”间距过长，则无法判断违法行为持续性，会给判断违法成立和违法情节带来麻烦。

对现场不能确定违法行为的情形，如“现场不能出示某某手续”“现场不能确认某某行为的性质”“待专业认定之后方能确定违法”等，应首先向当事人下达《接受调查（询问）通知书》，要求当事人配合调查，限期提供相关证据材料；在等待当事人提供手续期间，或专业认定结论作出前，要定期复查，确定现场情况。在明确当事人违法行为成立后，方能向当事人下达《责令（限期）改正 / 停止通知书》。

对违法事实轻微，可以立整立改的违法行为，由于大部分执法人员比较熟悉片区内情况，允许执法人员根据日常执法经验自行判断对此类案件是否立案查处。不予立案的，以证据标准制作案发时和整改后材料，留痕备查。当事人未再出现新的违法行为的，留痕材料保存期限以两年为宜。如当事人屡教不改需立案处罚，这些材料可根据实际情况转为立案材料使用。

（三）对投诉、举报获得线索的处理

收到投诉、举报后，执法人员应当尽快到现场核实线索；在核实过程中应高度注意固定证据的方式方法，避免证据的灭失或以后难以取得。现场不能发现违法事实的，及时联系投诉、举报人确认违法事实及诉求，并制作联系记录。

无法和投诉、举报人直接接触的情形下，一般通过电话联系投诉、举报人；按照执法过程全记录的要求，首先对投诉、举报人表明身份，表明有录音或者录像，要对投诉、举报人做案情询问，非特殊情况不宜中断。

可以和投诉、举报人直接接触的情形下，原则上应上门探访并现场制作笔录。如果投诉、举报人另有要求或愿意配合工作，也可邀请其至办案机构的办公场所或约定地点开展询问，制作笔录，不宜直接要求投诉、举报人必须到执法办公地点接受调查。

对投诉、举报人的询问笔录可以使办案人员对整个案件形成一个大致印象，有助于判断之后的调查方向和重点，并且可以跟其他证据形成交叉印证。同时要注意对投诉、举报人身份保密；在后续调查时，如需向当事人出示证据质证，应采取技术手段隐去举报人身份信息。

现场不能发现违法事实又联系不上投诉、举报人的，应制作记录材料，回复受理投诉、举报的机构。记录材料包括现场检查（勘验）笔录、现场影像证据、联系记录、回复意见书等；记录材料应视情况保存一定时间，以两年为宜。

需要注意的是，执法人员要履行告知义务。对于经过核查不予受理的，要将不予受理的理由、其他维权途径等告知投诉、举报人。对于经过核查予以受理的，对违法行为作出行政处罚、不予行政处罚、撤销案件、移送管辖等处理决定，并应当告知投诉、举报人。告知方式包括但不限于书面、电话、短信、微信、电子邮件等形式，执法人员应当保留告知记录。举报投诉人未提供联系方式或联系方式不明确的，可以不予告知。

### （四）对部门移送案件的处理

部门移送的案件，有主管行政机关向综合行政执法机关移送处罚的案件，也有上级机关向下级机关移送的案件，还有跨区域移送管辖的案件。

往来频繁的移送机关，已经形成了成熟的“移送规则”，接收单位只需要按照“移送规则”审核移交材料是否齐全、材料是否符合证据规范即可。如发现移送材料有重大瑕疵，或者移送单位有职权范围内掌握的证据材料但未提供，应第一时间书面要求移交单位补正。在长期的工作合作中，有些关系密切的主管机关和处罚机关的工作人员配合默契，往往在移送前双方已经就移送何种材料，材料制作标准达成一致，沟通顺利，对接流畅，即便材料有瑕疵，也能及时补正和互相补台。

尚未建立“移送规则”的行政机关，第一次移送相当重要。有些执法人员往往是第一次接触移送案件的类型，在收到移送材料后，要根据涉嫌违法行为的构成要件，初步判断移送证据材料是否能证明违法成立以及案件当事人是否明确；材料不明的，可以协商暂留不收，第一时间到现场踏勘。同时，对移送案件的办理过程，综合行政执法部门应当总结经验教训，及时向移送部门反馈，共同商定“移送规则”。

## 四、视情况立案

### （一）立案标准

#### 1. 立案标准的规范依据

《行政处罚法》对行政处罚的立案标准进行了原则性的规定，其第54条规定：“除本法第五十一条规定的可以当场作出的行政处罚外，行政机关发现公民、法人或者其他组织有依法应当给予行政处罚的行为的，必须全面、客观、公正地调查，收集有关证据；必要时，依照法律、法规的规定，可以进行检查。符合立案标准的，行政机关应当及时立案。”

现行其他与立案有关的行政法规、部门规章有40部左右，行政法规包括《保障措施条例》《反补贴条例》《反倾销条例》等，部门规章包括《海关办理行政处罚案件程序规定》《市场监督管理行政处罚程序规定》《农业行政处罚程序规定》《邮政行政处罚程序规定》《生态环境行政处罚办法》《烟草专卖行政处罚程序规定》《住房和城乡建设行政处罚程序规定》《档案行政处罚程序规定》《中国人民银行行政处罚程序规定》《工业和信息化行政处罚程序规定》等。

现行部门规章中有18部对立案标准作了可操作性规定，下文列举部分关于立案标准的部门规章的规定：

《住房和城乡建设行政处罚程序规定》第15条第2款规定："经核查，符合下列条件的，应当予以立案：（一）有初步证据证明存在违法行为；（二）违法行为属于本机关管辖；（三）违法行为未超过行政处罚时效。"

《市场监督管理行政处罚程序规定》第19条第1款规定："经核查，符合下列条件的，应当立案：（一）有证据初步证明存在违反市场监督管理法律、法规、规章的行为；（二）依据市场监督管理法律、法规、规章应当给予行政处罚；（三）属于本部门管辖；（四）在给予行政处罚的法定期限内。"

《农业行政处罚程序规定》第30条规定："符合下列条件的，农业行政处罚机关应当予以立案，并填写行政处罚立案审批表：（一）有涉嫌违反法律、法规和规章的行为；（二）依法应当或者可以给予行政处罚；（三）属于本机关管辖；（四）违法行为发生之日起至被发现之日止未超过二年，或者违法行为有连续、继续状态，从违法行为终了之日起至被发现之日止未超过二年；涉及公民生命健康安全且有危害后果的，上述期限延长至五年。法律另有规定的除外。"

2. 立案标准分析

通过对上述部门规章进行梳理和分析可知，"有违法事实""属于行政机关的职权范围""属于行政机关的管辖范围""未超过追诉时效"，是在立法中获得共识的四个要素。实践中，对于立案标准也主要从这四个方面去把握。

（1）有违法事实。即有初步证明违法事实的证据材料，如涉案物品、实名案件举报材料、执法调度平台现场拍摄的照片、上级部门下发的土地监测图斑（卫片执法）等，证据取得的程度只要达到“涉嫌”即可，而无须达到确认必须能够进行行政处罚的程度。因为最终是否能够进行行政处罚，既要考虑是否存在违法事实；也要考虑违法事实的危害程度，违法行为人的主观故意、是否初次等情况，需要立案后进行进一步的调查确定。

（2）属于行政机关的职权范围。这个最易判断，通常乡镇和街道综合执法事项是清单化的，执法人员发现情况复杂的涉嫌违法行为时，通过对照执法事项清单判断即可；如果发现不属于本行政机关的职权范围，应移送有相应执法权的部门。对于涉嫌犯罪的，应当及时移送司法机关。

（3）属于行政机关的管辖范围。这里的管辖仅指横向的地域管辖，主要注意执行《行政处罚法》的有关规定。《行政处罚法》第22条规定：“行政处罚由违法行为发生地的行政机关管辖。法律、行政法规、部门规章另有规定的，从其规定。”第25条规定：“两个以上行政机关都有管辖权的，由最先立案的行政机关管辖。对管辖发生争议的，应当协商解决，协商不成的，报请共同的上一级行政机关指定管辖；也可以直接由共同的上一级行政机关指定管辖。”

（4）未超过追诉时效。《行政处罚法》第36条规定：“违法行为在二年内未被发现的，不再给予行政处罚；涉及公民生命健康安全、金融安全且有危害后果的，上述期限延长至五年。法律另有规定的除外。前款规定的期限，从违法行为发生之日起计算；违法行为有连续或者继续状态的，从行为终了之日起计算。”也就是说，只有在追诉时效内的违法行为才能立案。

关于追诉时效，有几点需要注意：

第一，什么叫“违法行为有连续或者继续状态的”。国务院原法制办公室对湖北省人民政府原法制办公室《〈关于如何确认违法行为为连续或继续状态的请示〉的复函》(国法函〔2005〕442号)指出:“……是指当事人基于同一个违法故意,连续实施数个独立的行政违法行为,并触犯同一个行政处罚规定的情形。”

第二,对“发现”的界定。全国人大常委会法工委《关于提请明确对行政处罚追诉时效“二年未被发现”认定问题的函的研究意见》(法工委复字〔2004〕27号)指出:“经研究,我部认为,《行政处罚法》第29条〔1〕规定的发现违法违纪行为的主体是处罚机关或有权处罚的机关,公安、检察、法院、纪检监察部门和司法行政机关都是行使社会公权力的机关,对律师违法违纪行为的发现都应该具有《行政处罚法》规定的法律效力。因此上述任何一个机关对律师违法违纪行为只要启动调查、取证和立案程序,均可视为‘发现’;群众举报后被认定属实的,发现时效以举报时间为准。”虽然此处针对的是发现律师违法违纪行为,但是实践中可以参考。

第三,其他追诉时限。对于如何界定“涉及公民生命健康安全”的违法行为,可以参考行政法规和国务院部门的贯彻规定理解和执行,具体涵盖食品、药品、医疗器械、化妆品、家用电器、特种设备、食用农产品、生猪屠宰等领域。对于如何界定“涉及金融安全”的违法行为,可以参考最高人民法院的有关规定理解和执行,具体应包括非法吸收公众存款、非法集资等违法行为,以及操纵股价、内幕交易、虚假陈述等违法行为。

第四,“法律另有规定的除外”指的是什么。除《行政处罚法》第36条规定的追诉时效外,出于行政管理的需要,其他法律也对追诉时效有相应规定。例如,《治安管理处罚法》第22条规定:“违反治安管理行为在六个月内没有被公安机关发现的,不再处罚。前款规定的期

〔1〕 此处适用的是1996年《行政处罚法》,相关规定参见2021年修订的《行政处罚法》第36条。

限，从违反治安管理行为发生之日起计算；违反治安管理行为有连续或者继续状态的，从行为终了之日起计算。”《税收征收管理法》第 86 条规定：“违反税收法律、行政法规应当给予行政处罚的行为，在五年内未被发现的，不再给予行政处罚。”

（二）可以不予立案的情形

通过梳理法律法规、部门规章，结合通说，不予立案的情形主要有以下五种：

（1）关于违法事实。以下情形，告知线索提供人证据不足、事实不清，均不予立案：核查后有确凿证据确定违法事实不成立；或者违法事实成立但情节显著轻微，危害后果不大或无危害后果，并已整改完毕的；或者经执法人员现场处置后即消除危害后果的；或者案件线索不清，自行调查无法查明，线索提供人又不能继续补充提供的。

（2）关于追诉时效。根据《行政处罚法》第 36 条的规定，除涉及公民生命健康安全、金融安全且有危害后果的期限延长至 5 年的以及法律另有规定外，对自发生之日起超过两年才被发现且没有持续状态的违法行为，不应立案。

（3）关于“一事不再罚”。根据《行政处罚法》第 29 条“对当事人的同一个违法行为，不得给予两次以上罚款的行政处罚”的规定，同一违法行为已被罚款处罚或其他办案机构已立案查处，且不存在其他处罚类型可能的，不再立案。

（4）关于管辖权。超越地域管辖范围或超越职能管辖范围的，或者涉嫌犯罪需要移送司法机关的，均不应立案，要及时报告本机关负责人，按照移送程序移送至有管辖权的执法或司法部门。

（5）符合依法不予处罚的情形。《行政处罚法》第 30 条规定：“不满十四周岁的未成年人有违法行为的，不予行政处罚，责令监护人加以管教；已满十四周岁不满十八周岁的未成年人有违法行为的，应当从轻或者减轻行政处罚。”第 31 条规定：“精神病人、智力残疾人在不能辨认或者不能控制自己行为时有违法行为的，不予行政处罚，但应当责令其监护人严加看管和治疗。间歇性精神病人在精神正常时有违法行为的，应当给予行政处罚。尚未完全丧失辨认或者控制自己行为能力的精神病人、智力残疾人有违法行为的，可以从轻或者减轻行政处罚。”初查中已经确认存在依法应当不予处罚情形的，无须立案。

以上几类，均可不予立案，但要在立案时限内处理完毕，相关证据材料和线索往来材料应由办案机构保留，保留期限以两年为宜。如果不能在立案时限内处理完毕，则应及时立案，按照普通程序处理；如存在不予立案的情形，可作出不予处罚决定或移送决定。

特别需要注意的是，对于上级交办、社会舆论争议较大等特殊案件，虽然要追求行政效率，尽快立案，但更要严格遵守执法程序，注意听取和复核当事人的陈述申辩，保障当事人程序权利，不能忽略对当事人有利的证据如可以减轻、从轻处罚或不予处罚的证据的收集保存，切忌因为上级压力、领导重视、急于回应舆情等因素影响而出现程序违法、粗糙执法。

### （三）立案时限

#### 1. 有关立案时限的规定

《行政处罚法》第 54 条第 2 款规定的立案时限是“及时立案”，部门规章对立案时限的规定并不一致。例如，《住房和城乡建设行政处罚程序规定》规定的是“应当在十五日内予以核查，情况复杂确实无法按期完成的，经本机关负责人批准，可以延长十日”；《农业行政处罚程序规定》规定的是“应当自发现线索或者收到相关材料之日起七日内予以核查，由农业行政处罚机关负责人决定是否立案；因特殊情况不能在规定期限内立案的，经农业行政处罚机关负责人批准，可以延长七日”；《市场监督管理行政处罚程序规定》和《生态环境行政处罚办法》规定的均是十五日内决定是否立案。上述规定中的“十日”“十五日”均指的是工作日。

上述立案时限的规定，乡镇和街道综合执法部门在实践中可以参照适用，通常情况下只要能初步证明符合立案标准，应当注意提高行政效率，尽快立案，超期立案属于程序违法。

2. 立案时限的起算

根据法律法规和相关部门规章的规定，立案时限的起算可遵循以下规则：行政检查发现线索的，自第一次发现违法行为，制作第一份执法文书之日的次日起算；通过投诉、举报得到线索的，以执法机关收到投诉、举报件之日的次日起算；部门移送案源的，以签收移送件之日的次日起算；上级交办、媒体曝光等线索比较特殊的，需在立案时注明“×年×月×日从×处收到×线索，后经调查发现……”，这里的“×年×月×日”与立案日期的间隔不应超过立案时限。

# 第三章　调查取证实务（一）：概述

调查取证是实施行政执法活动的重要环节。乡镇和街道综合行政执法部门必须在依法查清案件客观事实真相，依法收集所有必需的证据的基础上，依据有关法律、法规和规章进行准确定性和量罚，作出与违法行为的事实、性质、情节以及社会危害程度相当的行政执法决定。

近年来，随着行政执法体制改革的不断深入，规范行政执法的法律政策措施不断出台，执法人员的法治水平、办案水平大幅提高，乡镇和街道综合行政执法行为日趋规范化。但在具体行政执法实践中，仍然存在一些问题：有的执法部门对行政执法调查取证工作不重视，存在对行政执法证据种类认识不清、不掌握调查取证方法、不注重证据材料的收集和核对、所取得证据缺乏关联性等问题；有的执法部门调查取证行为不规范、调查取证工作不严谨，存在行政执法调查取证环节缺失、忽视依法按规定应当履行的调查取证程序等问题；还有的执法部门依法运用证据的意识不强，存在轻视或忽视证据提存保留，收集相关证据不全面、不准确等问题。

因此，乡镇和街道综合行政执法部门要充分认清规范调查取证工作对于提升行政执法能力、规范行政执法行为、促进依法行政的重要作用，不断提高调查取证规范化水平，确保严格、规范、公正、文明执法。

## 一、有关调查取证的规范依据

### （一）法律

无论是《行政处罚法》还是各领域的实体法，都对调查取证进行了相关规定。以《行政处罚法》为例，其第 40 条规定“必须查明事实”，第 46 条规定了证据的种类和使用规则，第 54 条规定了调查取证“必须全面、客观、公正”的原则，第 55 条规定了证据收集的程序，第 56 条对证据先行登记保存进行了规定。

### （二）行政法规

为了更好地适用上位法的原则和要求，行政法规也对行政执法调查取证进行了规定。例如，《道路交通安全法实施条例》《医疗纠纷预防和处理条例》《价格违法行为行政处罚规定》等，都对行政执法调查取证进行了规定。

### （三）部门规章

在行政处罚方面，有关部委就行政处罚程序作出了专门性规定，也包括对调查取证的各项规定，在实践中具有很强的指导性。与乡镇和街道综合行政执法关系密切的有《自然资源行政处罚办法》《市场监督管理行政处罚程序规定》《农业行政处罚程序规定》《生态环境行政处罚办法》《住房和城乡建设行政处罚程序规定》《城市管理执法办法》等。这些规章对调查取证进行了详细规定，乡镇和街道执法人员要注意对常见执法领域的规章进行学习。

### （四）可以参照或借鉴的规范依据

乡镇和街道综合行政执法部门调查取证，应当依据有关法律、行政法规、部门规章特别是本地区有关执法程序的地方性法规或规章。同时，执法人员也可以根据执法领域或地域情况，学习借鉴或者参照某些关于调查取证的专门性规范性文件，如《长三角地区市场监管行政执法取证规则》《安徽省行政执法证据收集与运用指引（试行）》《环境行政处罚证据指南》等。其中，《长三角地区市场监管行政执法取证规则》由上海、江苏、浙江、安徽三省一市的市场监督管理局联合签署，于2024年2月6日施行；虽是市场监管领域的取证规则，但是对于规范乡镇和街道调查取证工作具有借鉴意义，可以学习参考，特别是其第二章“证据的种类及取证要求”中的相关规定。

## 二、调查取证的基本原则

### （一）程序正当原则

程序正当原则是行政法的基本原则之一；落实到调查取证，就是要求所有调查收集证据的活动必须遵守法律、法规和规章的规定，保障程序正义。例如，《国家能源局行政处罚程序规定》第9条规定：“行政处罚应当由两名以上具有行政执法资格的执法人员实施，法律另有规定的从其规定。执法人员在案件调查取证、听取陈述申辩、参加听证、送达执法文书等活动中，应当主动出示执法证件。”

1. 人员和告知要求

调查取证时，至少要有两名持证执法人员，穿着制服，全程摄录，出示执法证件，说明理由。告知当事人或现场有关人员其有如实提供证据的义务，及其不如实提供证据、证言和作伪证或者隐匿证据应负的法律责任。例如，《自然资源行政处罚办法》第17条规定：“立案后，自然资源主管部门应当指定具有行政执法资格的承办人员，及时组织调查取证。调查取证时，案件调查人员不得少于两人，并应当主动向当事人或者有关人员出示执法证件。当事人或者有关人员有权要求调查人员出示执法证件。调查人员不出示执法证件的，当事人或者有关人员有权拒绝接受调查或者检查。当事人或者有关人员应当如实回答询问，并协助调查或者检查，不得拒绝或者阻挠。”

2. 保障权利

要保障当事人的各项程序权利，如知情权、要求回避权、要求执法人员说明执法理由权、陈述申辩权等权利，告知事项均应记入笔录。例如，《住房和城乡建设行政处罚程序规定》第 22 条第 1 款规定：“执法机关必须充分听取当事人的意见，对当事人提出的事实、理由和证据进行复核，并制作书面复核意见。当事人提出的事实、理由或者证据成立的，执法机关应当予以采纳，不得因当事人陈述、申辩而给予更重的处罚。”

**案例　海宏公司诉仙游县自然资源局行政决定案**[1]

仙游县自然资源局于 2018 年 10 月 9 日作出《关于海宏 ×× 项目超容积率部分的建筑面积补交土地出让金的决定》，要求海宏公司补交土地出让金 1,482,434 元。2018 年 12 月 29 日，海宏公司向福建省莆田市涵江区人民法院起诉仙游县自然资源局、仙游县人民政府，一审法院驳回原告海宏公司的诉讼请求。海宏公司不服，向福建省莆田市中级人民法院提起上诉，二审法院判决撤销一审判决，撤销仙游县自然资源局作出的决定。仙游县自然资源局不服，向福建省高级人民法院申请再审，再审法院驳回了仙游县自然资源局的再审申请。

再审法院认为，程序合法，不仅要求行政行为符合法律、行政

〔1〕 参见福建省高级人民法院行政裁定书，〔2020〕闽行申 163 号。

法规、规章及其他规范性文件的有关程序规定，也要求行政行为遵循正当程序。所谓正当程序，即在作出影响行政管理相对人权益的行政行为时应事先通知行政相对人，向相对人说明行为的事实与理由，听取相对人的陈述、申辩。行政机关遵循正当程序是实现实体公正处理的重要保障。该案中，申请人仙游县自然资源局在作出涉案决定前未向海宏公司进行调查核实并听取海宏公司的陈述与申辩。由此可知，申请人作出涉案决定违反正当程序要求，也正是因为其违反正当程序要求，未听取海宏公司的陈述申辩，导致其对海宏公司是否存在超容积率建设以及对超面积建设的责任主体的认定，缺乏证据证明。故申请人作出的涉案决定，主要证据不足，程序违法，依法应予撤销。

3. 方式合法

要做到取证方式合法，不得以威胁、引诱、欺骗以及其他非法方式收集证据。例如，《国家能源局行政处罚程序规定》第 16 条第 2 款要求："证据必须经查证属实，方可作为认定案件事实的根据。以非法手段取得的证据，不得作为认定案件事实的根据。"

4. 公平公正

执法人员在取证中要实事求是、尊重事实，切忌先入为主、主观臆想。要坚持公平公正的理念，在调查取证时保持客观中立的心态，摒弃个人偏见，排除外界干扰和压力，公平公正地对待相关各方，不能在调查取证时对同一类或同一个案件在同等情况下的当事人区别对待，要规范调查取证，做到法律面前人人平等。例如，《自然资源行政处罚办法》第 3 条规定："自然资源主管部门实施行政处罚，遵循公正、公开的原则，做到事实清楚，证据确凿，定性准确，依据正确，程序合法，处罚适当。"

## （二）取证全面原则

取证全面原则是保障证据真实性、关联性的要求，也是形成完整证据链保障个案正义的应有之义。

### 1. 取证范围全面

对标查明案件全部事实的要求，明确案件待证事实，凡是跟案件事实有关的证据材料都要收集，既不能任意缩小取证范围，也不得收集与案情无关的信息，调查取证应当全面细致深入。例如，《交通运输行政执法程序规定》第 33 条规定："执法人员应当合法、及时、客观、全面地收集证据材料，依法履行保密义务，不得收集与案件无关的材料，不得将证据用于法定职责以外的其他用途。"

### 2. 注重收集反证

收集能够证明涉嫌违法行为的证据是公正文明执法的基本要求，但是也要高度重视对当事人有利的证据。如对于应当或可以从轻减轻或不予处罚的事实，特别是对当事人有利的陈述申辩，要认真复核，不能"走过场"。《行政处罚法》第 45 条规定："当事人有权进行陈述和申辩。行政机关必须充分听取当事人的意见，对当事人提出的事实、理由和证据，应当进行复核；当事人提出的事实、理由或者证据成立的，行政机关应当采纳。行政机关不得因当事人陈述、申辩而给予更重的处罚。"

### 3. 言词证据和实物证据并重

言词证据由当事人陈述，包括当事人陈述、证人证言等，与案件关联性强。收集言词证据有利于了解全部案情，修正调查方向，但是言词证据虚假的可能性较大。实物证据包括物证、书证、视听资料、电子数据等，客观真实性较强，更有说服力，在形成完整证据链方面作用极大，但是关联性较弱。因此，为了查明案件事实，需要言词证据与实物证据相辅相成；在收集证据时，要兼顾言词证据与实物证据，不能仅凭其一就“下结论”。

特别需要注意的是当事人自认的效力问题。自认的事实一般不再作为证明对象，有利于在行政处罚过程中把行政执法机关与当事人的注意力集中在案件的争议事实及与争议事实相关的其他事实上，从而提升效率，节约成本。但是，由于在行政处罚案件中，证明被处罚人存在违法事实的证明责任在行政机关，单一的言词证据不能作为认定案件事实的定案依据。只有当事人的陈述，没有其他证据补强，不能单独证明待证事实，这是办案的基本证明标准。因此，行政执法机关在作出行政处罚决定时一般不能仅以自认的事实为依据，而应充分地调查取证，形成一个完整的证据链，以防行政相对人在行政诉讼中举出反证推翻自认。同时在当事人自认时，要避免使用非法手段，对当事人的口头自认应制作详细的笔录，由本人签名确认。〔1〕

4. 传统方法和现代科技手段相结合

随着数智时代的到来，行政执法越来越多地采取科技手段，如执法记录仪、智能手机、数码摄像设备、无人机、卫星、视频监控系统、在线检测系统等，执法部门要充分利用各种科技设备的非接触性取证，以此提高调查取证的精准性、高效性。但是，传统手段仍然很有必要，如询问、勘查、辨认、查封、扣押、复制等，要将传统方法和现代科技手段相结合。

例如，有些地区执法部门严重依赖卫片图斑，在卫片图斑存在划定地类不实或者认定违法占地不精准的问题时，仍然为了应付卫星而进行执法和整改，这固然有外部压力等客观因素，但是也有作风等主观因素在作祟。2023 年 12 月，自然资源部发布的《关于统筹规范耕地保

〔1〕 参见库博雷克公共管理咨询公司执法规范化研究中心编著：《城市管理综合执法基础与实务问答》，中国法制出版社 2023 年版，第 126 页。

护卫星遥感监测工作的通知》(自然资发〔2023〕258号)要求:“各级自然资源主管部门既要充分认识卫片监测对加强耕地保护工作的重要支撑作用,发挥好技术优势,更要认识到卫片监测发现耕地变化情况,只是提供问题线索,不能直接作为作出行政处罚的依据,必须坚持实事求是,开展实地核查,依据事实和政策,客观作出耕地变化合法性判断。”

因此,在开展土地卫片执法以及其他领域执法时,要避免过度依赖技术,将传统方法和现代科技手段相结合,坚持实事求是,避免行政执法陷入僵化。

### (三)及时取证原则

及时取证是提高行政效率、提升执法效能的要求,更是严防证据灭失,保障证据真实性、关联性的需要。执法部门在调查取证时要迅速果断,不拖延、不懈怠;对有可能毁损、灭失、替换或难以取得的证据材料,不能仅采取询问、拍摄等手段,应当及时采取证据先行登记保存、封存、抽样取证等证据保全措施。

同时要注意平衡好以下两对矛盾:一是效率和风险的矛盾。要遵循行政法比例原则的要求,采取调查取证措施应当优先选择给相对人带来最小损害的方式方法。因此,在高效迅速取证的同时,要尽量避免对人或物产生安全风险,避免对现场秩序进行破坏;如果无法避免对当事人造成损害,要确保对当事人的损害或者不利影响的最小化。例如,《公安机关办理行政案件程序规定》第109条第2款规定:“抽样取证应当采取随机的方式,抽取样品的数量以能够认定本品的品质特征为限。”

二是效率和质量的矛盾。高效取证不是一味提高速度、缩短时间,更不能为了提高取证效率而牺牲取证质量、为了加快取证节奏而牺牲当事人的程序权利;取证迅速不是走马观花、粗制滥造,应当深入细致、全面调查，保障证据的真实性、关联性，保障当事人的程序权利，实现个案的实体正义和程序正义。

**案例 某市公安消防大队调查易燃易爆危险品案**[1]

某日，某市公安消防大队两名消防监督员在对辖区某单位进行日常消防监督检查时，发现该单位在高层建筑内违规存储了天那水、120号溶剂油等易燃易爆危险品，违反了《消防法》第23条第1款之规定。由于当时该单位没有任何负责人在，两名消防监督员向一线工作人员进行了询问，打开容器通过鼻、眼辨识，并用数码相机对现场容器进行了拍照。次日，当两名消防监督员传唤该单位负责人并做询问笔录时，该单位负责人声称他们没有违法储存易燃易爆危险品。面对执法人员的现场照片，该负责人表示，容器外表上的名称是天那水、120号溶剂油，但容器里存放的具体物质却是自来水。单位一线工作人员与消防监督员一样，都混淆了容器名称与容器内具体物质。两名消防监督员不信，再次打开容器进行检查，却发现里面果然是自来水。于是根据《公安机关办理行政案件程序规定》第259条[2]之规定终止调查。

## 三、调查取证的流程分析

无论是行政检查过程中初步调查取证，还是立案后调查取证，目的都是通过各种方式获取证据，查明事实，从而形成完整证据链。在个

〔1〕 参见邱爱民：《行政执法证据法学》，中国法制出版社2023年版，第190~191页。

〔2〕《公安机关办理行政案件程序规定》第259条规定："经过调查，发现行政案件具有下列情形之一的，经公安派出所、县级公安机关办案部门或者出入境边防检查机关以上负责人批准，终止调查：（一）没有违法事实的；（二）违法行为已过追究时效的；（三）违法嫌疑人死亡的；（四）其他需要终止调查的情形。终止调查时，违法嫌疑人已被采取行政强制措施的，应当立即解除。"

案层面实现实施的行政处罚必须以事实为依据，与违法行为的事实、性质、情节以及社会危害程度相当；在宏观层面实现维护公共利益和社会秩序，保护公民、法人或者其他组织的合法权益。

（一）启动调查

启动证据调查一般在立案以后或者与立案同时进行，在前期获得初步线索、获取初步证据后，通常要对证据进行分析和审查，初步判断证据的真实性、合法性和关联性，明确调查取证的方向和重点。事实较为清晰的案件需要确定前期的调查工作是否已完成调查任务，是否需要进一步补充证据，将零散的事实信息有机地连接，确保证据链条的完整性和说服力，形成完整的证据链。复杂案件需要深入分析研判证据，进一步确定待证事实，明确需要收集的证据，确定调查方式方向，指导和推进以后的证据调查工作，开展有针对性的进一步调查。

简单地说，在对线索、证据等内容进行初步分析后，执法人员应当可以基本判断涉嫌违法行为的大致内容，在这种情况下明确调查取证的方向。简单的做法是找到相应的法律条文，逐一圈出违法行为的构成要件。所谓构成要件，可以理解为如果要对某个违法行为进行处罚，那这个违法行为应当满足什么条件、这个违法主体应当承担什么责任。通过梳理构成要件，对照构成要件确定待证事实，从而实现全面精准取证。

以生产、经营无产品质量标准或者不符合产品质量标准的饲料、饲料添加剂为例，《饲料和饲料添加剂管理条例》第 46 条第 1 款规定："饲料、饲料添加剂生产企业、经营者有下列行为之一的，由县级以上地方人民政府饲料管理部门责令停止生产、经营，没收违法所得和违法生产、经营的产品，违法生产、经营的产品货值金额不足 1 万元的，并处 2000 元以上 2 万元以下罚款，货值金额 1 万元以上的，并处货值金额 2 倍以上

5倍以下罚款；构成犯罪的，依法追究刑事责任：……（二）生产、经营无产品质量标准或者不符合产品质量标准的饲料、饲料添加剂的。”

据此，相关违法行为的构成要件如下：(1)主体为饲料、饲料添加剂生产企业；(2)有生产、经营饲料或饲料添加剂的行为；(3)生产经营的饲料或饲料添加剂不符合产品质量标准——注意，这里要明确区分涉案产品是饲料还是饲料添加剂；(4)法律后果为责令停止生产、经营，没收违法所得和生产、经营的产品，处违法生产、经营的产品货值金额一定比例的罚款。通过对照违法行为构成要件，可以确定下一步调查的重点是主体、生产经营饲料或饲料添加剂的情况、相关产品是否符合产品质量标准情况、货值金额、违法所得等。

（二）明确待证事实

待证事实，是指必须用证据予以证明的案件事实或有关事实。因个案不同，执法部门需要查明的事实也不同；但是结合实践中共性的要求，至少需要查清和证实实体性事实、程序性事实。

1. 实体性事实

实体性事实是查明案件事实的关键，调查取证主要是围绕查明实体性事实而展开的。所谓实体性事实，指的是根据实体法的规定需要查明的主体事实、行为事实、结果事实、情节事实。主体事实，是指主体是否具备资格、是不是适格主体等事实。行为事实，是指主体是否实施了法律肯定或否定行为的事实，例如，当事人的行为是否违反了《无证无照经营查处办法》第2条规定的“任何单位或者个人不得违反法律、法规、国务院决定的规定，从事无证无照经营”中的“从事无证无照经营”的事实；又如，当事人是否实施了《食品安全法》第34条规定的“营养成分不符合食品安全标准的专供婴幼儿和其他特定人群的主辅食品”行为的事实。结果事实，是指主体行为是否造成了具体损害、损害结果是否严重等事实。情节事实，是指是否具备法律规定从重、从轻、减轻处罚的各种情节的事实。

一些规范性文件对需要查明的事实进行了具体规定，例如，《消防救援机构办理行政案件程序规定》第 34 条规定："需要调查的案件事实包括：（一）当事人的基本情况；（二）违法行为是否存在；（三）违法行为是否为当事人实施；（四）实施违法行为的时间、地点、手段、后果以及其他情节；（五）当事人有无法定从重、从轻、减轻以及不予行政处罚的情形；（六）与案件有关的其他事实。"

《长三角地区市场监管行政执法取证规则》第 6 条规定："证据是指市场监管部门在行政执法案件办理中收集、调取的能够证明案件事实、反映案件真实情况，与待证事实相关联，来源和形式符合法律规定的证明材料。主要包括证明当事人身份的材料；证明违法事实及其性质、程度的材料；证明从重、从轻、减轻或者不予行政处罚情节的材料；证明案件管辖权的材料；其他证明案件事实的材料。"

《上海市城市管理综合行政执法程序规定》第 17 条规定："执法人员需要调查取证的案件事实包括：（一）当事人的基本情况；（二）违法行为是否存在；（三）违法行为是否为当事人实施；（四）实施违法行为的时间、地点、手段、后果以及其他情节；（五）当事人有无法定从重、从轻、减轻以及不予行政处罚的情形；（六）与案件有关的其他事实。"

简单地说，查明实体事实，就是查清并需要有证据证明涉嫌违法行为的来龙去脉，即时间、地点、人物、行为、程度等。确定何人（当事人）出于何种动机（有无主观过错等），在何处（案发地点）于何时（案发时间）做了何事（涉嫌违法行为的内容、方式），该事发展到什么程度（社会危害情况，有无法定从重、从轻、减轻以及不予行政处罚的情形），实施调查的阶段需要查明的事实大概如此，收集的证据必须能够精准证明上述待证事实，且逻辑自洽、环环相扣，形成完整的证据链。

### ☞案例 某新区综合行政执法局查处青岛某公司非法占用土地案〔1〕

青岛某公司在西海岸新区某街道办事处某路南侧三林蒋村庄改造项目西标段硬化地面、建设房屋，经执法人员现场核查，该项目于2022年8月26日开始施工，进行建设时所涉及土地未取得土地审批手续。经山东某科技有限公司测绘并经区自然资源局确认，非法占用土地1722平方米（合2.58亩，现状地类：旱地1722平方米；规划地类：城镇用地1722平方米），所占用的土地符合土地利用总体规划。非法占用的1722平方米土地属某市某街道办事处某村农民集体所有。该公司以上行为违反了《土地管理法》第2条第3款、第44条第1款，依法应予处罚。根据《土地管理法》第77条第1款、《土地管理法实施条例》第57条第1款之规定，某新区综合行政执法局给予该公司罚款3,370,300元、罚款1,722,000元的处罚决定。

上述案例中，需要查明的事实涉及以下几个方面：一是查明当事人信息，需要收集当事人身份证信息、企业法人登记信息等；二是查明当时建设房屋的客观情况，如违法建筑的面积、建设时间、违法部分与合法部分的区分等重要事实，需要现场外观照片、平面位置图、现场检查（勘验）笔录、询问笔录、专业勘测报告等证据；三是查明建设房屋是否为违法占地，根据《土地管理法》第44条第1款“建设占用土地，涉及农用地转为建设用地的，应当办理农用地转用审批手续”的规定，要查明审批等情况，就需要向自然资源与规划部门进行函询，调查相关建筑物是否取得规划许可证，以及是否可以采取改正措施消除对规划实施

〔1〕 参见《因非法占用土地，青岛诚通建筑工程有限公司琅琊分公司被罚509.23万元》，载中华网山东频道，https://sd.china.com/fczx/20000952/20230614/25759370.html。

的影响等，以确定涉案建筑是否属于违法建筑等。

2. 程序性事实

以证据的形式固定程序性事实，往往是执法人员容易忽视的问题；如果处理得粗心，会增加不必要的执法风险。程序性事实主要反映行政执法过程中的形式、顺序、步骤、时限等。通常来说，只要充分尊重当事人的陈述申辩、事先告知、申请回避、申请听证、送达等程序权利，并有证据证明，把立案呈批、先行登记保存审批等内部手续做到位且有相关文书支持，按照法定时限进行执法并有证据证明，这方面的执法风险就不会很大。

**☞ 案例　张某武、李某苗诉中国证监会行政处罚案**[1]

2014 年 6 月 9 日，中国证监会作出行政处罚决定，认定张某武、李某苗共同从事内幕交易，李某红从事内幕交易，决定：(1)没收李某苗、张某武违法所得 149,624.19 元，并处以 149,624.19 元罚款；(2)没收李某红违法所得 56,148.65 元，并处以 56,148.65 元罚款。张某武、李某苗不服，向北京市第一中级人民法院提起诉讼，一审法院判决确认被告中国证监会作出的上述行政处罚决定的第 1 项无效。

该案的行政判决书在“二、被告作出被诉处罚决定的程序性证据”中展示了中国证监会提供的程序性证据，执法人员可以作为参照，在执法办案中注意收集固定证明程序性事实的证据。为更好地说明，列举该案证监会提供的程序性证据如下。

证据 2-1，《行政处罚事先告知书》及送达回执、送达回证、当事人

〔1〕 参见北京市第一中级人民法院行政判决书，〔2015〕一中行初字第 236 号。

身份证明。用以证明：2013年9月24日，被告中国证监会向原告张某武、李某苗履行了行政处罚事先告知程序，原告表明需要陈述申辩并要求听证。

证据2-2，ST甘化内幕交易案相关当事人申辩意见。用以证明：被告保障当事人陈述申辩的权利，处罚程序合法。

证据2-3，涉案当事人领取《听证通知书》的送达回证及身份证明、李某苗授权张某武代为听证的授权委托书及身份证明、查阅案件材料确认书。用以证明：2014年1月9日，涉案当事人领取了《听证通知书》，被告保证当事人阅卷的权利并应当事人要求延迟听证，于2014年2月21日举行听证会。

证据2-4，证据的书面质证意见。用以证明：被告作出行政处罚程序合法，保证了原告陈述申辩及质证的权利，并部分采纳了原告的意见。如告知阶段认定张某武构成泄露内幕信息，李某苗构成内幕交易。依据最高人民法院《关于审理证券行政处罚案件证据若干问题的座谈会纪要》以及最高人民法院、最高人民检察院《关于办理内幕交易、泄露内幕信息刑事案件具体应用法律若干问题的解释》的规定可知，在没有信息传递的直接证据的情况下，存在形成证据链条、能够相互印证的间接证据，可以认定内幕交易行为的成立。但是，在没有直接证据的情况下，仅凭间接证据，不能够认定泄露内幕信息行为成立。结合案件证据情况，被告认定原告有共同内幕交易的故意，并实施了内幕交易的行为。

证据2-5，被诉处罚决定及送达回证。用以证明：被告2014年6月9日作出被诉处罚决定并于2014年7月1日向原告送达被诉处罚决定。

### （三）实施调查取证

关于调查取证的措施或手段，相关规范性文件均有规定。例如，

《农业行政处罚程序规定》第33条规定:“农业行政执法人员有权依法采取下列措施:(一)查阅、复制书证和其他有关材料;(二)询问当事人或者其他与案件有关的单位和个人;(三)要求当事人或者有关人员在一定的期限内提供有关材料;(四)采取现场检查、勘验、抽样、检验、检测、鉴定、评估、认定、录音、拍照、录像、调取现场及周边监控设备电子数据等方式进行调查取证;(五)对涉案的场所、设施或者财物依法实施查封、扣押等行政强制措施;(六)责令被检查单位或者个人停止违法行为,履行法定义务;(七)其他法律、法规、规章规定的措施。”

《长三角地区市场监管行政执法取证规则》第15条规定:“收集、调取证据可以采取下列方式:(一)进入有关场所进行检查、勘查、采样、监测、录音、拍照、录像、提取或复制原物原件;(二)询问当事人及其他有关单位和个人,要求其说明相关事项、提供相关材料;(三)组织技术人员、委托相关机构进行检测、检验、检疫、鉴定;(四)依法采取证据先行登记保存、查封、扣押措施;(五)利用互联网信息系统或者设备收集、固定相关证据;(六)指派或者聘请具有专业知识的技术人员,辅助执法人员对与案件关联的电子数据进行调查取证;(七)依法采取的其他措施。”

通常来说,可以采取的调查取证方法主要包括以下几种:

(1)询问并且制作《调查询问笔录》:针对当事人陈述、证人证言等言词证据;

(2)勘验、检查并制作笔录(含同步录音、录像、摄影、拍照):针对现场、物证;

(3)收集、调取(含委托调取)、提取并附交接手续:针对物证、书证、视听资料、电子证据;

(4)抽样取证并制作证明文书:针对多数物证;

(5)查封、扣押并附手续:针对物证、书证;

（6）冻结存款、汇款和有价证券等财产并附手续：针对钱款、有价证券；

（7）查阅、摘抄、复制：针对他人保管的文书证据；

（8）录音、录像、拍照、摄影，生成视听资料和电子数据：针对现场、物证、书证，以及一切取证行为的补强；

（9）委托或者指定鉴定从而获得鉴定意见：针对专门性问题；

（10）实施辨认：针对物品、场所和人员的确认；

（11）先行登记保存并附文书：针对证据固定和保全；

（12）委托办理证据公证：针对证据固定和保全；

（13）法律法规规定的其他调查取证措施。[1]

一般而言，收集人证的主要方法是询问。收集书证的主要方法是提取。收集物证的方法包括以下三种：（1）发现方法，如勘验、检查；（2）固定方法，如查封、扣押；（3）提取方法，如抽样取证。而科学证据的生成与收集，不外乎专家鉴定和音像电子技术手段的运用。[2]

### （四）对单个证据的审查分析

在调查取证过程中，收集获取证据只是第一步，对证据的审查分析是更重要的。要通过对单个证据的逐一审查和对全部证据的综合审查，排除不具有合法性、真实性、关联性的证据，确定证据与待证事实（案件事实）之间的证明关系，准确认定案件事实。对单个证据的审查是重点；有些规范性文件进行了规定，执法人员可以参考借鉴。以《安徽省行政执法证据收集与运用指引（试行）》为例，该指引针对不同的证据形式提出了相应的证据审查方法。

#### 1. 对书证的审查

《安徽省行政执法证据收集与运用指引（试行）》第 28 条规定：“对

〔1〕 参见邱爱民：《行政执法证据法学》，中国法制出版社 2023 年版，第 179~180 页。
〔2〕 参见邱爱民：《行政执法证据法学》，中国法制出版社 2023 年版，第 179~180 页。

书证的审查，可以从下列方面进行：（一）书证与案件是否有联系；（二）书证的形式是否符合要求；（三）查明书证的制作者、制作过程、制作方法，判断书证有无伪造、变造、涂改、增减，与原件是否一致；（四）将书证与其他证据进行比较，分析当事人对书证的意见，判断书证记载的内容是否真实。”

2. 对物证的审查

《安徽省行政执法证据收集与运用指引（试行）》第29条规定：“对物证的审查，可以从下列方面进行：（一）物证与案件事实是否有联系；（二）查明物证的收集者、提供者、形成时间、地点、原因、经过，是原件还是复制件；（三）物证是否伪造，是否因自然原因发生变化，是否因为提取、固定、保管的手段、方法等不当导致物证发生变化。”

3. 对视听资料的审查

《安徽省行政执法证据收集与运用指引（试行）》第30条规定：“对视听资料的审查，可以从下列方面进行：（一）形成和取得是否合法；（二）是否有残缺、失真；（三）现场有无伪造、变造迹象；（四）是否有剪辑、加工、删节或者篡改迹象。”

4. 对电子数据的审查

《安徽省行政执法证据收集与运用指引（试行）》第31条规定：“对电子数据的审查，可以从下列方面进行：（一）形成和收集是否合法；（二）电子数据是否被完整地保存、传输、提取，保存、传输、提取的方法是否可靠；（三）是否存在影响电子数据完整性和可靠性的相关因素。”

5. 对证人证言的审查

《安徽省行政执法证据收集与运用指引（试行）》第32条规定：“对证人证言的审查，可以从下列方面进行：（一）查明证人的基本情况、证人与当事人之间的关系、证人与案件处理结果之间的利害关系；（二）根据证人证言形成的主客观条件判断其真实性；（三）查明证人证言的形成过程，判断是否存在威胁、引诱、欺骗等情况”。

6. 对当事人陈述的审查

《安徽省行政执法证据收集与运用指引（试行）》第33条规定：“对当事人陈述的审查，可以从下列方面进行：（一）当事人是否因规避不利法律后果而提供虚假陈述；（二）当事人是否因表述能力等主观原因导致陈述存在瑕疵；（三）当事人陈述是否有其他证据印证。”

7. 对鉴定意见的审查

《安徽省行政执法证据收集与运用指引（试行）》第34条规定：“对鉴定意见的审查，可以从下列方面进行：（一）鉴定机构是否具备鉴定资质、鉴定人是否具备鉴定资格；（二）鉴定程序是否合法；（三）鉴定意见有无明显矛盾；（四）鉴定人是否签名，鉴定机构是否盖章。”

8. 对勘验笔录、现场笔录的审查

《安徽省行政执法证据收集与运用指引（试行）》第35条规定：“对勘验笔录、现场笔录的审查，可以从下列方面进行：（一）是否有不少于两名行政执法人员；（二）执法人员是否表明身份、出示执法证件、告知权利义务（无法出示和告知的情形除外）；（三）现场情况有无伪造或者破坏迹象；（四）检查（勘查）方法是否科学；（五）记载是否客观、准确、全面；（六）是否有被勘验（检查）人或者见证人的签名、盖章或者捺指印；（七）是否有行政执法人员的签名。”

9. 对调查询问笔录的审查

《安徽省行政执法证据收集与运用指引（试行）》第36条规定：“对调查询问笔录的审查，可以从下列方面进行：（一）是否记载被询问人身份；（二）是否有不少于两名行政执法人员；（三）行政执法人员是否表明身份、出示执法证件、告知权利义务；（四）记录是否客观、准确、全面；（五）是否有被询问人的确认意见；（六）是否有被询问人的签名、盖章或者捺指印；（七）是否有行政执法人员的签名。”

以上是从不同证据种类的不同审查方法的角度进行的说明，后文还将根据有关的法律规定、司法实践、学界观点和最高人民法院的法官著述观点，总结梳理证据作为定案依据的标准（证据规则），包括保证证据合法性、真实性、关联性，获取最佳证据，证明效力的补强，不同证明力的证据的比较和取舍等，供执法人员参考适用，此处不再赘述。

### （五）对全部证据的综合审查

综合审查，是指在逐个证据审查的基础上，将收集的全案证据相互对比进行审查，重点审查证据之间是否存在无法解释的矛盾、证据是否充分、证据能否认定案件事实、各证据与案件事实是否存在较强的关联度、各证据之间是否能密切联系形成证据链。通过对各种证据的综合分析和互相印证，进行全面审核，分析矛盾，排除无效证据，确定对案件定性裁量的有效证据。综合审核时应注意以下四个问题：

（1）只有一个直接证据，而且该直接证据证明的事实不全面、不清晰，又没有其他任何间接证据予以印证的情况下，无法形成证据链情况，不能以该直接证据定案。

（2）只有间接证据而没有直接证据的情况下，要求各个间接证据之间形成一个完整的体系，环环相扣，构成证据链而不能有任何中断，每一个单独的证据都是整个证据链中的一环。

（3）用证据证明案件事实时，应注意证据与案情之间的矛盾以及案件结论的其他可能性能否被合理地排除。案件中的所有证据都应指向一个目标，得出的结论是唯一的，具有排他性。

（4）综合审查中，允许对所取得的证据提出合理的怀疑，确定其可信程度，如有必要可提出对该证据所证明的事实进行重新调查。在证据审查过程中，还有可能遇到在某一事实的证明上有两个或两个以上不同甚至完全相反的证据。在这种情况下，一定要通过证据比较、甄别，运用证据规则，结合案件实际加以分析判断，确定采用其中一方的证据，绝对不能将上述证据同时使用。

（六）特殊证据的合法性转换

实践中，除了行政机关自己收集固定证据，有时也会存在案前证据或其他部门移送的证据、其他行政程序形成的证据、个人取得并提交的证据，这就需要进行案件证据的转换。案件证据的转换，是指执法人员对案前证据或其他部门、个人、其他行政程序传来的证据，经过审查，采取必要的重做、复核或经当事人核对、确认等转换措施进行合法性转换，并将之作为所办案件的定案证据使用。针对不同证据类型，具体说明如下：

（1）言词证据。一般而言，其他部门移送的或其他行政程序形成的当事人陈述、被害人陈述、证人证言等言词证据需要重新询问、重新制作。起码应当由对方重新核实、签署意见并签字确认。

（2）检验报告、鉴定意见。其他部门在行政程序中形成的检验报告、鉴定意见，只要抽样、检验、鉴定和送达、告知检验结果或鉴定意见的过程符合检验鉴定标准和法律法规规定，经审查可直接作为所办行政处罚案件的证据使用。

（3）其他部门制作、形成的证据。其他部门制作、形成的视听资料、电子数据、现场笔录、勘验笔录等证据，或者其他部门形成的书证等证据，个人取得并提交的物证、书证、视听资料、电子数据等证据，应当经行政处罚当事人核实、确认，或者本案的执法人员按照各种证据的取证要求提取后使用；当事人拒不核对、确认，又无法提取或重新制作的，相关证据不能单独作为认定案件事实的证据使用。

（4）其他部门提取的证据。其他部门在当事人或第三人处提取的物证、书证、视听资料、电子数据，经审查，取证程序合法、取证文书齐全，可以作为认定案件事实的证据使用。

（七）调查终结

证据调查结束阶段的主要工作是分析全部证据，梳理案件事实，判断是否达到证明标准，是否形成完整证据链，作出撤案或定案的决定，撰写相应文书，特别是要规范细致地撰写《调查终结报告》。

法律、法规、规章对调查终结后作出处理决定均进行了规定。例如，《行政处罚法》第 57 条规定："调查终结，行政机关负责人应当对调查结果进行审查，根据不同情况，分别作出如下决定：（一）确有应受行政处罚的违法行为的，根据情节轻重及具体情况，作出行政处罚决定；（二）违法行为轻微，依法可以不予行政处罚的，不予行政处罚；（三）违法事实不能成立的，不予行政处罚；（四）违法行为涉嫌犯罪的，移送司法机关。对情节复杂或者重大违法行为给予行政处罚，行政机关负责人应当集体讨论决定。"

《农业行政处罚程序规定》第 49 条规定："农业行政执法人员在调查结束后，应当根据不同情形提出如下处理建议，并制作案件处理意见书，报请农业行政处罚机关负责人审查：（一）确有应受行政处罚的违法行为的，根据情节轻重及具体情况，建议作出行政处罚；（二）违法事实不能成立的，建议不予行政处罚；（三）违法行为轻微并及时改正，没有造成危害后果的，建议不予行政处罚；（四）当事人有证据足以证明没有主观过错的，建议不予行政处罚，但法律、行政法规另有规定的除外；（五）初次违法且危害后果轻微并及时改正的，建议可以不予行政处罚；（六）违法行为超过追责时效的，建议不再给予行政处罚；（七）违法行为不属于农业行政处罚机关管辖的，建议移送其他行政机关；（八）违法行为涉嫌犯罪应当移送司法机关的，建议移送司法机关；（九）依法作出处理的其他情形。"

## 四、调查取证的关键——证据

证据是查明事实的根据，是作出行政决定的基础；证据在行政执法活动中的地位和作用至关重要。

### （一）证据种类

根据《行政处罚法》第 46 条第 1 款的规定，证据包括书证、物证、视听资料、电子数据、证人证言、当事人陈述、鉴定意见、勘验笔录、现场笔录八种，下文分别进行说明：

1. 书证

书证，是指以文字、符号所记录或者表达的思想内容证明案件事实的文书，核心在于书证是以内容来证明案件事实，如营业执照、商标注册证、档案、报表、图纸、会计账册、专业技术资料等。例如，某公司销售某商品的库存统计表、发货单、入库单、销售票据，可以证明销售某商品的事实和货值等事实。《环境行政处罚证据指南》第 2.3 条对书证的定义为："指以文字、符号、图形等在物体（主要是纸张）上记载的内容、含义或表达的思想来反映案件情况的材料。"

2. 物证

物证，是指用外形、特征、质量等说明案件事实的部分或者全部物品，核心在于物证是以"存在"来证明案件事实。《海事行政执法证据管理规定》第 14 条指出："物证是指其外部特征、物质属性、所处位置以及状态等与案件事实具有证明关系的各种客观存在的物品、物质或痕迹。"《环境行政处罚证据指南》第 2.4 条对物证的定义为："指以其存在状况、形状、特征、质量、属性等反映案件情况的物品和痕迹"。

3. 视听资料

视听资料，是指运用录音、录像等科学技术手段记录下来的有关案件事实和材料，如用手机录制的当事人的谈话、拍摄的当事人形象及活动等。[1]最高人民法院《关于行政诉讼证据若干问题的规定》（法释〔2002〕21号）第12条规定："根据行政诉讼法第三十一条第一款第（三）项的规定，当事人向人民法院提供计算机数据或者录音、录像等视听资料的，应当符合下列要求：（一）提供有关资料的原始载体。提供原始载体确有困难的，可以提供复制件；（二）注明制作方法、制作时间、制作人和证明对象等；（三）声音资料应当附有该声音内容的文字记录。"

4. 电子数据

电子数据，是指以电子技术手段生成且以数字信号形式存储、处理、传输的各类数据电文及其记录的信息与电磁介质。包括数据电文证据、附属信息证据与系统环境证据。[2]最高人民法院《关于民事诉讼证据的若干规定》第14条规定："电子数据包括下列信息、电子文件：（一）网页、博客、微博客等网络平台发布的信息；（二）手机短信、电子邮件、即时通信、通讯群组等网络应用服务的通信信息；（三）用户注册信息、身份认证信息、电子交易记录、通信记录、登录日志等信息；（四）文档、图片、音频、视频、数字证书、计算机程序等电子文件；（五）其他以数字化形式存储、处理、传输的能够证明案件事实的信息。"

5. 证人证言

证人证言，是指证人就其了解的案件事实，以口头或者书面方式向行政机关所作的陈述。需要注意的是，认定证人证言的证明效力和证

〔1〕 参见江必新、夏道虎主编：《中华人民共和国行政处罚法条文解读与法律适用》，中国法制出版社2021年版，第157页。

〔2〕 参见汪振林主编：《电子证据学》，中国政法大学出版社2016年版，第18页。

明力，从“人”的角度看，要审查证人的智力状况、品德、知识、经验和专业技能等；从“言”的角度看，要审查其陈述的内容是否是对案件事实的真实描述，而非判断、推测、分析和评论。

一般来说，未成年人所作的与其年龄和智力状况不相适应的证言，与一方当事人有亲属关系或者其他密切关系的证人所作的对该当事人有利的证言，或者与一方当事人有不利关系的证人所作的对该当事人不利的证言，不能单独作为认定案件事实的依据。[1]

6. 当事人陈述

此处所称“当事人陈述”，专指证据法种类的话语下，当事人就亲历的案件事实，向行政机关所作的叙述、承认和辩解。前文提及，当事人陈述作为一种言词证据，往往与案件关联性高；但是具有主观性、片面性和情绪性等特点，虚假可能性也大。因此要兼顾言词证据与实物证据，特别是不能仅凭当事人陈述一项证据就定案。

7. 鉴定意见

鉴定意见，是指鉴定机构或者行政机关指定具有专门知识或者技能的人，对案件中出现的专门性问题，通过分析、检验、鉴别等方式作出的书面意见。鉴定意见是行政处罚中运用极为广泛的一种证据，如医疗事故鉴定、产品质量鉴定等，往往是确定违法事实成立的关键因素。

8. 勘验笔录、现场笔录

勘验笔录、现场笔录，是指行政机关对能够证明案件事实的现场的物证，就地进行分析、检验、勘查后作出的记录。例如，《价格行政处罚证据规定》第 12 条规定：“勘验笔录是指政府价格主管部门对现场或者物品进行勘查、检验、测量、拍照、绘画时所作的记录。现场笔录是指政府价格主管部门在检查（调查）过程中，制作的关于现场情况的记录。”

---

〔1〕 江必新、夏道虎主编：《中华人民共和国行政处罚法条文解读与法律适用》，中国法制出版社 2021 年版，第 158 页。

此规定虽已失效，但对实践仍具有参考意义。勘验笔录、现场笔录一般是对违法现场或有关物品的记录，如对无法转移的证据现场情况的记载（如环境排污现场），对地理案件发生之后的有关痕迹、空间位置关系的记载（如交通事故处理现场），具有现场性、即时性。

### （二）常用的证据形式

实践中，常用的证据形式通常包括以下三种。

（1）证明当事人主体资格的证据材料，如当事人的身份证、营业执照、许可证、委托代理人身份证、授权委托书等。

（2）证明现场情况的证据材料，主要是现场检查（勘验）笔录、现场照片等。

（3）证明违法事实的材料，主要是询问笔录、有关图片、有关影像资料、检验报告等。

本书选取了三个行政处罚决定书范例，供执法人员学习借鉴证据部分的证据种类、证明目的、证据排列逻辑，以便执法人员更好地把握常见的证据形式。范例旨在展示优秀行政处罚决定书的证据部分，故略去了相关文书的事实认定部分。

#### 范例一　某公司生产、销售不符合国家标准的童鞋[1]

上述事实，主要有以下证据证明：

（1）当事人营业执照复印件、法定代表人王某身份证复印件、委托代理人赵某身份证复印件、授权委托书各1份，证明当事人主体资格；

（2）生产加工合同复印件、某市某鞋业有限公司委托代理人李

〔1〕 参见国家市场监督管理总局法规司、江苏省市场监督管理局、南京市市场监督管理局编著：《市场监督管理行政处罚文书制作范例》，中国工商出版社2021年版，第197页。

某身份证复印件、授权委托书各1份，对李某询问笔录2份，证明当事人生产童鞋的事实；

（3）现场笔录1份，现场照片6张，检验报告1份，库存统计表、发货单、入库单、销售票据各1份，对赵某询问笔录3份，证明当事人生产、销售不符合国家标准童鞋的货值金额及违法所得的事实。

## 范例二 某公司生产、销售不符合食品安全标准的桃酥案[1]

上述事实，主要有以下证据证明：

（1）当事人营业执照、食品生产许可证及许可品种明细表、法定代表人陈某身份证复印件、当事人委托代理人李某身份证复印件、授权委托书各1份，证明当事人主体资格；

（2）现场笔录2份、现场照片6张、标签标识照片2张，证明当事人生产现场及库存产品等情况；

（3）某经营部营业执照、食品经营许可证复印件各1份，某经营部委托代理人秦某身份证复印件、授权委托书各1份，证明某经营部主体资格；

（4）对李某的询问笔录4份，桃酥的工艺流程图、成品入库单、出厂检验报告、生产记录、销售记录、销售收据复印件各1份，生产销售情况说明1份，证明当事人生产上述桃酥的制作过程及入库、检验、销售、价格等事实；

（5）抽样记录、复检受理通知单各1份，检验报告2份，证明上述桃酥经过抽检和复检，两次检验结论均为不合格的事实；

〔1〕 参见国家市场监督管理总局法规司、江苏省市场监督管理局、南京市市场监督管理局编著：《市场监督管理行政处罚文书制作范例》，中国工商出版社2021年版，第188~189页。

(6)对秦某的询问笔录2份、某经营部退货单1张,证明当事人召回不合格桃酥的事实;

(7)召回计划、召回公告、退货收据、承诺书、不合格原因分析报告、整改措施报告各1份,证明当事人对不合格桃酥进行召回、退款、整改等事实。

## 范例三 某公司擅自收集、使用消费者个人信息案[1]

上述事实,主要有以下证据证明:

(1)2024年3月29日,对当事人的现场笔录1份3页,证明执法人员对当事人侵害消费者合法权益的行为进行现场检查的情况以及本案来源;

(2)执法人员拍摄的现场检查照片打印件4张,证明当事人的现场经营情况;

(3)2024年3月29日,对当事人的电子数据证据提取笔录1份2页,同时附电子数据光盘1张,内含当事人收集、使用的消费者个人信息1863条,证明当事人未经消费者同意收集、使用消费者个人信息的基本事实;

(4)2024年4月3日,对当事人总经理倪某军的询问笔录1份8页,证明当事人未经消费者同意收集、使用消费者个人信息的违法事实及经过;

(5)当事人提供的营业执照复印件1份1页,法定代表人吴某鸣的身份证复印件1份1页,公司总经理倪某军的身份证复印件1份1页、授权委托书1份1页,证明当事人的主体资格和被询问人

〔1〕 参见浙江省绍兴市上虞区市场监督管理局行政处罚决定书,绍虞市监处罚〔2024〕340号。

的自然人身份；

（6）当事人提供的员工潘某发自2024年1月1日起至3月29日止拨打的电话通话详单1份19页，证明当事人未经消费者同意使用消费者个人信息的事实。

## 五、证据作为定案依据的标准（证据规则）

调查取证的过程，不仅是获取证据的过程，也是依据一定的标准对证据进行分析审查的过程；通过分析审查来判断证据的真伪、确定证据的证明力，使全案证据达到确实、充分的标准，从而对案件事实作出正确结论，为正确适用法律奠定基础。

所谓证据作为定案依据应当达到的标准，指的是证据可以直接作为证明某个案件事实，成为作出行政处罚的依据的标准；这个标准受到证据规则的约束。理论界对证据规则有很多分类。例如，有人基于证据的三项属性提出行政执法证据规则包括三类：一是证据合法性方面的规则，具体有非法证据排除规则、卷外证据排除规则、鉴定结论合法性规则等；二是证据真实性方面的规则，有排除规则、最佳证据规则、自认规则、推定规则、补强证据规则和生效文书与裁决的证明效力规则等；三是证据的关联性规则。[1]本书为了表述方便，依据现行法律规定，结合司法实践和理论通说，列举和分析证据作为定案依据的标准。

### （一）证据应当具有合法性

证据应当具有合法性是依法行政的底线要求。从证据规则的角度

---

〔1〕 参见华晨泓、刘玉江编著：《行政执法证据的收集与运用》，江苏科学技术出版社2007年版，第184~185页。

看，非法证据不能作为定案依据。因此我们主要从反面的角度，即非法证据的认定标准的角度去审查证据的合法性，从而通过排除法把非法证据排除掉。

1. 规范依据

不同的法规范进行了列举式的规定。例如，《行政处罚法》第 46 条第 3 款指出："以非法手段取得的证据，不得作为认定案件事实的根据。"关于如何界定"非法手段"，一些规范性文件进行了规定。如《交通运输行政执法程序规定》第 47 条规定："审查证据的合法性，应当审查下列事项：（一）调查取证的执法人员是否具有相应的执法资格；（二）证据的取得方式是否符合法律、法规和规章的规定；（三）证据是否符合法定形式；（四）是否有影响证据效力的其他违法情形。"最高人民法院《关于适用〈中华人民共和国行政诉讼法〉的解释》（法释〔2018〕1 号）第 43 条规定："有下列情形之一的，属于行政诉讼法第四十三条第三款规定的'以非法手段取得的证据'：（一）严重违反法定程序收集的证据材料；（二）以违反法律强制性规定的手段获取且侵害他人合法权益的证据材料；（三）以利诱、欺诈、胁迫、暴力等手段获取的证据材料。"

又如，《福建省行政执法条例》第 54 条规定："下列材料不得作为行政执法决定的依据：（一）违反法定程序收集的；（二）以非法偷拍、偷录、窃听等手段获取侵害他人合法权益取得的；（三）以利诱、欺诈、胁迫、暴力等不正当手段获取的；（四）没有其他证据印证，且对方当事人不予认可的证据的复制件或者复制品；（五）被技术处理而无法辨明真伪的；（六）在中华人民共和国领域以外或者在中华人民共和国香港特别行政区、澳门特别行政区和台湾地区形成的未办理法定证明手续的材料；（七）不能正确表达意志的证人提供的证言；（八）不具备合法性、真实性和关联性的其他材料。"

2. 司法实践观点

（1）关于证据是否符合法定形式。证据的种类随着社会的发展而不断丰富；为了适应社会的发展，法律、法规及司法解释可以对证据的形式作出一些特别要求的规定。这些特别要求的规定被称为“法定形式”。例如，公文文书、行政处理决定、房屋产权证书等公文书证必须要有发文机关加盖的印章。又如，行政机关收集的证人证言必须写明调查时间、地点，并由调查人和被调查人签名。再如，鉴定意见要求写明参加鉴定人员的姓名、职称、所依据的材料、分析过程，由参加鉴定的鉴定人签名，并加盖鉴定机关印章。对于法律、法规、规章和司法解释在证据形式上有特别要求的证据，必须要查清该证据是否符合法定形式要求，不符合法定形式要求的证据一般不能作为定案的根据。〔1〕

（2）关于证据的取得程序是否符合法定要求。对证据取得是否合法的审查，实际上主要是对行政机关收集证据的行政程序进行审查。要求证据的形式应当符合法律、法规、司法解释和规章的要求，不等于证据的形式不符合法定要求就一定不具有合法性。例如，根据相关法律规定，行政机关向法庭提交的勘验笔录应当有两名行政执法人员的签名，若某份勘验笔录上只有一名勘验人员签名，但原告、第三人或者其他证人证明确实是两名勘验人员进行勘验，另一人因疏忽未签名，在没有其他相反证据足以推翻上述证明的情况下，该勘验笔录可以作为定案依据。〔2〕

（3）关于严重违反法定程序收集的证据材料。这里的“严重”主要是指在行政程序和诉讼程序中，违反了最基本的正当程序，并造成利害

〔1〕 参见杜万华总主编：《最高人民法院司法观点集成 行政卷Ⅰ》（第2版），中国民主法制出版社2023年版，第389页。

〔2〕 参见杜万华总主编：《最高人民法院司法观点集成 行政卷Ⅰ》（第2版），中国民主法制出版社2023年版，第389页。

关系人权利受损的证据收集行为，如先处罚后调查取证、应当回避而没有回避、在诉讼程序中未经法院准许擅自收集证据等。从主体上看，严重违反法定程序的主体不仅限于被告，也包括原告和第三人。[1]

（4）关于以违反法律强制性规定的手段获取且侵害他人合法权益的证据材料。这里的“违反法律强制性规定”主要是指实体法方面的规定，包括但不限于行政法对行政执法行为和公民行为的各种规定。“侵害他人合法权益”，即要求在违反法律强制性规定的同时，还必须满足同时造成对他人合法权益侵害的后果，这里的合法权益包括隐私权、人身权等。需要注意的是，依据最高人民法院《关于行政诉讼证据若干问题的规定》第58条的规定，“以违反法律禁止性规定或者侵犯他人合法权益的方法取得的证据，不能作为认定案件事实的依据”。2018年修订的最高人民法院《关于适用〈中华人民共和国行政诉讼法〉的解释》第43条规定：“有下列情形之一的，属于行政诉讼法第四十三条第三款规定的‘以非法手段取得的证据’：（一）严重违反法定程序收集的证据材料；（二）以违反法律强制性规定的手段获取且侵害他人合法权益的证据材料；（三）以利诱、欺诈、胁迫、暴力等手段获取的证据材料。”此次修改，将之前规定中的“或者”改为“且”，实际上提高了对违法证据认定的标准。[2]

（5）关于以利诱、欺诈、胁迫、暴力等手段获取的证据材料。所谓利诱，是指当事人采用利益引诱的方法获取证据；所谓欺诈，是指当事人故意捏造虚假情况或歪曲、掩盖事实真相，致使他人判断错误，作出错

〔1〕 参见本书编委会编：《行政诉讼法司法解释实务指南与疑难解答》，中国法制出版社2018年版，第123页。转引自杜万华总主编：《最高人民法院司法观点集成 行政卷Ⅰ》（第2版），中国民主法制出版社2023年版，第390页。

〔2〕 参见本书编委会编：《行政诉讼法司法解释实务指南与疑难解答》，中国法制出版社2018年版，第123页。转引自杜万华总主编：《最高人民法院司法观点集成 行政卷Ⅰ》（第2版），中国民主法制出版社2023年版，第390页。

误的行为；所谓胁迫，是指当事人以不法损害相恐吓，或以身体强制使他人处于恐怖状态、无力反抗的境地而作出特定行为；所谓暴力，是指采用身体伤害等激烈的方式强制他人就范。以上述行为为代表的证据获取手段，是对公民基本权利的严重损害，多数构成侵权或是犯罪，因此都是典型的违法取证行为。〔1〕

3. 非法证据的共性标准

结合学界观点、规范依据和司法实践，在行政执法领域，非法证据指的是收集、运用证据的主体、程序、来源、形式等各方面都不符合法律规定的证据。虽然各类规范性文件对非法证据的规定存在差异，但亦有共性的标准，大体上不能作为定案依据的非法证据包括：严重违反法定程序收集的证据；以引诱、欺诈、胁迫、暴力等不正当手段获取的证据；以偷拍、偷录、窃听等手段获取且侵害他人合法权益的证据；以其他违反法律禁止性规定或者侵犯他人合法权益的方法获取的证据；存在明显不符合法律、法规、规章和相关规定要求的勘验、检查、现场笔录。

**☞案例　徐某诉如皋市公安局行政处罚案**〔2〕

2018 年 8 月 18 日 19 时 31 分，有群众举报称，在如皋市 ×× 经镇 ×× 小区 ×× 号别墅缪某斌家有人赌博。2018 年 10 月 23 日，如皋市公安局作出皋公（搬）行罚决字〔2018〕1653 号《行政处罚决定书》（以下简称 1653 号处罚决定书），认为徐某以“转蛋”的方式进行赌博，决定给予徐某行政拘留 3 日的处罚。徐某不服，向如皋市人民政府申请行政复议；如皋市人民政府于 2019 年 8 月 30

〔1〕 参见本书编委会编：《行政诉讼法司法解释实务指南与疑难解答》，中国法制出版社 2018 年版，第 124 页。转引自杜万华总主编：《最高人民法院司法观点集成 行政卷 Ⅰ》（第 2 版），中国民主法制出版社 2023 年版，第 388~390 页。

〔2〕 参见江苏省南通市中级人民法院行政判决书，〔2020〕苏 06 行终 211 号。

日作出〔2018〕告行复第99号《行政复议决定书》(以下简称99号复议决定书),决定维持如皋市公安局作出的1653号处罚决定书。徐某不服,向江苏省南通经济技术开发区人民法院提起诉讼;一审法院判决驳回徐某的诉讼请求。徐某不服,向江苏省南通市中级人民法院提起上诉;二审法院判决驳回上诉,维持原判。

二审法院认为,根据《行政诉讼法》第43条第3款及最高人民法院《关于适用〈中华人民共和国行政诉讼法〉的解释》第43条第1项之规定,严重违反法定程序收集的证据材料,属于以非法手段取得的证据,不得作为认定案件事实的根据。这里的严重违反法定程序收集的证据,是指违反了最基本的正当程序收集的证据,包括裁决后收集的证据、只有一名调查人员收集的证据、执法人员依法应当回避而未回避,以及采取利诱、欺诈、胁迫等不正当手段收集的证据等情形。而该案中,被上诉人如皋市公安局在作出1653号处罚决定前收集的证据,均系依法制作,不存在违反法定程序情形,更谈不上严重违反法定程序收集而不得作为认定案件事实根据的情形;被上诉人如皋市公安局将延长办案期间内收集的证据一并作为1653号处罚决定的事实根据,并无不当。根据《公安机关办理行政案件程序规定》第82条的规定,人民警察对与违法行为有关的场所、物品、人身可以进行检查,检查时应当出示县级以上公安机关开具的检查证。该案中,被上诉人如皋市公安局提供了事发当日制作的《检查证》和《检查笔录》,《检查证》载明检查的法律依据、检查对象及执法人员姓名,并加盖了如皋市公安局公章;《检查笔录》也记载了"搬经派出所接到举报后,民警吴某、张某佳携带检查证前往如皋市××经镇××小区××号别墅缪某斌的住宅进行检查"等内容。《检查证》和《检查笔录》均经被检查人缪某斌签字确认。综上,1653号处罚决定认定事实清楚,适用法律正确，程序合法，量罚适当，被上诉人如皋市人民政府作出维持1653号处罚决定的99号复议决定，亦无不当。上诉人徐某的上诉请求依据不足，依法应予驳回。一审判决认定基本事实清楚，判决结果正确，依法应予维持。

### （二）证据应当具有关联性

根据证据的关联性规则，证据的关联性主要包括两项基本要求：一是形式关联，该证据源于过去发生的案件环境且与案件事实具有部分或者全部的牵连，能够指向案件中的待证事实。二是实质关联。该证据所留存、表述的案件事实信息足以帮助行政执法主体部分或者全部认定过去发生的案件事实。

例如，《交通运输行政执法程序规定》第49条规定："审查证据的关联性，应当审查下列事项：（一）证据的证明对象是否与案件事实有内在联系，以及关联程度；（二）证据证明的事实对案件主要情节和案件性质的影响程度；（三）证据之间是否互相印证，形成证据链。"

《环境行政处罚证据指南》第5.2.2条规定："证据的关联性审查主要认定证据与待证事实之间的联系，重点从下列方面判断：（1）证据与待证事实之间是否存在法律上的客观联系；（2）证据与待证事实的联系程度；（3）全部证据、单个证据拟证明的各事实要素能否共同指向据以作出行政处罚决定的事实结论，该事实结论是否唯一；（4）是否有影响证据关联性的因素。"

从相反角度理解，凡与案件事实无关联性的证据都不能作为定案依据，包括但不限于：（1）与案件没有任何联系的证据材料；（2）对案件待证事实的证明没有实质指向意义的重复证据、拖延证据；（3）对证明目标会带来不当影响的误导证据或者明显偏见证据；（4）不能指向案件中专门性问题判断的、意见不明确或者内容不完整的鉴定意见。[1]

### ☞案例　某县城管局查处渣土车倾倒建筑垃圾案[2]

某日，有两名村民向某县城管综合执法局举报，称某某牌照的渣土车在他们村旁边的公路边倾倒了一车建筑垃圾，要求依法查处。接报后，城管局渣土车执法中队调取了该牌照渣土车的全球定位系统（GPS）行车轨迹，发现在举报群众所陈述的时间段，该渣土车确实经过了这一路段，且在举报群众所在村有停留情形。举报群众所述现场也确实有一堆建筑垃圾。鉴于该渣土车司机拒绝接受调查，城管局渣土车中队拟决定对该车司机予以行政处罚。案件提交法制审核部门时，被否定了。法制审核人员认为，仅凭两名证人证言（目击）、现场痕迹（有垃圾）、渣土车 GPS 行车轨迹（经过该线路并停留），尚不足以推断出该司机真的在此处倾倒了垃圾。

GPS 轨迹仅能反映车辆经过并停留，但该车是否装载了垃圾、是否在举报者所陈述地点倾倒，并不能证实。现场有垃圾，也不能必然肯定是该渣土车所卸载。目击证人证言虽然是直接证据，但也需要查证其客观真实性。现场垃圾与 GPS 行车轨迹并不能证实证人证言的客观性，充其量只能说明证人证言所述事实有可能性。换句话说，三个证据所证明的对象与渣土车是否在该位置倾倒建筑垃圾的内在联系不够紧密，而且这三个证据尚不足以形成完整证据链。此案需要进一步查证该渣土车出门后有无装载建筑垃圾，在何处装载，何时装载，又卸载于何处，何时卸载，村民举报地点的建筑垃圾与渣土车装卸的建筑垃圾有无同一性。

〔1〕参见邱爱民：《行政执法证据法学》，中国法制出版社 2023 年版，第 48 页。
〔2〕邱爱民：《行政执法证据法学》，中国法制出版社 2023 年版，第 301~302 页。

### （三）证据应当具有真实性

在审查证据真实性方面，一些部门规章作出了相关规定。例如，《交通运输行政执法程序规定》第 48 条规定："审查证据的真实性，应当审查下列事项：（一）证据形成的原因；（二）发现证据时的客观环境；（三）证据是否为原件、原物，复制件、复制品与原件、原物是否相符；（四）提供证据的人或者证人与当事人是否具有利害关系；（五）影响证据真实性的其他因素。单个证据的部分内容不真实的，不真实部分不得采信。"下文对审查的具体事项展开说明。

1. 证据形成的原因

证据形成的原因与该证据的真实性往往具有极其重要的关系，证据的形成与收集证据的执法人员或者行政相对人的自主意志的行为有着密切的关系。因此，审查清楚证据形成的原因，对判断证据的真实性具有重要的作用，一般需要以结合其他证据进行综合分析的方式作出判断。[1]

2. 发现证据时的客观环境

发现证据时的客观环境不同，对证据的真实性亦有一定的影响。有些证据由于客观环境发生变化，其所反映的问题并不一定就能够证明案件的事实。因此，在一些案件中查清发现证据时的客观环境对正确认定案件事实具有很大的作用。[2]

3. 证据是否为原件、原物，复制件、复制品与原件、原物的内容、形式及其他特征是否相符

物证的原物、书证和视听资料的原件的证据效力优于复制品、复制

〔1〕 参见蔡小雪、甘文：《行政诉讼实务指引》，人民法院出版社 2014 年版，第 270 页。转引自杜万华总主编：《最高人民法院司法观点集成 行政卷Ⅰ》（第 2 版），中国民主法制出版社 2023 年版，第 391 页。

〔2〕 参见蔡小雪、甘文：《行政诉讼实务指引》，人民法院出版社 2014 年版，第 270 页。转引自杜万华总主编：《最高人民法院司法观点集成 行政卷Ⅰ》（第 2 版），中国民主法制出版社 2023 年版，第 391 页。

件。复制品、复制件与原物、原件核对无异的，其效力与原物、原件的效力相同。因此，法庭在认定证据的真实性时，应当确认当事人提供的物证、书证是否属于原物、原件。对提供的复制品和复制件应当与原物、原件从内容、形式及其他特征上进行核对：核对无异的，可以作为定案的根据；核对后发现有出入的，一般需要与其他证据结合起来进行综合分析，确定其是否部分或全部不具有证明效力。〔1〕

4. 提供证据的人或者证人与当事人是否具有利害关系

由于人的意识受主观因素的影响，提供证据的人或者证人与当事人之间具有敌视关系、竞争对手关系、亲属关系、朋友关系、合作关系等利害关系，其主观态度就有可能不中立。在一般情况下，提供证据的人或者证人或多或少地会站在自己的立场上，提供对与自己利益一致的当事人有利的证据或者证言，提供对与自己利益不一致的当事人不利的证据或者证言；对于与自己利益一致的当事人不利的证据或者证言，其一般不会主动提供。因此，查清提供证据的人或者证人与当事人是否具有利害关系，对正确判断证据的真实性是非常必要的。〔2〕

### （四）选择最佳证据

通俗地说，最佳证据是指证据的最佳形式一般是“原始材料”。在实际执法中应当坚持下列基本规则：对于书证、物证、文字笔录，原件、原物优先；对于视听资料、电子数据、音像笔录，本体、原始载体优先；对于当事人陈述、证人证言、鉴定意见，当面陈述优先。当然，该规则并不妨碍根据实际情况采用其他变通的提交方式。

---

〔1〕 参见蔡小雪、甘文：《行政诉讼实务指引》，人民法院出版社 2014 年版，第 270 页。转引自杜万华总主编：《最高人民法院司法观点集成 行政卷Ⅰ》（第 2 版），中国民主法制出版社 2023 年版，第 391 页。

〔2〕 参见杜万华总主编：《最高人民法院司法观点集成 行政卷Ⅰ》（第 2 版），中国民主法制出版社 2023 年版，第 391 页。

例如，《市场监督管理行政处罚程序规定》第 24 条规定："收集、调取的书证、物证应当是原件、原物。调取原件、原物有困难的，可以提取复制件、影印件或者抄录件，也可以拍摄或者制作足以反映原件、原物外形或者内容的照片、录像。复制件、影印件、抄录件和照片、录像由证据提供人核对无误后注明与原件、原物一致，并注明出证日期、证据出处，同时签名或者盖章。"

《农业行政处罚程序规定》第 38 条规定："农业行政执法人员询问证人或者当事人，应当个别进行，并制作询问笔录。询问笔录有差错、遗漏的，应当允许被询问人更正或者补充……"

### （五）需要补强的证据

根据补强证据规则，某一证据的证明力较弱，不能单独作为认定案件事实的依据，法律规定在有其他证据以佐证方式对其证明力予以补充、强化时，该证据因证明力得到补强才可以作为定案依据。[1]证明力需要补强的证据通常是直接证据、言词证据，如当事人陈述、证人证言、书证、视听资料和电子数据等。就当事人陈述而言，上文已有提及，当事人陈述虽然和案件关联性大，但是虚假可能性也大，证明力较弱，因此只有本人陈述，没有其他证据的，一般不能据此作出行政处罚。

单行的行政执法证据法文件大多受最高人民法院《关于行政诉讼证据若干问题的规定》第 71 条的影响，规定一些证据不能单独作为事实认定的依据。如《安徽省行政执法证据收集与运用指引（试行）》第 38 条规定："下列证据材料不能单独作为作出行政执法决定的依据：（一）无民事行为能力人或者限制民事行为能力人所作的与其年龄、智力状况或者精神健康状况不相适应的证言；（二）与当事人有利害关系

〔1〕 参见姬亚平：《国家治理现代化视角下的行政证据研究》，北京大学出版社 2021 年版，第 56 页。

的证人陈述的证言;(三)当事人的陈述;(四)存有疑点的视听资料、电子数据;(五)无法与原件、原物核对的复制件或者复制品;(六)经当事人或者他人改动,相关人员不予认可的证据材料;(七)其他不能单独作为定案依据的证据材料。”其他的还有《海事行政执法证据管理规定》第41条、《治安管理处罚法》第93条等。

一般来说,下列证据属于应补强证据:(1)无其他证据佐证的当事人陈述;(2)未成年人所作的与其年龄和智力状况不相适应的证言;(3)与一方当事人有亲属关系或者其他密切关系的证人所作的对该当事人有利的证言,或者与一方当事人有不利关系的证人所作的对该当事人不利的证言;(4)有正当理由不当面陈述作证的证人证言;(5)难以识别是否经过修改的视听资料、电子数据;(6)无法与原件、原物核对的复制件或者复制品;(7)经一方当事人或者他人改动,对方当事人不予认可的证据;(8)其他不能单独作为定案依据的证据。

### (六)证据证明力的比较

不同证据的证明力不同。应当选择证明力强的证据作为定案依据,在实践中应当依据或者参照相关规范作出比较和选择。

最高人民法院《关于行政诉讼证据若干问题的规定》第63条规定:“证明同一事实的数个证据,其证明效力一般可以按照下列情形分别认定:(一)国家机关以及其他职能部门依职权制作的公文文书优于其他书证;(二)鉴定结论、现场笔录、勘验笔录、档案材料以及经过公证或者登记的书证优于其他书证、视听资料和证人证言;(三)原件、原物优于复制件、复制品;(四)法定鉴定部门的鉴定结论优于其他鉴定部门的鉴定结论;(五)法庭主持勘验所制作的勘验笔录优于其他部门主持勘验所制作的勘验笔录;(六)原始证据优于传来证据;(七)其他证人证言优于与当事人有亲属关系或者其他密切关系的证人提供的对该当事人有利的证言；（八）出庭作证的证人证言优于未出庭作证的证人证言；（九）数个种类不同、内容一致的证据优于一个孤立的证据。”

《安徽省行政执法证据收集与运用指引（试行）》第 40 条规定：“证明同一事实的数个证据，其证明效力一般为：（一）国家机关以及其他职能部门依职权制作的公文文书优于其他书证；（二）鉴定意见、现场笔录、勘验笔录、档案材料以及经过公证或者登记的书证优于其他书证、视听资料和证人证言；（三）原件、原物优于复制件、复制品；（四）法定鉴定部门的鉴定意见优于其他鉴定部门的鉴定意见；（五）原始证据优于传来证据；（六）经行政执法机关当面询问的证人证言优于只作书面陈述的证人证言；（七）数个种类不同、内容一致的证据优于一个孤立的证据。”第 41 条规定：“就同一事实存在相互矛盾的证据时，应当结合具体情况，从证据与案件事实的关联程度、各证据之间的联系等方面进行综合审查判断。”第 42 条规定：“经审查能反映案件真实情况、与行政执法相关联、来源和形式符合法律规定的证据，方可作为作出行政处罚、行政强制等行政执法的事实依据。”

# 第四章　调查取证实务(二):调查取证措施

## 一、现场检查(勘验)

### (一)现场检查(勘验)的内容

现场检查(勘验)是行政执法人员对违法现场或物品进行勘验、检验、测量、绘图的行为,是为了及时查明案件情况,客观真实地反映案件的真相,并需要将情况和结果如实记录下来,形成《现场检查(勘验)笔录》。包括对无法转移的证据现场情况的记载,如环境排污现场,对地理案件发生之后的有关痕迹、空间位置关系的记载,如交通事故处理的现场等,具有现场性、即时性。

执法人员可以参考相关规范性文件关于笔录内容的规定,全面、细致地开展现场检查(勘验)。例如,《江苏省行政执法证据收集和运用指引(试行)》《安徽省行政执法证据收集与运用指引(试行)》等对现场检查(勘验)笔录内容的规定都十分详尽,具有很强的借鉴意义和参考价值。《安徽省行政执法证据收集与运用指引(试行)》第 14 条规定:"制作勘验笔录、现场笔录应当符合下列要求:(一)勘验笔录、现场笔录应当载明行政执法人员出示执法证件、表明身份、告知执法事由、执法依据和告知当事人权利义务的情况；现场检查的时间、地点、主要过程；被检查场所概况；与违法行为有关的物品、工具、设施的名称、规格、数量、状况、位置、使用情况及相关书证、物证；与涉嫌违法行为有关人员的活动情况；当事人和其他人员提供证据和配合检查情况；现场拍照、录音、录像、绘图、抽样取证、先行登记保存、实施强制措施的情况；执法人员检查发现的事实等内容；（二）勘验笔录、现场笔录应当由行政执法人员和当事人签名或者盖章。当事人拒绝签名或者不能签名的，应当注明原因。有见证人在现场的，可以由见证人签名、盖章或者捺指印；（三）绘制现场图，应当注明绘制的时间、方位、测绘人姓名、身份等内容。”

### （二）实施步骤

乡镇和街道综合执法中的大量案件都属于事实相对简单明了的案件，对于这类案件，现场检查（勘验）往往步骤简单。但是对于案情复杂或影响较大的案件，要遵循必要的步骤和程序。

#### 1. 做好准备工作

（1）保护现场。在行政检查或者巡查中发现有需要勘查的现场，或者接受报案的，如果现场容易被破坏导致调取证据困难，应当迅速赶赴现场，采取划定警戒线、遮盖、封闭进出路线等方式保护现场，保存物品、物质、痕迹等证据材料。

（2）制定工作方案。对于复杂的案件，有必要制定工作方案，并根据实际进行调整，合理安排检查（勘验）人员、辅助人员、检查（勘验）流程和记录分工；对于一些容易产生群体性事件、相对人对抗情绪激烈的案件，现场检查（勘验）工作方案中还应当有处置预案的安排，如协调公安机关提前介入等。

2. 实施现场检查(勘验)

(1)掌握重要知情人。执法人员到达现场后,要迅速查清案件发生时有哪些在场人员以及其他知情人员,对目击证人和知情人,要对其姓名、工作单位、家庭住址、联系方式等要素逐一登记。

(2)通知当事人并邀请现场勘查见证人。现场检查(勘验)时应当通知当事人到场,对于复杂的案件,为了保证现场检查(勘验)的客观性和合法性,使发现的各种物证以及勘查记录具有充分的证据作用,在实施勘查时,应当邀请两名以上与案件或者事件无关、具有民事行为能力且为人公正的自然人作为见证人。例如,《交通运输行政执法程序规定》第40条第2项规定,“实施勘验,应当有当事人或者第三人在场。如当事人不在场且没有第三人的,执法人员应当在《勘验笔录》中注明”。

(3)要注意细致准确。要清楚、准确、客观、全面地检查有违法嫌疑的物品或者场所的具体情况,在现场检查(勘验)范围的基础上可以先将范围划得大一些,之后根据发现的证据和现场访问的结果,再视情况随时调整勘查范围的大小。

(4)具体勘查的方法。对于勘查的具体方法,有学者归纳为观察、记录法,提取原物、扣押法,封存法,拍照法,人身检查法,实验法,搜索法,保存、复制电子数据法等措施或者手段。[1]有学者根据证据的种类,将勘查的手段分为如下三类:发现物品物证的方法主要是观察法;发现微量物质物证的方法有肉眼观察法、特种光源照射法、化学试剂显现法、磁铁吸附法和静电吸附法等;发现痕迹物证的方法有光源照射观察法、摄影法、物理和化学显现法、提取原物法、制作模型法等。[2]无论采用何种方法,都应当注意避免对勘查客体造成不必要的

〔1〕 参见马丽霞主编:《现场勘查》,中国检察出版社2010年版,第332页。

〔2〕 参见何家弘主编:《证据调查》(第2版),中国人民大学出版社2005年版,第288页。

损坏。

3. 结束现场检查（勘验）

（1）现场检查（勘验）结束的前提条件。勘查结束的前提条件包括：对勘查客体的主要情况已经查明和研究清楚；勘查范围、勘查重点和相应措施已经基本确定；相关的法律手续齐全完备。

（2）现场检查（勘验）的固定。要通过制作《现场检查（勘验）笔录》、拍照、录音、录像等各种形式，准确、客观、真实地记录现场检查（勘验）的情况，构建完善、完整、完备的勘查记录体系，为证实案件待证事实提供合法、真实、关联的证据。例如，《生态环境行政处罚办法》第 28 条第 1 款规定："对有关物品或者场所进行检查（勘察）时，应当制作现场检查（勘察）笔录，并可以根据实际情况进行音像记录。"

### （三）拍照取证的标准要求

进行现场检查（勘验）时，执法人员往往会通过录音录像的方式，记录检查、勘验过程中发现的违法事实、涉案物品、材料等情况，照片或音像证据和《现场检查（勘验）笔录》，现场提取的书证、物证等相互补充，互相印证，可以全面、客观地反映与案件有关的地点和物证现场状况。

特别是拍照取证，使用便利，对现场还原度高，拍照取证后可以制作成文书证据入卷，直接反映现场状态，是行政执法最常用的客观证据形式。需要注意的是，行政执法人员在制作照片证据时，如果拍摄的现场照片不规范，会导致照片的证明力不强甚至不具备证明效力，从而影响整个案件的证据链的构建，因此有必要高标准进行现场检查（勘验）照相。

**案例　孟某强诉郑州市公安局交通警察支队第十大队行政处罚案**[1]

2012年11月14日，郑州市公安局交通警察支队第十大队对孟某强作出编号为×××号的公安交通管理简易程序处罚决定书，认定孟某强在2012年7月25日9时50分在南阳路（黄河路至北仓北里）实施机动车违反规定停放，决定对其罚款200元。孟某强不服该处罚决定，提起诉讼。

法院认为，被告认定原告实施机动车违反规定停放，但作为被告对原告作出行政处罚决定主要证据的停车照片，经法院现场走访勘验，在被告处罚决定书认定的路段未发现该照片反映的现场场景，因此被告作出的该行政处罚决定证据不足，依法应予撤销。

在现场照相时，特别是案件重大复杂时，执法人员可以借鉴参照国家标准《现场照相、录像要求（GB/T29349—2012）》，该标准规定了现场照相、录像的基本要求和实施拍摄的方法要则，适用于我国刑事、民事、行政等各类案件现场的照相和录像。执法人员可以主要参考“5 现场拍摄的原则要求”“6 现场拍摄的主要内容”“7 现场拍摄的实施步骤”“8 现场拍摄的方法要点”等内容。

有一线执法人员根据《现场照相、录像要求（GB/T29349—2012）》，结合执法实践，梳理了现场照相的“规定动作”，值得参考借鉴，摘录如下。[2]

1. 预备观察

抵达案发现场后，首先对现场有总括性了解，再开始拍摄动作。特

〔1〕 参见河南省郑州市金水区人民法院行政裁定书，(2013)金行初字第8号。

〔2〕 参见刀笔法曹：《执法手册｜现场检查、勘验拍照取证动作清单》，载微信公众号“法曹日志”2024年2月28日，https://mp.weixin.qq.com/s/cK-fS4MhRzdQhCrtY7DtWQ。

别是室外拍摄，应先确定四方向方位，如果方向很难确定，大部分手机都有指南针功能，可以帮助定位；再定参照物，必须是短期内不可能移动的参照物，或是建筑，或是灯杆，或是路牌，绝不能是车辆、行人等可移动物体。

2. 拍方位照

拍摄现场时，第一张照片应是远景，且处在正方向位置拍摄。具体动作是，以案发的中心现场为基准点，尽量按照正方向（正东南西北），以整个现场及现场周围环境作为拍摄对象，拍摄反映案发现场所处位置及与参照物关系的照片。如不能正方向拍摄，应留意拍摄机位与正方向关系，事后记录。

以乱摆摊担为例：张三在不允许摆摊设点的路边用三轮车摆卖商品，应首先远景拍摄张三摆卖状态，将路边固定参照物一同摄入。

3. 拍概貌照

沿方位照方向抵近现场，近距离拍摄现场概貌后分别以现场为中心向左或向右转（固定旋转习惯），连续拍摄，各照片之间应有部分画面重合。

以乱摆摊担为例：抵近张三及其摆摊所用三轮车，尽量正脸拍摄张三及摆卖物品，如一张照片可以概括全部事实，无须后续多角度拍摄。如张三有不配合或逃离动作，应多角度追拍。

现场有多个违法点位，在拍摄方位照时应尽量将多个违法点位同时拍摄入画；不能同时拍摄入画的，可以站在同一位置多角度拍摄，并让画面有重合关联，组成点位分布图组。然后按照一定顺序逐次拍摄各点位的概貌照和重点部位照。

以扬尘防治案件为例：施工现场有多个违反扬尘防治要求的违法点位，当各点位距离较远时，按照一定顺序拍摄并在事后记录，点位分布复杂的，对现场应绘制草图方便事后整理。

4. 拍重点部位照

日常的行政执法过程中重点部位照应用较少，多与概貌照或者细目照重合，常见于确认专业性较高的违法细节，应根据实际情况针对性的多角度拍摄。如各种类型的施工安全隐患、工地扬尘防治措施不到位的具体情况、大面积乱设摊点或店外探头经营等，重点部位各有不同，对同一重点部位多角度拍摄时，各角度画面应有部分重合。

5. 拍细目照

常见于需要通过涉案物品数量、种类确定案情的案件。像破坏绿地面积、被砍伐树木直径、建筑物长宽高、登记保存证据详情、暂扣物品等。对测量工具的数值细节应有远景和特写拍摄；对登记保存或暂扣物品应逐一拍摄登记，确定物品状态；对文件材料等需正对拍摄，背景无杂物，避免虚焦。

6. 拍后处理

拍摄完成后，绘制现场示意图，标注现场违法点位、拍摄角度、四方向标记等信息。对所拍摄照片取舍、分组，先方位照，后概貌照，再重点照，最后细目照。如果需要采用的重点照或细目照较多，结合与方位照、概貌照、重点照的关联性，采取就近原则安排放置的先后顺序。

选好照片后，按照文书制作要求将照片制作成格式证据并打印，非彩色不能反映事实的，务必彩色打印。

打印的现场照片应由执法人员和拍摄人签字，并向涉案当事人出示，由其签字确认，涉案当事人拒绝签字确认的，执法人员应注明情况。

7. 其他注意事项

（1）室内拍摄与室外拍摄的操作基本类似，应事先确定建筑物坐落朝向，根据进门位置按顺序拍摄、记录。

（2）如拍摄对象有遮挡物，应在移动遮挡物前先拍一张，挪开遮挡物后再拍一张。

（3）一幅画面难以拍摄全貌的，先拍地面，后拍上部。如从建筑物内向外抛撒建筑垃圾的情形，空间狭窄不能拍摄全貌的建筑物、构筑物等，各照片之间应有部分重合。

（4）先拍急，后拍缓。动态的，存在时间较短的，与温度、湿度、天气等密切相关的信息，应及时取证，连续多次取证，尽可能反映客观事实。

## 二、询问

### （一）询问的目的

询问，是指执法人员用口头语言的方式向当事人、证人等主体了解案件情况或者信息的取证活动。由于在执法实践中即使掌握的证据再多，也会有不清楚、不确定的情况，此时向当事人或者其他知情人进行询问非常必要，经过有效的询问，可以形成尽可能完整的证据链。通过询问要达到三个目的：一是核实现有证据；二是挖掘尚未掌握的其他案情，更全面地掌握整个案件情况；三是了解当事人在违法行为中的主观认识。

### （二）询问的“规定动作”

法律、法规、规章对询问程序有相关的规定，如《农业行政处罚程序规定》第38条、《市场监督管理行政处罚程序规定》第29条、《住房和城乡建设行政处罚程序规定》第16条、《交通运输行政执法程序规定》第39条、《海事行政执法证据管理规定》第26条第2项、《邮政行政执法监督办法》第11条等，特别是《公安机关办理行政案件程序规定》第66~80条，是对询问工作的具体规范。上述规范性文件中共性的规定都要求询问当事人遵循程序公正原则，保障当事人的程序权利。

1. 人员要求

需有两名以上执法人员，要出示执法证件，表明执法身份。遵循基本的执法礼仪或规范，如《城市管理执法行为规范》第 21 条要求执法人员敬举手礼等。

2. 核实身份

询问前要核实被询问人身份，查验身份证件等。如果被询问人并非当事人本人，需要查验由当事人法定代表人 / 负责人 / 个体经营户本人亲自签名和盖章的《当事人授权委托书》，并须明确委托权限是为全权委托还是部分委托。

3. 依法告知

告知被询问人本次询问的事由，告知被询问人接受询问、申请回避等权利义务的法律依据，告知被询问人享有的法定权利、承担的法定义务和责任。

4. 询问方式

要注意询问方式的正当性、合法性、合理性和便捷性。询问应当个别进行、单独接触，有多个被询问人时，应当分别进行询问并分别制作询问笔录，以防止被询问人之间相互干扰，影响证据的真实性。但是，个别进行询问不是绝对的，如询问未成年人时监护人可以在场，询问残疾人时手语翻译可以在场，询问外国人或少数民族时口语翻译可以在场。出于笔录的便捷性，笔录可以使用计算机记录并打印。

**☞案例　关某国诉阿城区公安局行政处罚案**[1]

2019 年 11 月 6 日中午 12 时左右，在阿城区第五中学 2 楼初二(1)班教室内，班主任关某国因韩某阳在教室内不听劝告踢了

〔1〕 参见黑龙江省哈尔滨市中级人民法院行政判决书，(2020)黑 01 行终 464 号。

韩某阳屁股一脚并拽了韩某阳肩部衣服两下。2019年11月8日，韩某阳报警。2019年11月25日，阿城区公安局作出哈阿公（金上京）行罚决字〔2019〕719号《行政处罚决定》，决定对关某国行政拘留15日，并处罚款1000元。关某国不服，向哈尔滨市阿城区人民法院提起诉讼，一审法院判决撤销阿城区公安局作出的行政处罚决定；阿城区公安局重新作出行政行为。随后，韩某阳不服一审判决，向哈尔滨市中级人民法院提起上诉，二审法院判决驳回上诉，维持原判。

二审法院认为，《公安机关办理行政案件程序规定》第75条规定，询问未成年人时，应当通知其父母或者其他监护人到场，其父母或者其他监护人不能到场的，也可以通知未成年人的其他成年亲属，所在学校、单位、居住地基层组织或者未成年人保护组织的代表到场，并将有关情况记录在案。确实无法通知或者通知后未到场的，应当在询问笔录中注明。《治安管理处罚法》第79条第2款规定，以非法手段收集的证据不得作为处罚的根据。本案中，阿城区公安局在询问未成年人刘某宇、马某、吕某阳、朱某博、穆某锐的过程中，没有通知其父母到场，在作为学校教师的临时监护人未在场履行监护职责的情况下调查取证，违反了上述法律法规有关程序规定，故上述证人的询问笔录不能作为本案认定事实和行政处罚的根据。综上，阿城区公安局作出的行政处罚主要证据不足，程序违法，依法应予撤销。

5. 时间地点

选择询问时间应当考量的因素包括调查工作的需要、被询问人的方便时间、被询问人的身体健康情况等，一般选择正常办公时间，一次询问时间一般连续不超过8小时，期间不得剥夺当事人必要的休息权、饮水进食权。针对同一被询问人，有必要进行多次询问的可以多次询问，但是要尽量减少询问次数，避免反复询问，以能通过一次询问就实现调查目的为好。地点可以是违法行为发生地，被询问人住所、办公场所，执法部门办公场所或其他合适场所。

6. 核对笔录

制作笔录并交被询问人核对，笔录核对无误后，被询问人在笔录上逐页签名、盖章或者以其他方式确认，办案人员应当在笔录上签名；询问人和被询问人应当逐页签名盖章，笔录有涂改的，涂改部分应当由被询问人签名、盖章或者以其他方式确认。

7. 录音录像

对询问进行全过程录音录像，并注意保持录音、录像资料的完整性，在执法活动结束后及时将音像记录信息移交存储并封存完好，以增强询问调查的证明力。

（三）询问流程参考

1. 仔细询问、核实接受调查人员的身份信息

通过询问、核实调查人员的身份信息确认被调查人的身份、与案件的关系、是否了解案情等。如请出示你的有效身份证件；你的身份证件信息和我们掌握的信息有所不同，具体是××××，请你对此进行解释。

2. 核实授权委托书信息

对于单位人员，核实授权委托书信息，通过这些内容核实被调查人的职务、权限，单位具体信息。如请你介绍你在单位内的职务，是否有证明材料？请问你加入××××单位多久了？请问你从事×××××岗位工作多久了？

3. 确认地址

通过确认地址解决没有地址确认书的情况下的文书送达问题。如

请问你现在常住在哪里？请问你和家人住在一起吗？具体和哪些家人同住？请问你们单位现在办公地点在哪里？请问是否还有其他的办公地点？办公地点是否有快递、新建的集中收集点？一般都由谁负责签收？此外，需要当事人填写《当事人送达地址确认书》，方便以后送达。

4. 询问的重点内容

询问的重点是案件待证事实。一是高度概括地介绍相关案件情况，向被询问人适度交代调查事项、询问依据、案件性质。二是请被询问人就其感知的案件事实作总体上的宏观叙述。不同的被询问人叙述的重点也会有所不同，当事人应当陈述其所作所为，被侵害人应当陈述所遇所受，证人应当陈述所见所闻，利益关联人应当陈述所思所想。但是需要注意的是，如果被询问人叙述中出现严重脱离案件事实和待证事项的陈述，调查询问人员应当适当纠偏和引导，同时注意表达技巧、循循善诱。三是就待证事实逐一向被询问人问话。对照待证事实，结合已掌握的证据、被询问人的整体叙述，就尚需了解的具体事实要素、事实细节，逐一向被询问人问话，特别是涉及重要事实、情节、数字、日期等问题时，应当要求被询问人准确回答，避免含糊，直至所有能从被询问人处了解的待证事实都已清楚。同时，要询问被询问人以往是否有同类行为，通过这些内容推定其是否存在主观过错以及过错的严重程度。[1]

5. 询问后的重点工作

一是做好收尾工作。结束询问后，应当鼓励或感谢积极配合者，如需继续询问，商定具体时间和地点。整理、完善好询问的书面或者电子音像资料，及时归入办案卷宗。二是梳理矛盾之处。综合分析已掌握的事实和证据、被询问人特别是当事人的陈述叙述，查找被询问人叙述

〔1〕 参见邱爱民：《行政执法证据法学》，中国法制出版社 2023 年版，第 199~201 页。

的内容和行政机关掌握的证据之间的差别，进而发现矛盾之处，然后根据矛盾、差异等进行更有针对性的调查取证。三是核实陈述申辩。对被调查询问人在调查询问笔录中所提出的新的内容，包括陈述的事实、申辩的理由等都要进行全面的核实。四是慎重核实“自认”类陈述。需要注意的是，“自认”的效力并不是绝对的，并不是所有的当事人承认的于己不利的“事实”都是真实的，特别在部分对单位的处罚结果和对个人的处罚结果差异巨大的行政处罚案件中，一些单位为了逃避对单位的巨额罚款，有可能让某个人出面自认，进而减轻甚至逃避处罚。

## 三、先行登记保存

### （一）对先行登记保存的理解

《行政处罚法》第 56 条规定：“行政机关在收集证据时，可以采取抽样取证的方法；在证据可能灭失或者以后难以取得的情况下，经行政机关负责人批准，可以先行登记保存，并应当在七日内及时作出处理决定，在此期间，当事人或者有关人员不得销毁或者转移证据。”先行登记保存，是指执法人员在日常监督检查和案件调查时，在证据可能灭失或以后难以取得的情况下，对相关物品和资料当场登记在册，暂时先予封存固定，并要求当事人或有关人员妥善保管，不得销毁、转移或隐匿，以待行政执法主体进一步调查和处理的证据保全手段。

需要注意先行登记保存的适用情形。“先行”，是指在证据可能灭失或者以后难以取得的情况下，执法机关出于及时取证的目的，迅速对证据进行登记和保存，体现了登记保存的及时性、时效性。“先行”的及时性也体现了情况的紧急性，只有需要利用涉案物品的实质性特征作为证据，而又不能用其他取证手段代替时，才能对证据先行登记保存，如果可采取询问、拍照、录像、勘验等其他形式收集证明和认定行为人违法事实的证据，就不应采取查封、扣押方式进行先行登记保存。[1]

司法实践也对先行登记保存须具有紧迫性予以认可，例如，有法院认为，行政机关需要利用保存物品的实质性特征作为证据，无其他取证手段可代替。先行登记保存证据是在证据可能灭失或者以后难以取得的紧急情况下，所能采取的最为简便、快捷、有效的应急性证据收集措施，其目的主要是通过法定记录的方式证明现场有若干证据存在过，防止当事人事后予以否认。如可采取拍照、录像等其他形式收集证明和认定行为人违法事实的证据，就不宜采取查封、扣押方式进行先行登记保存。[2]

### （二）实施步骤

#### 1. 批准

《行政处罚法》第 56 条明确规定先行登记保存要“经行政机关负责人批准”，部门规章一般都规定了紧急情况下的批准手续。如《生态环境行政处罚办法》第 32 条第 2 款规定，“情况紧急的，执法人员需要当场采取先行登记保存措施的，可以采用即时通讯方式报请生态环境主管部门负责人同意，并在实施后二十四小时内补办批准手续。”

#### 2. 清点

执法人员需要会同当事人，现场清查（检查）、整理、核对、统计有关证据，应用明确、通用的计量单位登记造册，详细记录物品的名称、规格、形状、包装、提取的位置等，做到清楚精准。如《市场监督管理行政处罚程序规定》第 34 条第 1 款规定：“先行登记保存有关证据，应当当场清点，开具清单，由当事人和办案人员签名或者盖章，交当事人一份，

---

〔1〕 参见江必新、夏道虎主编：《中华人民共和国行政处罚法条文解读与法律适用》，中国法制出版社 2021 年版，第 188 页。

〔2〕 参见北京市海淀区人民法院行政判决书，（2021）京 0108 行初 882 号。

并当场交付先行登记保存证据通知书。”

3. 登记

登记的目的主要是通过法定登记记录的方式证明现场有若干类证据存在过，防止当事人事后以时过境迁等为由否认。[1]在清点完毕后，要制作先行登记保存通知书或决定书，内含或附有物品清单，对所保全的证据资料加以详细登记，同时当场交付当事人，由当事人和执法人员签名或者盖章；当事人拒绝签字或盖章的，应当在先行登记保存证据文书上签字并注明情况。如《交通运输行政执法程序规定》第44条第1款规定：“先行登记保存有关证据，应当当场清点，制作《证据登记保存清单》，由当事人和执法人员签名或者盖章，当场交当事人一份。”

4. 保存

保存是禁止当事人损毁、销毁或者转移证据的手段，保全固定证据的关键。保存是对证据在物理上采取限制性措施，如采取封存或保管的手段，使其“保持原样”，当事人不得销毁或者转移。需要注意的是，先行登记保存侧重于保持证据在物理上的完整，并不涉及对其实质内容的固定、分析、提取等。此外，要坚持合理行政原则，采取适当的手段和方法，确保证据保存手段与证据保存目的相适应。

就保存地点而言，一般可以就地由当事人保存，或者由行政机关或其他主体异地保存。不少地方或部门规章进行了规定。例如，《农业行政处罚程序规定》第43条规定：“先行登记保存物品时，就地由当事人保存的，当事人或者有关人员不得使用、销售、转移、损毁或者隐匿。就地保存可能妨害公共秩序、公共安全，或者存在其他不适宜就地保存情况的，可以异地保存。对异地保存的物品，农业行政处罚机关应当妥善保管。”《财政部门证据先行登记保存办法》第14条规定：“证据先行登

〔1〕 参见江必新、夏道虎主编：《中华人民共和国行政处罚法条文解读与法律适用》，中国法制出版社2021年版，第188页。

记保存期间，财政部门、被检查人及其他有关人员应当妥善保管证据，不得销毁或者转移。销毁或者转移证据的，依法承担法律责任。”《北京市实施行政处罚程序若干规定》第 15 条第 3 款规定：“原地保存先行登记物品可能妨害公共秩序、公共安全或者存在其他不适宜原地保存情况的，可以异地保存。”

但是实践中，关于证据能否异地保存的问题，地方或部门规章、司法实践[1]、具有一定权威的学理解释[2]仍存在分歧。从执法实践看，异地保存在有些情况下具有必要性，但是风险性越来越大，因此应慎用或者不用。为了减少执法风险，如果法律法规授权扣押，应采取扣押措施控制物品；如果法律法规没有授权扣押，或者扣押的范围不包括有关证据，应采取就地保存的方式实施先行登记保存。

### （三）先行登记保存后的处理

#### 1. 处理时限

《行政处罚法》第 56 条和有关先行登记保存的规范性文件对处理时限的要求都为“七日”，即对证据先行登记保存，应当在 7 日内及时

---

〔1〕 司法实践中，存在一些法院判决异地保存证据的行政机关败诉的案例，参见广西壮族自治区高级人民法院（2020）桂行终 265 号行政判决书、浙江省舟山市普陀区人民法院（2020）浙 0903 行初 34 号行政判决书、最高人民法院（2006）行监字第 187-2 号行政裁定书等。特别是在（2006）行监字第 187-2 号行政裁定书中，法院裁判观点认为，采取证据登记就地保存时不能采取对场所的查封或者变相查封的方式。最高人民法院的法官评析该案时指出，虽然证据先行登记保存和查封扣押的强制措施都可以实现防止证据损毁的目的，但两者的实施方式是不同的。证据先行登记保存在实施方式上是由执法人员对证据进行现场清点、造册登记，交由当事人共同签名确认并当场交付先行登记保存通知书，同时将证据就地保存。在此期间当事人不得损毁、销毁或者转移证据。这种控制方式是行政机关向当事人施加了保管义务，但实质上并没有影响当事人对证据的占有权。而行政强制措施则是对与违法行为相关的财物实施暂时性控制，包括查封或扣押等，这种控制方式直接影响到当事人对涉案财物的占有权。（参见最高人民法院行政审判庭编：《最高人民法院行政裁判要旨及评述》，人民法院出版社 2019 年版，第 171 页。）

〔2〕 参见许安标主编：《中华人民共和国行政处罚法释义》，中国民主法制出版社 2021 年版；全国人大常委会法制工作委员会行政法室编写：《〈中华人民共和国行政强制法〉释义与案例》，中国民主法制出版社 2012 年版；乔晓阳主编、全国人大常委会法制工作委员会行政法室编著：《中华人民共和国行政强制法解读》，中国法制出版社 2011 年版。

作出处理决定。需要注意的是，此处的“作出处理决定”指7日内采取保全、鉴定、移送等程序性决定，而非作出行政处罚等实体性决定。

关于超期作出决定的法律后果，司法实践中不同法院的观点不同，有法院认为先行登记保存超期属于程序违法，例如，在严某荣诉松滋市饲料工作办公室行政处罚案中，法院认为，被告2013年4月11日才通过责令原告召回而解除登记保存，“登记保存期超过法定期限，属程序违法”。[1]有法院认为先行登记保存属于程序瑕疵，例如，在涂某友诉巴东县林业局行政处罚案中，法院认为，被告林业局7日内没有作出处理，“其采取证据登记保存措施的程序存在瑕疵，证据登记保存措施自行解除，但不影响全案行政处罚程序的处理”。[2]但是从遵循依法行政、合理行政、程序正当等行政法基本原则的角度看，要杜绝先行登记保存超期的行为。

2. 处理方式

综合各项规范性文件的表达，在7个工作日内，一般作出如下处理：(1)及时采取记录、复制、拍照、录像等证据保全措施；(2)送交有关机构检测、检验、鉴定、评估、认定；(3)送交其他部门协助调查；(4)采取查封、扣押等强制措施；(5)予以没收处罚；(6)随案移送其他机关；(7)解除保全措施，退还所有人或者持有人；(8)销毁或者作无害化处理。

例如，《农业行政处罚程序规定》第44条规定：“农业行政处罚机关对先行登记保存的证据，应当自采取登记保存之日起七日内作出下列处理决定并送达当事人：(一)根据情况及时采取记录、复制、拍照、录像等证据保全措施；(二)需要进行技术检测、检验、鉴定、评估、认定的，送交有关机构检测、检验、鉴定、评估、认定；(三)对依法应予没收的物

〔1〕 湖北省松滋市人民法院行政判决书，(2013)鄂松滋行初字第00019号。
〔2〕 湖北省巴东县人民法院行政判决书，(2011)巴行初字第4号。

品，依照法定程序处理；（四）对依法应当由有关部门处理的，移交有关部门；（五）为防止损害公共利益，需要销毁或者无害化处理的，依法进行处理；（六）不需要继续登记保存的，解除先行登记保存。”

## 四、责令改正

### （一）法律性质和概念辨析

责令当事人改正或者限期改正违法行为，是指行政机关以行政命令的形式，以《责令改正通知书》等法律文书的方式，要求当事人作为或不作为，使其中止违法行为，命令违法当事人履行其应当履行的义务，或者以其他方式达到与履行义务相当的状态。《行政处罚法》第 28 条第 1 款规定：“行政机关实施行政处罚时，应当责令当事人改正或者限期改正违法行为。”

1. 法律性质

关于责令改正的性质，结合学界通说、司法实践和对《行政处罚法》有关条文的解读，笔者认为，责令改正属于行政命令，不属于行政处罚。在王某和诉山东省淄博市人民政府行政复议案中，再审法院认为，责令改正或限期改正违法行为是指行政机关在实施行政处罚的过程中对违法行为人发出的一种作为命令，责令改正或限期改正违法行为是与行政处罚不相同的一种行政行为，二审法院认为其不属于行政处罚，并无不当。[1]最高人民法院《关于行政案件案由的暂行规定》（法发〔2020〕44 号）将责令改正、责令停止建设、责令暂停生产、责令暂停销售、责令暂停使用等均作为“行政处理”项下的子案由。2021 年 2 月，最高人民检察院发布了“加强行政检察监督、促进行政争议实质性化解”专项

〔1〕 参见最高人民法院行政裁定书，（2018）最高法行申 4718 号。

活动典型案例12件，在案例6——方某与湖南省某市自然资源和规划局、向某行政处罚抗诉案中，湖南省人民检察院经审查认为，某市自然资源和规划局责令向某限期改正违法行为，属于行政命令，不属于行政处罚。

2. 责令改正和行政处罚的区别

关于责令改正和行政处罚的区别，在前述王某和诉山东省淄博市人民政府行政复议案中，淄博市中级人民法院和最高人民法院分别在二审和再审中对上述问题进行了全面阐释，核心观点如下：首先，责令改正（或者限期改正）与行政处罚概念有别。行政处罚是行政主体对违反行政管理秩序的行为依法定程序所给予的法律制裁；而责令改正或限期改正违法行为是指行政机关在实施行政处罚的过程中对违法行为人发出的一种作为命令。其次，两者的性质、内容不同。行政处罚是法律制裁，是对违法行为人的人身自由、财产权利的限制和剥夺，并通过对违法行为人的精神和声誉造成损害进行惩戒；而责令改正或者限期改正违法行为，其本身并不是制裁，只是要求违法行为人履行法定义务，停止违法行为，消除不良后果，恢复原状。再次，两者的规制角度不同。行政处罚是从惩戒的角度，对行政相对人科处新的义务，以告诫违法行为人不得再违法，否则将受罚；而责令改正或者限期改正则是命令违法行为人履行既有的法定义务，纠正违法，恢复原状。最后，两者形式不同。《行政处罚法》规定了行政处罚的具体种类，具体有警告，罚款，没收违法所得、非法财物，责令停产停业，暂扣或者吊销许可证、执照和行政拘留等；而责令改正或者限期改正违法行为则因各种具体违法行为不同而分别表现为停止违法行为、责令退还、责令赔偿、责令改正、限期拆除等形式。[1]

---

〔1〕 参见最高人民法院行政裁定书，(2018)最高法行申4718号。

### （二）责令改正与行政处罚的正确适用

1. 作出行政处罚前一般要责令改正

行政处罚的目的是纠正违法行为，维护公共利益和社会秩序，因此责令当事人改正违法行为是避免以罚代管、只罚不管，实现立法精神的必然要求。根据《行政处罚法》第 28 条第 1 款的规定，具有处罚权的行政机关当然具有责令改正权，而根据权责一致的法治要求，责令改正也是一项责任，是执法中必须配套作出的。关于未依法履行责令改正程序就予以立案处罚的法律后果，司法实践中有观点认为属于违法。因此在实践中，为了更好地兼顾依法行政和减少执法风险，无论在行政检查中，还是在调查取证过程中发现违法行为，一般均要履行责令改正程序。

2. 责令改正并非必然引起行政处罚

根据法律、法规、规章的规定，有些情况下，责令改正和行政处罚存在“前置关系”，需要先责令改正，当事人拒不改正的，才能处罚，如果当事人整改完毕，则不处罚，因此责令改正并非必然引起行政处罚。例如，《市场主体登记管理条例》第 43 条规定：“未经设立登记从事经营活动的，由登记机关责令改正，没收违法所得；拒不改正的，处 1 万元以上 10 万元以下的罚款；情节严重的，依法责令关闭停业，并处 10 万元以上 50 万元以下的罚款。”《河北省城市地下管网条例》第 55 条规定：“违反本条例规定，擅自移动、覆盖、涂改、拆除、损毁地下管线的安全警示标志的，由县级以上人民政府城市地下管线行业主管部门责令限期改正，恢复原状。拒不改正的，处五千元以上一万元以下罚款；造成损失的，依法承担赔偿责任。”

3. 作出行政处罚时并非必须责令改正

根据法律、法规、规章的规定，有些情况下责令改正和行政处罚是“并行关系”，即两者是应当或者可以并列适用，既要责令其改正违法行为，也要给予行政处罚。作出行政处罚时，或者说在《行政处罚决定书》中是否必须加上“责令改正”及需要改正的具体内容，要结合实际情况区别对待。例如，根据《城市建筑垃圾管理规定》第25条的规定：“违反本规定，有下列情形之一的，由城市人民政府市容环境卫生主管部门责令限期改正，给予警告，对施工单位处1万元以上10万元以下罚款，对建设单位、运输建筑垃圾的单位处5000元以上3万元以下罚款：(一)未经核准擅自处置建筑垃圾的；(二)处置超出核准范围的建筑垃圾的。”

实践中，如果在第一次责令改正后，当事人没有改正违法行为或者部分改正，违法行为或状态在行政处罚时仍在继续的，则应当在作出行政处罚时继续责令改正。但是如果在作出行政处罚时，有证据表明当事人已经整改完毕，违法行为或状态已经终止，则作出行政处罚时责令改正的客观现实已经不存在，此时无须责令改正。

**☞ 案例　庄家厨坊诉苏州市生态环境局环保行政处罚案[1]**

2018年7月10日，苏州市张家港原环保局（因机构改革，张家港原环保局变更为苏州市张家港生态环境局，其作为苏州市生态环境局的派出机构，故本案适格被上诉人为苏州市生态环境局）在执法检查中查实，庄家厨坊未按规范设置油烟外排口，未对油烟外排管道进行开孔，据此，苏州市张家港原环保局要求庄家厨坊于3日内按规范设置油烟外排口及油烟排放管道监测孔。同年7月31日，苏州市张家港原环保局在跟踪执法检查中发现庄家厨坊仍未按要求规范设置油烟排放口及油烟排放管道监测孔，且拒不配合调查。苏州市张家港原环保局于2019年1月31日对庄家厨坊

〔1〕参见江苏省南京市中级人民法院行政判决书，(2020)苏01行终351号。

作出张环罚字〔2019〕1号《行政处罚决定书》(以下简称1号处罚决定),决定罚款7万元。庄家厨坊不服,向江苏省江阴市人民法院提起诉讼,一审法院判决驳回原告庄家厨坊的诉讼请求。庄家厨坊不服,向江苏省南京市中级人民法院提起上诉,二审法院判决撤销一审判决,撤销苏州市张家港原环保局张环罚字〔2019〕1号行政处罚决定书中"责令你店一周内规范设置大气污染物排放口"的内容,确认苏州市张家港原环保局于1号处罚决定中作出的"罚款人民币柒万圆整"违法,驳回上诉人庄家厨坊的其他诉讼请求。

关于该案中责令改正的适用问题,二审法院认为,1号处罚决定在作出罚款的同时,责令上诉人在一周内规范设置大气污染物排放口,但上诉人在苏州市张家港原环保局作出1号处罚决定之前就已经重新设置油烟排放管道及监测口,并于2018年12月7日经该局执法人员现场检查核实,该局在2019年1月18日对本案进行集体讨论时亦将上诉人"已设置油烟排放管道及监测口,违法行为已改正"作为行政处罚决定的裁量因素予以考虑。虽然《行政处罚法》规定行政机关在作出行政处罚时,应当责令当事人改正或者限期改正违法行为,但法律规定的前提显然是要有需要改正的违法行为的客观存在。而在本案中,1号处罚决定在上诉人已经实际整改到位的前提下,仍然责令上诉人限期改正违法行为,就属于对法律规定的机械适用,上诉人也无法按照这一行政命令执行,故该行政命令应予撤销。

由此案例判决可知,执法人员不要形成思维定式,既不要认为责令改正只能下达一次,也不能不顾当事人整改情况,盲目机械地多次下达责令改正。应按照有关单行法的实体性规定,以及是否具备改止的现实条件等,综合评判是否作出责令改正,避免机械执法。

（三）责令改正的时间要求

1. 何时下达责令改正通知书

关于何时下达责令改正通知书，首先要明确《行政处罚法》第 28 条第 1 款规定的“行政机关实施行政处罚时”并非指“作出处罚决定时”，即只要能初步认定违法行为的，都可以下达责令改正通知书。如在中海石油潍城加油站诉潍坊市市场监管局行政处罚案中，法院认为，“行政机关实施行政处罚”并非中海石油潍城加油站所称的行政处罚决定作出之时。潍坊市市场监管局在实施行政执法程序过程中，经过现场执法检查、专业机构鉴定，发现中海石油潍城加油站的经营行为存在违法情形，为防止违法行为的继续发生，责令其改正违法行为，符合《行政处罚法》关于责令改正的规定。〔1〕

关于具体的下达时限要求，《行政处罚法》没有明确的规定，一些部门规章规定的是“及时”，例如，《自然资源行政处罚办法》第 15 条第 1 款规定：“自然资源主管部门发现公民、法人或者其他组织行为涉嫌违法的，应当及时核查。对正在实施的违法行为，应当依法及时下达责令停止违法行为通知书予以制止。”有规定的，按照规定执行；没有规定的，及时下达较宜。所谓“及时”，要求执法人员在发现违法线索，能初步认定违法行为后，在符合实际情况的前提下越快作出通知书越好。从法理的角度看，在法律尚无明确规定的情况下，责令改正的时间要求属于个案自由裁量的问题，责令改正的目的是尽快督促当事人纠正违法行为，减轻危害后果，尽快恢复正常的社会秩序，从而维护公共利益，因此要综合实际情况，及时责令当事人改正违法行为。

2. 责令改正的具体期限

责令改正的具体期限要依据法律、法规、规章的规定，结合需要改

〔1〕 参见山东省潍坊市中级人民法院行政判决书，(2019)鲁 07 行终 456 号。

正的难易程度等因素判断，通常来说，要符合合理行政原则，给予当事人合理的期限。

第一种是立即改正。法律、法规、规章规定立即改正的，应当责令当场改正，不得延期。例如，《渔业船舶检验条例》第 34 条规定："违反本条例规定，有下列行为之一的，责令立即改正……"

第二种是限期改正。实践中很少有法律规范明确规定限期改正的时间要求，因此一般是遵循合理行政原则，结合改正的难易程度、当事人的具体情况、消除同类违法行为惯常时间、执法经验等因素，综合考量确定合理期限，一些地方的规范性文件有规定，可以参考。如市场监管领域一般要求最长不超过"30 日"，《河南省市场监督管理行政处罚裁量权适用通则》（豫市监〔2023〕80 号）第 20 条规定："法律、法规、规章明确规定先责令改正，逾期不改再进行处罚的，应当责令当事人在合理期限内改正违法行为。前款所称合理期限不超过 30 日；确有特殊原因需要延长期限的，经实施行政处罚的市场监管部门负责人批准，可以适当延期。法律、法规、规章另有规定的，从其规定。"此外，青海、重庆等地有关市场监管裁量权的适用规范对合理期限的要求也是"30 日"。

（四）履行处罚决定后拒不改正的处理

有些情况下，当事人履行了行政处罚决定，但完全忽视责令改正这个行政行为，拒不改正违法行为。针对不同情况，对相关处理方式说明如下。

1. 关于结案

当事人交纳了罚款，但拒不改正违法行为的，可以分别结案或一并结案。如果分别结案，先就"行政处罚"结案，同时启动强制执行程序。如果一并结案，那就等待强制执行结束后再行结案。

2. 关于强制执行

无论是行政处罚决定书主文中包含责令改正的内容，还是单独制作责令改正文书，如果责令改正具有可执行的内容，并且执行还具有意义，可以依据《行政强制法》单独对责令改正的内容实施行政强制执行。但是需要注意的是，根据最高人民法院《关于适用〈中华人民共和国行政诉讼法〉的解释》第155条关于申请执行行政行为条件的规定，该行政行为必须是已经生效并具有可执行内容的。所谓“具有可执行内容”，要求行政处罚决定书或责令改正决定明确责令改正的具体内容和方式，否则法院不准许强制执行。

3. 关于继续处罚

如果当事人的违法行为持续存在，行政机关对其前一段的违法进行了调查认定并予以处罚，在法律上即已经对该违法行为做了区隔和处断，不影响对后续违法行为启动新一轮处罚，不属于“一事两罚”。

**☞案例 生态环境部门对拒不整改的某混凝土公司再次给予行政处罚案**[1]

某混凝土公司成立于20世纪90年代，主要从事混凝土及其制品的生产、加工、销售等业务，该公司自成立以来一直未履行建设项目环境影响评价和“三同时”验收。2020年6月，合肥生态环境部门对该公司“未验先投”环境违法行为立案查处，作出罚款20万元的行政处罚，责令15日内改正环境违法行为。因“未批先建”违法行为已超过2年行政处罚追诉时效，对该行为不予行政处罚。2021年3月30日，生态环境部门对该公司现场检查时该公司仍未

〔1〕 参见安徽省环境保护宣传教育中心：《2021年度以案释法典型案例 | 合肥市：被处罚后不整改 依法再予重罚》，载澎湃新闻网2022年2月22日，https://www.thepaper.cn/newsDetail_forward_16815004。

改正。2021 年 4 月 14 日，生态环境部门下达了行政处罚告知书，并于 4 月 29 日举行公开听证。2021 年 5 月 12 日，下达行政处罚决定书，依据《建设项目环境保护管理条例》第 23 条第 1 款之规定，对该公司作出罚款 110 万元的行政处罚。该公司在法定期限内向合肥市政府提出行政复议，2021 年 7 月 6 日，复议机关依法维持生态环境部门行政处罚决定，该公司未提出行政诉讼。

## 五、视听资料和电子数据的收集

对于行政机关自己制作或生成的视听资料和电子数据，及时收取原始数据或存储媒介或载体即可，这里主要介绍行政机关需要向“外界”依法收集调取视听资料电子数据的原则和方法。由于视听资料和电子数据生成的技术和设备相似甚至一致，两种证据的交叉重复度很高，在这里本书主要对电子数据的收集进行阐释。

### （一）收集视听资料和电子数据的依据

规范视听资料和电子数据收集的依据主要是部门规章、政策文件、司法解释，大体规定了收集视听资料和电子数据的原则和方法、执法规范、文书要求等，特别是对市场监管领域电子证据的取证进行了规定，具体可参见《市场监督管理行政处罚程序规定》第 25 条、第 26 条，原国家工商行政管理总局《关于工商行政管理机关电子数据证据取证工作的指导意见》（工商市字〔2011〕248 号）第 5~10 条，《公安机关办理行政案件程序规定》第 32 条，《农业行政处罚程序规定》第 36 条、第 37 条，最高人民法院《关于行政诉讼证据若干问题的规定》第 12 条、第 64 条等。实践中，也可以参考最高人民法院、最高人民检察院、公安部《关于办理刑事案件收集提取和审查判断电子数据若干问题的规定》。

建议执法人员学习《市场监督管理行政执法电子数据取证暂行规定》，有利于提高取证水平。

（二）视听资料和电子数据的范围

视听资料，是指运用录音、录像等科学技术手段记录下来的有关案件事实的材料，如执法人员在执法检查、调查取证时进行的录音录像。根据最高人民法院《关于民事诉讼证据的若干规定》（法释〔2019〕19号）第14条的规定，电子数据包括下列信息、电子文件：（1）网页、博客、微博客等网络平台发布的信息；（2）手机短信、电子邮件、即时通信、通讯群组等网络应用服务的通信信息；（3）用户注册信息、身份认证信息、电子交易记录、通信记录、登录日志等信息；（4）文档、图片、音频、视频、数字证书、计算机程序等电子文件；（5）其他以数字化形式存储、处理、传输的能够证明案件事实的信息。

需要注意的是，视听资料一般存在于磁介质上，电子数据存在于电子载体上，且电子数据的信息和载体是可以分开的，如果视听资料是以电子数据形式出现，则适用电子数据的举证规则。

（三）收集视听资料和电子数据的原则

根据有关部门规章、政策文件、司法解释的规定，收集视听资料和电子数据应当坚持“以原件为主，次选复制件”的原则。

1. 应当以收集原件为原则

收集视听资料和电子数据应当最大限度地提取或者调取原始载体或者原始存储介质，在能够登记保存或者查封扣押电子数据原始存储介质的情况下，应当登记保存或者查封扣押原始存储介质。例如，《交通运输行政执法程序规定》第37条规定，收集视听资料应当“收集有关资料的原始载体，并由证据提供人在原始载体或者说明文件上签名或者盖章确认”；第38条规定，收集电子数据应当“收集电子数据的原始存储介质”。《农业行政处罚程序规定》第 36 条明确规定，“收集、调取的视听资料应当是有关资料的原始载体”；第 37 条第 1 款规定，“收集、调取的电子数据应当是有关数据的原始载体”。《公安机关办理行政案件程序规定》第 32 条第 1 款规定，“收集电子数据，能够扣押电子数据原始存储介质的，应当扣押”。《市场监督管理行政处罚程序规定》第 25 条、第 26 条规定，收集、调取的视听资料和电子数据应当是原始载体。

关于电子数据储存介质的范围，根据 2012 年 2 月 1 日公安部发布的《电子数据法庭科学鉴定通用方法》（GA/T976—2012）和司法部司法鉴定管理局发布的《电子数据司法鉴定通用实施规范》（SF/Z JD0400001—2014）的规定，常见的电子数据存储介质包括硬盘、光盘、闪存等。从实践角度看，通常指计算机硬盘、软盘、光盘、磁盘列阵、高储存密度磁盘（Zip 盘）、移动存储盘、网络设备（路由器、交换机等）、打印机、扫描仪、数码相机、数码摄像机、数字手机、掌上电脑（PDA）、录音笔、扫描笔、监视器等设备的存储装置等。

需要注意的是，现在网络交流或交易频繁，相关的记录也属于相关电子数据的载体，常见的如电子邮件、QQ 聊天记录、短信、微信聊天记录、博客、微博、网络平台认证账号、电子签名、网络域名、主体网页、网络交易记录等。

2. 次选收取复制件

收集视听资料和电子数据的原始载体或者原始存储介质确有困难的，可以提取、调取或者转换复制件，实践中以复制、在线提取为主。收集或者生成复制件应当说明相关行为主体、行为过程（制作时间、复制过程、技术方法等）及其结果，需要同步录像。涉及的文书应当由复制件制作人和原始存储介质持有人签名或者盖章。例如，《交通运输行政执法程序规定》第 37 条第 2 项规定了对于视听资料“收集原始载体确有困难的，可以收集复制件。收集复制件的，应当由证据提供人出具由其签名或者盖章的说明文件，注明复制件与原始载体内容一致。”第 38 条第 1 项规定：“收集电子数据的原始存储介质。收集电子数据原始存储介质确有困难的，可以收集电子数据复制件，但应当附有不能或者难以提取原始存储介质的原因、复制过程以及原始存储介质存放地点或者电子数据网络地址的说明，并由复制件制作人和原始存储介质持有人签名或者盖章，或者以公证等其他有效形式证明电子数据与原始存储介质的一致性和完整性。”

（四）收集视听资料和电子数据的方法

1. 原件或原始储存介质的收集

一般能够查封、扣押、先行登记保存原件或原始存储介质的，应及时查封、扣押、先行登记保存原件或原始储存介质。很多行政执法主体没有查封、扣押行政强制措施的权利，应当采取证据先行登记保存的方式收集原件或原始储存介质。

2. 视听资料复制件的收集方法

参考《交通运输行政执法程序规定》第 37 条第 4 项的规定，复制视听资料的形式“包括采用存储磁盘、存储光盘进行复制保存、对屏幕显示内容进行打印固定、对所载内容进行书面摘录与描述等”。

3. 电子数据复制件的收集方法

《市场监督管理行政处罚程序规定》第 26 条规定了“拷贝复制、委托分析、书式固定、拍照录像”四种取证方式，《农业行政处罚程序规定》第 37 条第 1 款规定，“可以采用拷贝复制、委托分析、书式固定、拍照录像等方式取证”。下面依据实操习惯对这四种取证方式具体说明。

（1）拷贝复制（直接提取）。执法人员可以将涉嫌违法的计算机文件拷贝到 U 盘或刻录到光盘等计算机存储设备，也可以对整个硬盘进行镜像备份。在复制之前，应当检验确认所准备的计算机存储设备完好且没有数据。在复制之后，应当及时检查复制的质量，防止因保存方式不当等导致复制不成功或被病毒感染，同时要现场封存好复制件。案件当事人拒绝对打印的相关书证和转化的视听证据进行核对确认，执法人员应当注明原因，必要时可邀请与案件无关的第三方人员进行见证。对公开发布的电子数据、境内远程计算机信息系统上的电子数据，可以通过网络在线提取。

拷贝复制（直接提取）主要适用于以下情形：一是原始介质不便封存。如网络服务器一般采取集中存储的方式，其硬盘大小动辄成百上千 TB，但其中的很多内容与案件无关，不必收集，在这种情况下一般只提取与案件相关的部分数据。二是提取计算机内存数据、网络传输数据等不是存储在存储介质上的电子数据。这些信息必须在开机运行的状态下获取，一旦关机或者重新启动系统，电子数据就会消失，难以再次获取。三是原始存储介质位于境外。对位于境外的服务器无法直接获取原始存储介质，一般只能通过网络在线提取电子数据。四是其他无法收集（登记保存或者查封扣押）原始存储介质的情形，包括案件情况紧急，不立即提取电子数据可能会造成电子数据灭失或者其他严重后果的；关闭电子设备会导致重要信息系统停止服务的；需通过现场提取电子数据排查可疑存储介质的；正在运行的计算机信息系统功能或者应用程序关闭后没有密码无法提取的等情形。

（2）书式固定。对于计算机系统中的文字、符号、图画等有证据效力的文件，可以将有关内容直接打印，按书面证据进行固定。书式固定应注明证据来源并保持其完整性。

（3）拍照摄像。如果电子证据中含有动态文字、图像、声音、视频或者需要专门软件才能显示的内容，可以采用拍照、录音或摄像方法，将其转化为视听资料证据。

书式固定、拍照摄像主要适用于以下情形：一是无法收集（登记保存或者查封扣押）原始存储介质并且无法提取电子数据的情形，如没有配备专业取证设备，无法提取电子数据，当事人也不愿意提供或者不配合提供电子数据原始载体，只能采取打印、拍照或者录像等方式收集电子数据。二是存在电子数据自毁功能或装置，需要及时固定相关证据，对于一些具备“阅后即焚”功能的即时通信软件，信息接收者收到信息后，点击阅读信息后 5 秒左右信息自动删除，无法及时提取数据，并且难以恢复，即使收集原始存储介质也毫无意义，只有采取打印、拍照或者录像等方式收集电子数据。

（4）委托分析。对于较为复杂的电子证据或者遇到数据被删除、篡改等执法人员难以解决的情况，可以委托具有资质的第三方电子证据鉴定机构或司法部门进行检验分析。委托专业机构或司法部门分析时，执法人员应填写委托书，同时提交封存的计算机存储设备或相关设备清单。专业机构按规定程序和要求分析设备中包含的电子数据，提取与案件相关的电子证据，并制作鉴定意见。

实践中，收集电子数据复制件的常见方法主要包括：及时提取账户密码及相应数据，如电子设备、网络账户、应用软件等的账户密码，以及存储于其中的聊天记录、电子邮件、交易记录等；及时提取动态数据，如内存数据、缓存数据、网络连接数据等；及时提取依赖于特定网络环境的数据，如点对点网络传输数据、虚拟专线网络中的数据等；及时提取书证、物证等客观证据，注意与电子数据相互印证。复制、拷贝是现场提取电子数据及在线提取电子数据的主要方式，必要时可以对相关取证过程进行公证，也可以邀请相关专业人士协助。[1]

---

〔1〕 参见高小超编著：《市场监管执法稽查常见类型案例分析和查办要点》，中国工商出版社 2023 年版，第 215 页。

（五）取证的“规定动作”

1. 基本要求

执法主体方面，不得少于2人，对于技术性较强的电子数据取证活动，应当选派具备相关专业知识的调查人员，必要时也可邀请专业技术人员予以辅助。同时，鉴于电子数据的证据属性，相关取证活动的法定程序要求和技术标准要比一般物证、书证更为严格，属于重要取证活动，收集和固定电子数据需要全过程视频记录，执法人员要习惯在“镜头”下取证。

2. 收集原件或原始储存介质的要求

在案件查办过程中，发现与案情相关的电子数据，现场无法直接提取的，应当依法查封、扣押原始存储介质，必要时，具备数据信息存储功能的电子设备和硬盘、存储卡等内部存储介质可以分别封存，对原始存储介质的充电线、数据线或其他必要的连接附属品要一起封存。对存储介质做唯一性标识并制作笔录，记录原始存储介质封存前后的状态。

原始存储介质的封存方法灵活多样，既可以装入取证袋封存，也可以通过对电源接口以及机箱螺钉处加贴封条达到封存目的，但是应当保证在不解除封存状态的情况下，无法增加、删除、修改电子数据。对于具有无线通信功能的存储介质，封存时应当采取信号屏蔽、信号阻断或者切断电源等措施，如拔出电池，设置为飞行模式且关闭“寻回”功能，或直接装入屏蔽袋。

封存前后应当拍摄被封存原始存储介质的照片，清晰反映封口或者张贴封条处的状况。拆封检查时应当对电子数据存储介质拆封过程进行视频记录，并将电子数据存储介质通过写保护设备接入检查设备进行检查；有条件的，应当制作电子数据备份，对备份进行检查；无法使用写保护设备且无法制作备份的，应当注明原因，并对相关活动进行录像。

3. 收集复制件的要求

关于现场提取电子证据，主要涉及涉案电子设备的保护和提取电子数据的硬性要求，以确保取证的合法、及时、全面。例如，《市场监督管理行政执法电子数据取证暂行规定》第19条规定："现场提取电子数据可以采取以下措施保护涉案电子设备：(一)及时将涉案人员和现场其他相关人员与电子设备分离；(二)在未确定是否易丢失数据的情况下，不能关闭正在运行状态的电子设备；(三)对现场计算机信息系统可能被远程控制的，应当及时采取信号屏蔽、信号阻断、断开网络连接等措施；(四)保护电源；(五)有必要采取的其他保护措施。"第20条规定："现场提取电子数据，应当遵守以下规定：(一)不得将提取的数据存储在原始存储介质中；(二)不得在目标系统中安装新的应用程序。如果因为特殊原因，需要在目标系统中安装新的应用程序的，应当在笔录中记录所安装的程序及目的；(三)应当在笔录中详细、准确记录实施的操作。"

关于网络提取电子证据，主要涉及一些细节问题。例如，《市场监督管理行政执法电子数据取证暂行规定》第25条规定："实施在线电子数据取证前，应对用来提取电子数据的计算机系统、设备的硬件、软件环境进行检测，确保完整、可靠，处于正常可运行状态。执法人员在提取电子数据过程中，对可能无法重复提取及无法复现的情形，应当全程录屏。"第26条规定："在线收集、固定电子数据时，可以通过电子签名、可信时间戳、哈希值校验、区块链等证据收集、固定和防篡改的技术手段或者通过电子取证存证平台获取。必要时可以提取有关电子签名认证证书、数字签名、注册信息等关联性信息。"第27条规定："网络在线提取时应当制作笔录或证据报告，并采用截屏、录屏、录像等其中一种或几种方式记录以下信息：(一)远程计算机信息系统的访问方式；（二）提取的日期和时间；（三）提取使用的工具和方法；（四）电子数据的网络地址、存储路径或者数据提取时的进入步骤等；（五）计算完整性校验值的过程和结果；（六）其他依法应当记录的信息。”

4. 笔录要求

收集视听资料和电子数据，应当制作现场笔录，对相关行为主体，制作时间，复制过程，技术方法，收集对象的名称、内容、类别、编号、数量、规格型号、来源等进行详细记录，并附电子数据清单，注明类别、文件格式、完整性校验值等，由执法人员、电子数据持有人（提供人）签名或者盖章。电子数据持有人（提供人）无法签名、盖章或者拒绝签名、盖章的，执法人员应当在笔录中注明情况并采取录音、录像等方式记录，必要时可以邀请见证人现场见证。《市场监督管理行政执法电子数据取证暂行规定》在第21条详细规定了笔录需列明的事项，具体如下：“（一）原始存储介质的名称、存放地点、信号开闭状况及是否采取强制措施；（二）提取的方法、过程，提取后电子数据的存储介质名称；（三）提取电子数据的名称、类别、文件格式；（四）与案件相关的电子数据证据的完整性校验值；（五）其他应当列明的事项。”第12条则规定了执法人员采取打印、拍照、截屏、录屏或者录像等方式固定电子数据时笔录应当“注明采取打印、拍照、截屏、录屏或者录像等方式固定电子数据的原因，电子数据存储位置、原始存储介质特征和存放地点等情况。”《交通运输行政执法程序规定》第38条第2项规定：“收集电子数据应当记载取证的参与人员、技术方法、步骤和过程，记录收集对象的事项名称、内容、规格、类别以及时间、地点等，或者将收集电子数据的过程拍照或者录像。”

（六）电子数据证据的审查和认定

电子数据证据具有独立的证据效力，但电子数据证据与其他类型的证据具有很大的差异，结合司法实践和法院在认定电子数据证据方面的观点，在认定电子数据证据的证明效力时，需要注意以下几个问题。

第一，经对方当事人确认或者公证的电子证据不具有当然的证明效力。根据最高人民法院《关于行政诉讼证据若干问题的规定》第64条的规定，电子数据证据经对方当事人确认或者公证，与原件具有同等的证明效力。但是，与原件的证明效力一样并不一定就意味着能够作为定案的依据。因此，在审查电子证据的证明效力时，首先应当审查该电子证据与案件事实之间是否具有关联性，不具有关联性的，可以直接排除在定案依据之外。在确定具有关联性之后，要审查当事人认可电子证据制作情况和真实性时，是否系受到外力影响作出认可的。如果其系受到外力影响作出的认可，因不是当事人的真实意思表示，不应确认为当事人的确认。在排除受到外力影响后，再审查是否具有合法性，只有最终确认该电子证据具有合法性后，该电子证据才能作为定案的依据，反之则不能作为定案的依据。〔1〕

第二，未经对方当事人确认或者公证的电子证据不能因此就认定为不具有证明效力。电子证据未经对方当事人确认或者公证，并非一定都要排除在定案的依据外，如果有其他具有证明效力的证据予以印证，可以认定其具有证明效力。但如果其与其他证据自相矛盾、内容前后不一致或者不符合情理，在未排除合理怀疑的情况下，不能采信该电子证据。因此，在判断电子证据的真实性问题时，需要结合案件的其他所有的有效证据进行分析后，才能作出认定。对于专家在有关技术方面的意见，需要特别予以注意，不能武断地一概将未经对方当事人确认或者公证的电子证据排除在定案依据之外。〔2〕

〔1〕 参见蔡小雪、甘文:《行政诉讼实务指引》，人民法院出版社 2014 年版，第 311~312 页。
〔2〕 参见蔡小雪、甘文:《行政诉讼实务指引》，人民法院出版社 2014 年版，第 311~312 页。

第三，对所有的电子证据都要注意对其合法性进行审查。审查内容包括收集手段是否合法和形式要件是否符合法定要求这两个方面。因此，在审查中需要了解电子证据是以什么方法、在什么情况下取得的，是否违背法定的程序和要求，是否符合法律、法规及规章规定的形式要求。经审查发现收集手段不合法或者形式要件不符合法律、法规及规章规定的形式要求的电子证据，因其虚假或者错误率很高，难以保障内容或信息的真实性，应当将其排除在定案依据之外。〔1〕

〔1〕 参见蔡小雪、甘文：《行政诉讼实务指引》，人民法院出版社 2014 年版，第 311~312 页。

# 第五章　事先告知实务

案件调查终结后，行政机关应履行事先告知义务，告知当事人拟作出的行政处罚内容及事实、理由、依据，以及依法享有的陈述、申辩、要求听证等权利，当事人在收到事先告知文书后，依法进行或放弃陈述申辩。当事人提出陈述申辩的，行政机关应当听取和复核，作出采纳或不采纳的决定。

## 一、事先告知的程序价值

### （一）保护当事人合法权益

虽然现代行政仍然具有“高权”和强制的要素，但是行政的强制要素越来越淡化，平等、协商、参与逐渐成为行政的基本模式或重要特征。参与是现代行政程序的核心，只有亲身参与行政程序的过程，当事人才能更好地与行政主体进行交涉，从而更好地维护自身利益。告知是参与的基础，如果作出处罚决定前没有依法告知，当事人就无法知晓、了解行政处罚的内容，通过参与陈述申辩、听证等程序保障自身合法权益便无从谈起。

### （二）保障实体公正合法

通过在作出处罚决定前事先告知拟作出的行政处罚内容及事实、理由、依据，并告知当事人依法享有的陈述、申辩、要求听证等权利，当事人可以通过陈述、申辩、听证等程序依法有效地提出抗辩，这不仅是对当事人享有权利的保障，更是通过保障当事人的程序权利，规范和制约行政权，有效防止行政主体在实施处罚过程中恣意裁量、滥用职权等行为的发生，实现行政处罚的公开性、公正性、合法性，确保个案正义的实现。

### （三）有利于及时纠错

经过对当事人陈述申辩的听取和复核，以及按照法定程序组织听证，行政机关可能发现其在执法全过程中出现的错误或漏洞，特别是在证据收集、事实认定、法律适用等方面的错误，如对当事人有利的事实和证据没有收集到位，通过发现错误、纠正错误，有助于行政机关进一步查明案件事实、准确适用法律，不断增加处罚透明度，减少执法风险。

## 二、事先告知的内容

《行政处罚法》第 44 条规定："行政机关在作出行政处罚决定之前，应当告知当事人拟作出的行政处罚内容及事实、理由、依据，并告知当事人依法享有的陈述、申辩、要求听证等权利。"

根据该条规定，结合事先告知的功能和程序价值，事先告知的重点内容是拟作出行政处罚的内容及事实、理由、依据，内容要做到具体明确，切忌模棱两可，否则不利于当事人有针对性地陈述申辩。例如，《河北省行政处罚案卷标准（2022 年版）》第 59 条要求，"'违法事实和证据'‘处罚理由和依据’应当与案件调查终结审批表中的内容相吻合”。至于应当告知的陈述、申辩、要求听证的权利，通常情况下各地的事先告知文书的参考样式均有列明，在此不作强调。事先告知的重点内容主要包括以下几项。

（一）拟作出行政处罚的内容及事实

主要涉及行政处罚的基本情况，告知何人（当事人）出于何种动机（有无主观过错等），在何处（案发地点）于何时（案发时间）做了何事（涉嫌违法行为的内容、方式），该事发展到什么程度（社会危害情况，有无法定从重、从轻、减轻以及不予行政处罚的情形），且相关事实必须是经过证据证明了的案件事实，能够证明行政处罚行为的合法性。另外需要注意的是，告知拟处罚的内容必须明确具体，不仅需要具体到处罚种类和幅度，还要细化到数额、天数等，不得出现“拟在处 5 日以下拘留或者 500 元以下罚款的处罚幅度内处罚”这类模棱两可的内容。

（二）拟作出行政处罚的理由

《行政处罚法》第 44 条在“内容及事实”和“理由”间用顿号分割，在逻辑上强调了事先告知理由的独立价值。现代行政要求行政处罚应当是说理式执法，从基本事实到拟作出的处罚决定，需要有充分的理由。有的事先告知文书和行政处罚决定文书仅列明基本事实及相关法律规定，便直接得出处罚结论，缺乏根据法律规定的处罚要件，即结合基本事实作出处罚决定的因果分析。在此情形下，即使处罚结论正确，行政处罚决定的信服力也会受到影响。因此在事先告知时，应提高告知的“说理”因素，说明拟作出处罚的事实因素、法律依据，以及进行自由裁量时所考虑的政策、公益等因素。例如，国务院办公厅《关于进一步规范行政裁量权基准制定和管理工作的意见》（国办发〔2022〕27

号）在第 12 条中明确要求“行政机关在作出行政执法决定前，要告知行政相对人有关行政执法行为的依据、内容、事实、理由，有行政裁量权基准的，要在行政执法决定书中对行政裁量权基准的适用情况予以明确。”

（三）拟作出行政处罚的依据

行政机关作出行政处罚决定适用的法律、法规、规章以及具体的条款，应当明确告知当事人，不得使用“违反有关规定”“根据有关规定”等模棱两可的用语。对于适用相关行政处罚裁量基准规则的，由于裁量基准规则只是规范性文件，不能作为依据，实践中文书表述上用“参照”“结合”等词语比较好。

**案例　某物业管理公司不服北京市水务局行政处罚案**〔1〕

2022 年 3 月 21 日，北京市水务局执法人员发现某物业管理公司不按照排水许可证的要求排放污水，予以现场勘查并立案。调查终结后，北京市水务局向某物业公司作出《责令限期改正通知书》和《行政处罚事先告知书》，告知某物业管理公司“拟处罚 50,000 元以下罚款”。2022 年 6 月 9 日，北京市水务局作出《行政处罚决定书》，对某物业管理公司处以罚款 40,000 元的行政处罚。某物业管理公司不服，于 2022 年 6 月 24 日向北京市人民政府提起行政复议。

行政复议机关认为，被申请人所作《行政处罚事先告知书》未告知罚款具体数额，违反了《行政处罚法》第 44 条的程序性规定；

〔1〕 此案例为“北京市 2022—2023 年度行政复议助力优化营商环境十大典型案例之八”，参见《十大典型案例：行政机关罚款未告知具体数额违法》，载北京市司法局网 2024 年 4 月 16 日，https://sfj.beijing.gov.cn/sfj/index/xzfyal/436413906/。

由于申请人进行了陈述申辩，且事先告知中未明确具体数额，现有证据则无法证明被申请人是否因当事人的陈述申辩而加重处罚，违反了《行政处罚法》第45条第2款之规定，故其所作《行政处罚决定书》违反法定程序，行政复议机关决定对被申请人作出的《行政处罚决定书》予以撤销。

## 三、事先告知的时间和方式

### （一）事先告知的时间

关于告知的时间，《行政处罚法》并未明确规定。告知必须在合理的时间内作出，但基于行政执法的复杂性及具体案件的差异性，法律规定通常难以对告知的时间作出统一规定。行政机关应考虑案件情况，当事人违法行为性质、情节等因素，确定合理的告知时间。行政机关可以借鉴适用《行政处罚法》第64条第2项“行政机关应当在举行听证的七日前，通知当事人及有关人员听证的时间、地点”的规定。[1]

### （二）事先告知的方式

关于告知的方式，原则上行政机关应当通过书面方式予以告知，并向当事人本人送达。但行政执法样态各有不同，对于适用简易程序的行政处罚案件，行政执法人员可以采取口头方式告知，在无法送达当事人的情况下，也可以采取公告送达的方式。实践中，行政机关还可通过网络等电子信息化手段履行告知义务，但行政机关的告知行为不能为当事人增加不必要的负担，告知的目的是使当事人知悉其所享有的权利，行政机关应对有效告知的事实承担举证责任，否则可能产生未予告

〔1〕参见江必新、夏道虎主编：《中华人民共和国行政处罚法条文解读与法律适用》，中国法制出版社2021年版，第151页。

知的法律后果。

需要注意的是，简易程序中执法人员仍要履行告知义务。简易程序虽然是针对事实清楚、违法行为尚不严重的情形，但执法人员当场作出的处罚决定仍是行政处罚，所以执法人员仍要履行告知义务，可采用简易方式进行，即口头告知事实、理由和依据，无须以书面方式或笔录方式单独告知，但须在行政处罚决定书中注明已履行告知程序。

## 四、提高事先告知的规范性

《行政处罚法》第62条规定："行政机关及其执法人员在作出行政处罚决定之前，未依照本法第四十四条、第四十五条的规定向当事人告知拟作出的行政处罚内容及事实、理由、依据，或者拒绝听取当事人的陈述、申辩，不得作出行政处罚决定；当事人明确放弃陈述或者申辩权利的除外。"该条规定了未事先告知、未听取当事人的陈述、申辩的法律后果。实践中，存在执法人员履行了事先告知义务，但是由于工作失误，侵害了当事人程序权利，导致败诉的情况。因此，为了最大限度保障当事人程序权利，减少执法风险，要注意以下几个问题，切实提高事先告知的规范性。

### （一）确保事先告知在时限要求上合法

事先告知的重要价值在于给予当事人陈述申辩的机会和可能，在当事人未明确表示放弃陈述申辩权利之前，应当提高事先告知的有效性。结合实践中的易错点和法院判例，主要注意以下几个重点：（1）在陈述申辩期限内不得作出行政处罚决定；（2）要及时送达事先告知文书，不得延期送达而在事实上剥夺了当事人陈述申辩的机会；（3）事先告知应在作出处罚的审批审查流程之前，即不得先进行处罚决定的内部审批，再履行事先告知义务。下面具体进行说明。

1. 在陈述申辩期限内不得作出行政处罚决定

有的行政机关在陈述申辩期限内作出行政处罚决定，被法院认为属于程序违法。例如，在彭某雪不服滑县公安局赵营派出所治安行政处罚案[1]中，法院认为，《治安管理处罚法》第94条规定："公安机关作出治安管理处罚决定前，应当告知违反治安管理行为人作出治安管理处罚的事实、理由及依据，并告知违反治安管理行为人依法享有的权利。违反治安管理行为人有权陈述和申辩……"本案中，被告滑县公安局赵营派出所对原告彭某雪进行行政处罚告知的时间是2012年11月28日，作出处罚决定并向原告送达处罚决定书的时间也是2012年11月28日，显然未给予原告行使陈述和申辩权合理的时间，法院认定为程序违法。

2. 要及时送达事先告知文书，不得延期送达而在事实上剥夺了当事人陈述申辩的机会

有的行政机关虽然制作了事先告知文书，且在陈述申辩期限后作出行政处罚决定，但是将事先告知文书和行政处罚决定书同时送达，相当于剥夺了当事人陈述申辩的机会，被法院认定为程序违法。例如，在鞠某海诉青岛市交通稽查支队处罚案[2]中，法院认为，被告青岛市交通稽查支队2013年7月9日作出的《违法行为通知书》中告知原告鞠某海在接到通知之日起3日内可提出陈述申辩，而被告于2013年7月22日才将该通知书与处罚决定书一并送达。被告上述行为剥夺了原告法定的陈述、申辩权利，属于程序违法。

---

〔1〕参见河南省滑县人民法院行政判决书，(2013)滑行初字第05号。

〔2〕参见山东省青岛市市南区人民法院行政判决书，(2014)南行初字第56号。

3. 事先告知应当在作出处罚的审批审查流程之前，即不得先进行处罚决定的内部审批，再履行事先告知义务

有的行政机关认为事先告知和当事人提出陈述申辩不会影响最终处罚决定，因此先进行行政处罚决定的审批，再进行事先告知，显然导致事先告知程序流于形式，属于程序违法。例如，在何某某与福清市公安局等治安行政处罚案[1]中，法院认为，被上诉人福清市公安局向一审法院提供的2011年9月19日告知笔录及《行政处罚决定书》可以证实被上诉人向上诉人何某某履行告知义务，以及送达处罚决定的时间为2011年9月19日，但被上诉人提交的《呈请公安行政处罚决定报告书》的落款及审批时间却为2011年9月15日，被上诉人在履行告知义务之前即已作出被诉行政处罚决定，属于程序违法。

（二）确保事先告知在送达程序上合法

送达是行政决定发生效力的必备因素，为确保事先告知的规范性，结合实践中的易错点和法院判例，需要注意以下几个问题。

1. 应当保证送达程序合法

根据《民事诉讼法》关于送达的立法要旨，相关法规范关于送达顺序的明确规定，如《公安机关办理行政案件程序规定》第36条、《北京市民政局行政执法文书送达办法》第5条，以及司法实践的相关裁判观点，如最高人民法院（2021）最高法行申1465号行政裁定书，送达方式是有顺序和要求的，应当遵循直接送达、留置送达、代为送达、邮寄送达、经受送达人同意的方式送达、公告的顺序进行。

例如，根据《公安机关办理行政案件程序规定》第36条的规定，依照简易程序作出当场处罚决定的，应当将决定书当场交付被处罚人，并由被处罚人在备案的决定书上签名或者捺指印；被处罚人拒绝的，由办

〔1〕参见福建省福州市中级人民法院行政判决书，（2013）榕行终字第179号。

案人民警察在备案的决定书上注明。非简易程序的，作出行政处罚决定和其他行政处理决定，应当在宣告后将决定书当场交付被处理人，并由被处理人在附卷的决定书上签名或者捺指印，此即直接送达。被处理人拒绝的，由办案人民警察在附卷的决定书上注明；被处理人不在场的，公安机关应当在作出决定的7日内将决定书送达被处理人，治安管理处罚决定应当在2日内送达。送达法律文书应当首先采取直接送达方式，交给受送达人本人，受送达人不在的，可以交付其成年家属、所在单位的负责人员或者其居住地居（村）民委员会代收。受送达人本人或者代收人拒绝接收或者拒绝签名和捺指印的，送达人可以邀请其邻居或者其他见证人到场，说明情况，也可以对拒收情况进行录音录像，把文书留在受送达人处，在附卷的法律文书上注明拒绝的事由、送达日期，由送达人、见证人签名或者捺指印，即视为送达，此为留置送达。无法直接送达的，委托其他公安机关代为送达，或者邮寄送达。经受送达人同意，可以采用传真、互联网通信工具等能够确认其收悉的方式送达（经受送达人同意的方式送达）。经采取上述送达方式仍无法送达的，可以公告送达。公告的范围和方式应当便于公民知晓，公告期限不得少于60日。

2. 注意相关证据的固定保存

为了减少执法风险，应当注意收集、固定证明实际送达的程序性事实的证据，避免因行政机关无法举证证明已经履行告知义务而被法院认为违反法定程序。

### （三）事先告知应与最终处罚决定保持一致

行政机关最终作出的处罚决定，与事先告知的事实、理由及依据不一致的，应当视为在作出处罚决定之前未履行告知义务，剥夺相对人陈述申辩权利，据此作出的处罚决定不能成立。

## ☞ 案例　张某武等诉中国证监会行政处罚案[1]

2014年6月9日，中国证监会作出行政处罚决定，认定张某武、李某苗共同从事内幕交易，李某红从事内幕交易，决定：(1)没收李某苗、张某武违法所得149,624.19元，并处以149,624.19元罚款；(2)没收李某红违法所得56,148.65元，并处以56,148.65元罚款。张某武、李某苗不服，向北京市第一中级人民法院提起诉讼，一审法院判决确认被告中国证监会作出的上述行政处罚决定的第1项无效。

该案争议焦点之一是事先告知是否合法。原告认为，被诉处罚决定严重违反法定程序，被告在《行政处罚事先告知书》中告知的给予行政处罚的事实理由是“张某武泄露内幕信息”“李某苗控制林某彬账户进行内幕交易”，而被诉处罚决定中却认定“李某苗夫妇控制林某彬账户”“李某苗夫妇交易ST甘化”，告知阶段与处罚阶段所认定的处罚事由前后内容不一致，对原告张某武适用新认定的处罚事实、理由及依据，却未给张某武陈述申辩的机会，违反了《行政处罚法》第31条[2]的规定。

法院支持了此观点，法院认为，被告在涉案《行政处罚事先告知书》中认定张某武的违法事实是“向李某苗泄露了内幕信息”，张某武亦仅针对告知的该违法事实进行了陈述和申辩。但被告在最终作出的被诉处罚决定中却认定“张某武、李某苗共同从事内幕交易”，该认定与事先告知的事实、理由及依据均不一致。在此情况下，应当认定被告在作出本案被诉处罚决定之前未告知原告张某武作出行政处罚决定的事实、理由及依据，同时也剥夺了张某武

〔1〕北京市第一中级人民法院行政判决书，(2015)一中行初字第236号。
〔2〕本案中适用的是2009年《行政处罚法》，相关规定参见2021年《行政处罚法》第44条。

进行陈述和申辩的权利，其针对张某武作出的行政处罚决定不能成立，依法应予确认无效。

### （四）拟作出行政处罚决定变更的处理

实践中，行政机关进行事先告知后，由于各种原因，可能实际作出的行政处罚决定确需变更，产生变更的情形包括但不限于：（1）对相对人违法行为重新审定，作了减轻处罚；（2）相对人陈述申辩后行政机关认为证据不足需要重新调查取证，致使违法事实有了扩大和变化，改变了原来所认定违法行为的事实和证据；（3）没有重新取证，处罚依据也没有变化，办案人员仁者见仁、智者见智地对违法事实性质的认定有所改变，导致处罚加重；（4）重新调查后发现证据支撑不够，撤销处罚或免予处罚。

对于拟作出的行政处罚决定进行变更是否仍然需要事先告知，有部门规章进行了规定，例如，《海关办理行政处罚案件程序规定》第 70 条第 1 款规定："经复核后，变更原告知的行政处罚或者不予行政处罚内容及事实、理由、依据的，应当重新制发海关行政处罚告知单或者不予行政处罚告知单，并且依照本规定第六十六条至第六十九条的规定办理。"

执法实践中，应当根据变更后的处罚决定是否对行政相对人的权利构成实质性影响来确定，可以遵循以下两种处理途径：（1）若变更后的处罚决定认定的事实、理由、依据以及处罚种类等均没有变化，只是对违法行为的程度作了减小或减轻了处罚结果，则无须再次告知。（2）若变更后的处罚决定对原告的违法事实有了扩大，或有新的事实和法律依据，或重新对违法行为进行定性，或加重了拟处罚结果，或增加了处罚种类等，均应再次告知。

## ☞案例 四海水产养殖基地诉广东省海洋与渔业厅渔业行政处罚案[1]

2012年7月25日，汕头市潮阳区海洋与渔业局对原告四海水产养殖基地占用海域实施填海造地情况进行检查，并依法开展立案、调查取证等工作。2016年5月18日，被告广东省海洋与渔业厅作出《行政处罚听证告知书》，告知原告拟对其从2011年10月至告知书作出时未取得海域使用权证书实施0.6693公顷面积的填海行为，作出责令退还非法占用的海域，恢复海域原状，并处非法占用海域0.6693公顷期间应缴纳的海域使用金18倍的罚款16,263,990元的行政处罚，并告知原告有权举行听证。同年5月30日，原告申请听证并于次日到被告处进行陈述、申辩。同年6月21日组织听证。

听证后，广东省海洋与渔业厅再次委托具有甲级海洋测绘资质的测量单位邦鑫公司对原告未经批准填海占用海域的实际面积进行测量，邦鑫公司根据测量结果作出《测量技术报告》。2017年3月21日，广东省海洋与渔业厅作出粤海执处罚〔2017〕101号《行政处罚决定书》(以下简称涉案行政处罚决定书)，认定原告在未取得海域使用权证的情况下，于2011年10月至2016年11月在汕头市潮阳区海门镇澳内湾非法占用海域，填海1.0025公顷，责令原告退还非法占用的海域，恢复海域原状，并处非法占用海域1.0025公顷期间应缴纳在海域使用金16倍的罚款21,654,000元。

原告不服，向广州海事法院起诉，一审法院确认被告广东省海洋与渔业厅作出的涉案《行政处罚决定书》程序违法，驳回原告四海水产养殖基地关于撤销广东省海洋与渔业厅作出的《行政处罚

〔1〕 参见广东省高级人民法院行政判决书，(2018)粤行终1257号。

决定书》的诉讼请求。四海水产养殖基地不服，向广东省高级人民法院上诉，二审法院认为，原审判决正确，判决驳回上诉，维持原判。

本案争议焦点之一是广东省海洋与渔业厅作出的行政处罚决定是否符合法定程序。一审法院认为，被告在发出涉案《行政处罚听证告知书》和听证过程中，告知原告违法的事实为非法占用海域填海 0.6693 公顷，主要证据为汕头市海域使用动态监管中心出具《填海区域测量报告》，处罚建议为拟对原告作出责令退还非法占用的海域，恢复海域原状，并处非法占用海域 0.6693 公顷期间应缴纳的海域使用金 18 倍的罚款 16,263,990 元。被告在听证后对原告违法事实重新进行了调查，依据《测量技术报告》认定原告非法占用海域填海的面积明显大于上次听证时认定的面积，拟处罚金额也提高了近 500 万元，加重了对原告的处罚，对原告权利产生了实际影响。为了保证行政相对人充分行使陈述权和申辩权，保障行政处罚决定的合法性和合理性，被告应重新告知原告拟作出行政处罚决定的事实、理由及依据，并告知原告依法享有的陈述、申辩和听证的权利。被告仅向原告送达了《测量技术报告》，未告知原告拟作出行政处罚决定的事实、理由及依据和其依法享有的权利，作出的行政处罚决定不符合《行政处罚法》的相关规定，属于程序违法。

二审法院认为，本案中，被上诉人在第一次听证后对上诉人违法事实重新进行了调查，依据邦鑫公司出具的《测量技术报告》认定的上诉人非法占用海域填海的面积明显大于第一次听证时所认定的面积，最终的处罚金额也较第一次听证时告知上诉人的拟处罚金额提高近 500 万元，依法应当告知上诉人拟加重对其处罚的具体幅度及所依据的相应事实和证据，告知其有权要求举行听证，但被上诉人并未告知上诉人享有要求听证的权利而是直接作出涉案行政处罚决定，应当认定该处罚的程序违法。

## 五、听取和复核陈述申辩的“规定动作”

《行政处罚法》第7条规定：“公民、法人或者其他组织对行政机关所给予的行政处罚，享有陈述权、申辩权；对行政处罚不服的，有权依法申请行政复议或者提起行政诉讼。公民、法人或者其他组织因行政机关违法给予行政处罚受到损害的，有权依法提出赔偿要求。”第45条规定：“当事人有权进行陈述和申辩。行政机关必须充分听取当事人的意见，对当事人提出的事实、理由和证据，应当进行复核；当事人提出的事实、理由或者证据成立的，行政机关应当采纳。行政机关不得因当事人陈述、申辩而给予更重的处罚。”由上述规定可知，听取和复核当事人的陈述和申辩，既是对行政机关的义务性规定，又是保障当事人程序权利的必然要求，特别是行政机关对于当事人的陈述申辩，必须认真复核，有必要的应当通过进一步调查取证查明当事人提出的对自身有利的事实，并在案件的定性、裁量中予以考量采纳，不能仅听取，不复核、不采纳，导致“走过场”。

### （一）充分听取

1. 程序层面

执法人员要高度重视当事人的陈述和申辩，认识到陈述和申辩权是当事人的重大程序权利，在执法过程的不同阶段和程序中做到充分听取当事人的陈述和申辩。即便是在同一案件中，在证据先行登记保存、采取行政强制措施、强制执行、处罚决定和执行程序中均应依法充分听取当事人的陈述、申辩。陈述、申辩的内容需要体现在《现场检查

（勘验）笔录》《陈述申辩笔录》《询问笔录》等相关文书中。

2. 形式层面

行政机关应接受当事人进行陈述申辩的各种形式，包括书面和口头方式。无论当事人选择以哪种方式提出陈述和申辩，行政机关均应通过接收或者记录等方式予以充分听取。

3. 内容层面

当事人的陈述和申辩可能涉及对基本事实和关键事实的辩解、反驳，或者对事实的定性和法律适用提出不同见解。行政机关应仔细记录这些内容，确保没有遗漏，并充分考虑其中的观点和证据。

关于未听取或拒绝听取陈述申辩的法律后果，《行政处罚法》第 62 条规定："行政机关及其执法人员在作出行政处罚决定之前，未依照本法第四十四条、第四十五条的规定向当事人告知拟作出的行政处罚内容及事实、理由、依据，或者拒绝听取当事人的陈述、申辩，不得作出行政处罚决定；当事人明确放弃陈述或者申辩权利的除外。"据此，未听取当事人陈述申辩或者拒绝听取陈述申辩的，属于程序违法，一般情况下法院会撤销行政处罚决定。

**☞ 案例　海宏公司诉仙游县自然资源局行政决定案**[1]

仙游县自然资源局于 2018 年 10 月 9 日作出《关于海宏 ×× 项目超容积率部分的建筑面积补交土地出让金的决定》，要求海宏公司补交土地出让金 1,482,434 元。2018 年 12 月 29 日，海宏公司向福建省莆田市涵江区人民法院起诉仙游县自然资源局、仙游县人民政府，一审法院驳回原告海宏公司的诉讼请求。海宏公司不服，向福建省莆田市中级人民法院提起上诉，二审法院判决撤销一

〔1〕 参见福建省高级人民法院行政裁定书，（2020）闽行申 163 号。

审判决，撤销仙游县自然资源局作出的决定。仙游县自然资源局不服，向福建省高级人民法院申请再审，再审法院驳回了仙游县自然资源局的再审申请。

再审法院认为，程序合法，不仅要求行政行为符合法律、行政法规、规章及其他规范性文件的有关程序规定，也要求遵循正当程序。所谓正当程序，即在作出影响行政管理相对人权益的行政行为时应事先通知行政相对人，向相对人说明行为的事实与理由，听取相对人的陈述、申辩。行政机关遵循正当程序是实现实体公正处理的重要保障。本案中，申请人仙游县自然资源局在作出涉案决定前未向海宏公司进行调查核实并听取海宏公司的陈述与申辩。由此可知，申请人作出涉案决定违反正当程序要求，也正是因为其违反正当程序要求，未听取海宏公司的陈述申辩，以致其对海宏公司是否存在超容积率建设以及对超面积建设的责任主体的认定缺乏证据证明。故申请人作出的涉案决定主要证据不足，程序违法，依法应予撤销。

### （二）有效复核

复核是行政执法主体对当事人陈述和申辩进行审查分析的过程。根据当事人陈述、申辩的内容和影响，复核的内部流程可以分为以下几种情形。

1. 陈述、申辩无实质性内容和影响

如果当事人的陈述、申辩内容主要是表达悔改的态度或对未来行为的承诺，而并不涉及对案件定性量罚等提出实质性的事实陈述、观点和抗辩理由，即对案件处理明显不存在实质性影响的情形，执法人员可以简化复核程序，无须进行调查核实。

2. 陈述、申辩有实质性内容和影响

如果当事人的陈述、申辩内容涉及对案件定性量罚等提出实质性的事实陈述、观点和抗辩理由，即对案件处理存在实质性影响的情形，执法人员需要严格履行复核程序，必要时还应启动调查核实程序。根据当事人的不同情形，行政执法主体要根据实际进行复核。

（1）当事人提出事实、理由的同时，提供了相应证据的。在此情况下，执法人员须对当事人提供的证据加以审查核对，查验其真实性、合法性、关联性，并与已经掌握的事实和证据加以比对，再进行综合判断。

（2）当事人提出事实、理由的同时，由于自身能力限制，未能提供相应证据，但能够说明证据线索，且该证据对处罚事实的认定或者法律适用具有较大影响的。在此情形下，执法人员需要根据当事人提供的线索对相关事实和证据进行调查和收集，并与已经掌握的事实和收集的证据进行比对和核实，以判断当事人提出的事实、理由是否成立。

（3）当事人提出事实、理由的同时，对其能够提供的证据拒不提供，且其对此不能作出合理解释，或者客观上确实无法提供证据，但也不能说明证据线索的。在此情形下，行政机关应认真做好笔录，特别是告知当事人对自己提出的事实、理由负有举证义务，否则需要承担不利后果。当事人在被告知之后仍不能提供的，如执法人员已经掌握的事实和证据确凿，且与当事人陈述、申辩的事实、理由不一致的，则对其陈述、申辩不予采纳。

关于未复核陈述申辩的法律后果，各地各级法院虽然基本上均持未复核属于程序违法的基本观点，但是否属于可能导致行政处罚决定被撤销的严重程序违法，存在争议。

有的法院认为，未复核相当于拒绝听取陈述、申辩，是严重的程序违法，将导致行政处罚决定被撤销的后果。在刘某诉柳林县公安局刘家山派出所、柳林县公安局行政复议案[1]中，法院认为，行政相对人在受到行政权力不利行为的影响时，均有获得告知、说明理由和提出申辩的权利，而复核程序恰恰是对当事人陈述、申辩权利实施的保障。通过复核程序，行政机关在听取当事人陈述、申辩理由的同时，可以充分确保行政处罚的程序合法；通过复核程序，行政机关可以发现尚未掌握的事实与证据，有利于全面考虑案情，确保行政处罚的结果无误。因此，行政处罚过程中的复核程序，是确保处罚结果公正的重要保障，是正当程序的基本要求，行政机关对当事人提出的陈述、申辩理由不予复核，其本质是拒绝听取当事人的陈述、申辩。按照上述法律规定，被上诉人刘家山派出所拒绝听取上诉人的陈述、申辩，其作出的行政处罚决定依法不能成立，应当予以撤销。

有的法院认为，未进行复核的行为并未对当事人权利产生实际影响，属于程序轻微违法，但并不导致行政处罚决定被撤销的后果。在梅兰嘉德公司诉财政部财政行政处罚案[2]中，法院认为，本案在对梅兰嘉德公司进行处罚的过程中，在该公司提出陈述、申辩的情况下，财政部应当对其陈述、申辩履行复核的程序，但财政部未提供有效证据证明其履行了复核程序。鉴于本案一审、二审的审理程序中，财政部通过提交答辩状、当庭陈述等方式，进一步说明了其未予采纳梅兰嘉德公司陈述、申辩的理由，结合本案已认定梅兰嘉德公司存在恶意串通的事实等情况，财政部没有履行复核程序，未对梅兰嘉德公司的陈述、申辩权造成实质损害，对此应确认财政部作出除没收违法所得决定以外的其余决定程序轻微违法，但不撤销该部分处罚。

在执法实践中，建议执法人员通过规范制作有关陈述申辩复核的文书、在进一步调查核实中制作笔录等方式，保存复核陈述申辩的程序

〔1〕 参见山西省吕梁市中级人民法院行政判决书，(2020)晋11行终118号。
〔2〕 参见北京市高级人民法院行政判决书，(2017)京行终4824号。

性事实的证据，有些情况需要将复核结论告知当事人并说明理由（后文会涉及），并在行政处罚决定书中载明复核情况。需要提醒的是，即使执法人员认为当事人提交的陈述申辩材料或者口头陈述申辩意见与案件无关，也要认真听取其陈述申辩意见，接收陈述申辩材料，填写陈述申辩复核的文书，最大限度降低执法风险。

## 六、陈述和申辩常见实务问题

### （一）陈述和申辩的时间

关于陈述、申辩的时间，《行政处罚法》没有具体规定，但一些部门规章、地方政府规章、其他规范性文件作出了规定，例如，《市场监督管理行政处罚程序规定》第 57 条第 2 款规定，（拟给予行政处罚的案件）“当事人自告知书送达之日起五个工作日内，未行使陈述、申辩权，未要求听证的，视为放弃此权利。”《农业行政处罚程序规定》第 23 条规定，（对于农业行政处罚案件）“当事人可以在收到告知书之日起三日内进行陈述、申辩……当事人无正当理由逾期提出陈述、申辩……视为放弃上述权利。”大多数规范性文件规定的都是“5 个工作日”，乡镇和街道综合执法部门根据本地区规定执行即可，一般是“5 个工作日”。

同时，执法人员要避免一种误区，即陈述、申辩只存在于事先告知之后，这种认识是不对的。在行政检查、调查取证的全过程中，当事人均有权陈述、申辩，要认真听取、复核当事人的陈述、申辩意见，特别是在调查取证阶段，要高度重视对当事人有利证据的收集。同时，为了更好地保护当事人程序权利和减少执法风险，要如实记录陈述、申辩意见，根据实际反映在现场检查笔录、询问笔录、陈述申辩笔录中，并做好全过程录像、当事人签字盖章确认、见证人在场等相关工作，切实减少不必要的执法风险。

### （二）当事人的举证责任

行政机关在听取当事人陈述、申辩的过程中，是否有权要求当事人举证？当事人未按要求提供证据证实其主张，应承担何种后果？一直是行政执法过程中的争议问题。对此，实务中主要有两种观点。

第一种观点认为，行政机关承担全部举证责任，行政机关无权要求当事人提供证据，无论当事人是否按要求提供证据，行政机关均应主动取证。理由是，根据《行政处罚法》的规定，行政机关发现公民、法人或其他组织有依法应当给予行政处罚的行为时，必须全面、客观、公正地进行调查，收集有关证据，且《行政处罚法》并未规定当事人对其主张负有举证义务，因此对于当事人提出的陈述和申辩，其没有举证责任，行政机关应当主动收集相关证据，对当事人提出的陈述和申辩进行复核。

第二种观点认为，行政机关有权要求当事人就提出的陈述和申辩提供证据，当事人不能提供证据的，应视为举证不能。理由是，参考诉讼法的举证责任分配，根据“谁主张，谁举证”的基本原则，在行政机关已收集足够证据材料支撑其主张的违法事实和情节的情况下，如果当事人认为自己的行为不构成违法或有减轻、免除处罚的情形，则应当提供相应的证明材料，否则应视为其主张不能成立。

在执法实践中，从兼顾实质公平和行政效率两者出发，举证责任不能简单地全部分配给行政机关或者当事人某一方。实践中，执法人员应从利益衡量的角度出发，在案件办理过程中综合考虑当事人提出待证事实的逻辑性、合理性和获取证据的难易程度，以决定是自行主动收集证据还是要求当事人提供。

### （三）当事人放弃陈述和申辩的问题

《行政处罚法》第 62 条的但书部分规定了当事人明确放弃陈述或

者申辩权利的情形。但实践中，即便当事人放弃陈述、申辩，仍存在一些令执法人员困惑和纠结的问题，主要包括以下两个问题。

一是当事人明确放弃陈述、申辩后，处罚机关是否可以在陈述、申辩期内作出处罚决定？此问题在实践中有一定争议。

支持的意见认为，当事人明确放弃陈述、申辩是对个人权利的处分，根据诚实信用原则，不应予以反悔，因此行政机关可以随时作出行政处罚决定。有的部门规章中有明确规定，例如，《海关办理行政处罚案件程序规定》第 67 条第 4 款规定："当事人明确放弃陈述、申辩和听证权利的，海关可以直接作出行政处罚或者不予行政处罚决定。当事人放弃陈述、申辩和听证权利应当有书面记载，并且由当事人或者其代理人签字或者盖章确认。"

否定的意见则认为，陈述权和申辩权是当事人的重大程序权利，在《行政处罚法》无明确规定的情况下，在陈述、申辩期内，当事人可以多次行使自己的权利，当事人是否提出陈述、申辩，应当以其在陈述、申辩期限届满前最后的意思表示为准。

执法实践中，本地区有明确规定当事人放弃陈述和申辩权即可以直接作出决定的，应当执行该规定。没有相关规定的，为了减少执法风险，建议无论当事人是否明确放弃陈述和申辩，行政机关均不宜在陈述和申辩期内作出行政处罚决定。

二是当事人明确放弃陈述、申辩后或者在告知的陈述、申辩期限内未提出陈述、申辩，又在处罚机关作出处罚决定书前提出陈述、申辩意见的，是否应当复核？一般意见认为，复核应针对有效的陈述、申辩进行，在当事人明确放弃陈述、申辩或者超期提出陈述、申辩的情形下，当事人提出陈述、申辩因不符合陈述、申辩的法定要求而缺乏程序要件上的有效性，处罚机关当然有权不予复核。

但是，基于《行政处罚法》对于行政机关查明事实，以及比例原则和过罚相当原则的要求，从“案结事了”和实质性化解行政争议的角度出发，还是建议根据陈述、申辩内容分情况对待。其关键在于案件是否重大复杂，以及陈述、申辩内容是否对案件定性、情形、处罚等具有实质影响。如果案件重大复杂，或者当事人的陈述和申辩能够提供新的证据，或有可能改变原先的事实认定和法律适用，还是建议行政机关认真对待，进行必要的复核。

（四）复核结果的告知问题

对于复核结果是否应当告知当事人，《行政处罚法》未作出明确规定，有的部门规章明确规定要求回复，例如，民政部《养老服务市场失信联合惩戒对象名单管理办法（试行）》第 8 条第 3 款规定，“民政部门应当自收到陈述、申辩意见之日起 15 个工作日内进行复核并书面答复当事人。”《旅游行政处罚办法》第 37 条第 1 款规定：“旅游主管部门应当充分听取当事人的陈述和申辩并制作笔录，对当事人提出的事实、理由和证据，应当进行复核。当事人提出的事实、理由或者证据成立的，应当予以采纳；不能成立而不予采纳的，应当向当事人说明理由。”

执法实践中，乡镇和街道人少事多，出于行政效率的考虑，一般情况下复核结果无须告知当事人，即使未告知也不存在执法风险。但是为了更好地实现“案结事了”，增强执法说理性，对于一些重大复杂的案件，如案件产生舆情、媒体关注度高，当事人身份敏感，具有重大社会影响等，行政机关没有采纳当事人陈述、申辩意见的，也建议及时向当事人告知复核结果，这样有利于未来当事人更易于接受行政处罚决定，避免不必要的对抗和争议。此外，为了增强执法的说理性，建议复核结果的告知内容包含拒绝采纳陈述、申辩意见的理由和依据。

# 第六章　听证实务

行政处罚听证程序，是指在符合《行政处罚法》第 63 条规定的情形下，当事人要求听证的，行政机关作出行政处罚决定之前，应当指派专人（听证主持人和听证员等）主持，听取案件调查人员、当事人、有利害关系的第三人就案件事实、拟处罚理由、法律适用、拟处罚结果的陈述、质证和辩论的程序。听证程序属于法律救济途径中的事中救济，有利于提高行政执法的透明度，增强行政执法的公正性，保护当事人的合法权益。

实践中，由于各地下放的执法权情况和当地法治水平的不同，各地乡镇和街道执法部门接触听证的情况不一样，有些乡镇和街道执法部门很少或没有经历过听证，有的地区因听证程序不规范导致执法风险，因此执法人员有必要熟悉听证的程序性要求，了解常见实务问题的应对办法。

## 一、听证的范围

《行政处罚法》第 63 条规定："行政机关拟作出下列行政处罚决定，应当告知当事人有要求听证的权利，当事人要求听证的，行政机关应当组织听证:(一)较大数额罚款;(二)没收较大数额违法所得、没收较大价值非法财物;(三)降低资质等级、吊销许可证件;(四)责令停产停业、责令关闭、限制从业;(五)其他较重的行政处罚;(六)法律、法规、规章规定的其他情形。当事人不承担行政机关组织听证的费用。"本条规定了听证的范围,下文对各项内容展开具体分析。

### (一)较大数额罚款、没收较大数额违法所得、没收较大价值非法财物

关于如何确定"较大数额""较大价值",《行政处罚法》未作统一规定,主要考虑不同地区、不同执法领域的实际情况不同,不宜"一刀切"。实践中,绝大多数省、自治区、直辖市均根据本地经济发展情况等因素,在相关规范性文件中作出了相应规定,国务院部委在一些部门行政处罚程序规定中亦对较大数额作了明确规定。各地行政机关应根据本地或本部门关于"较大数额""较大价值"的规定,结合《立法法》关于法律效力层级的规定,准确、据实适用法律、法规、规章对于较大数额的具体规定,依法告知当事人听证权。

有的规范性文件较为全面地规定了较大数额罚款、没收较大数额违法所得、没收较大价值非法财物的认定标准。例如,《重庆市行政处罚听证程序规定》第 14 条第 1 款规定:"较大数额罚款,是指对公民的违法行为处以 5000 元以上罚款,对法人或者其他组织的违法行为处以 50000 元以上罚款;没收较大数额违法所得、没收较大价值非法财物,是指对公民没收违法所得数额、没收非法财物价值达 5000 元以上,对法人或者其他组织没收违法所得数额、没收非法财物价值达 50000 元以上。"这种情况执法人员比较容易把握。

一些规范性文件规定得不够全面,如有的只规定了较大数额罚款,有的只界定了"较大数额"而没有界定"较大价值"。例如,《海南省行

政处罚听证程序规定》第 2 条第 2 款规定:“前款所称较大数额罚款系指:公民为 10000 元以上;法人或者其他组织为 100000 元以上。”对于这种情况,此前有司法判例认为可以比照本地区或执法领域规章中对“较大数额”罚款的规定[1]来确定,下文列举部分相关规定,供执法人员根据需要进一步检索和适用。

1. 部分地区和国务院部门规定

(1)《北京市行政处罚听证程序实施办法》第 2 条第 2 款规定:“行政处罚法第六十三条第一款规定的较大数额罚款、较大数额违法所得、较大价值非法财物的标准,以及其他较重的行政处罚种类,由市级行政机关确定,并报市政府法制机构备案。”例如,北京市人社局规定的较大数额罚款为:对公民处以超过 3000 元的罚款,对法人或者其他组织处以超过 6 万元的罚款;北京市城市管理综合行政执法局规定的较大数额罚款为:对公民处以超过 5000 元罚款、拟对法人或其他组织处以超过 5 万元罚款。

(2)天津市人民政府《关于确定行政处罚听证案件中“较大数额罚款”标准的通知》第 2 条规定:“‘较大数额罚款’的确定,以有关法律、法规、规章规定的对某类违法行为罚款最高限额的百分之五十(含百分之五十)为标准。但有下列情形之一的,不视为‘较大数额罚款’:(一)对非经营活动中的违法行为罚款数额不足 500 元(不含 500 元)的;(二)对经营活动中的违法行为罚款数额不足 1 万元(不含 1 万元)的。”

(3)河北省人民政府《关于行政处罚听证范围中较大数额罚款数额的通知》规定,属于“较大数额罚款”的是“对从事非经营活动的公民处以 500 元以上罚款,对从事非经营活动的法人或者其他组织处以

〔1〕 参见四川省金堂县人民法院行政判决书,(2006)金堂行初字第 3 号;成都市中级人民法院行政判决书,(2006)成行终字第 228 号。转引自最高人民法院中国应用法学研究所编:《人民法院案例选》(总第 82 辑),人民法院出版社 2013 年版,第 414 页。

5000 元以上罚款；对从事经营活动的公民处以 1000 元以上罚款，对从事经营活动的法人或者其他组织处以 10000 元以上罚款……国务院公安部门、实行垂直领导的国务院有关行政主管部门对较大数额罚款的数额另有规定的，按其规定执行。”

（4）《上海市行政处罚听证程序规定》第 4 条规定“本规定所称的较大数额（或者较大价值），对个人是指 5000 元以上（或者等值物品价值）；对法人或者其他组织是指 5 万元以上（或者等值物品价值）。上海市人民政府可以根据经济社会发展的情况，对前述较大数额（或者较大价值）标准进行调整并予以公布。”

（5）《重庆市行政处罚听证程序规定》第 14 条第 1 款、第 2 款规定：“较大数额罚款，是指对公民的违法行为处以 5000 元以上罚款，对法人或者其他组织的违法行为处以 50000 元以上罚款；没收较大数额违法所得、没收较大价值非法财物，是指对公民没收违法所得数额、没收非法财物价值达 5000 元以上，对法人或者其他组织没收违法所得数额、没收非法财物价值达 50000 元以上。国务院有关部门规定的较大数额罚款和没收较大数额违法所得、没收较大价值非法财物标准低于前款规定的，从其规定。”

（6）《黑龙江省适用听证程序的罚款数额规定》第 3 条规定：“适用听证程序的罚款数额为：（一）对非经营活动中的违法行为，罚款超过 1000 元的；（二）对经营活动中的违法行为，罚款超过 1 万元的。”

（7）山西省人民政府《关于贯彻实施〈中华人民共和国行政处罚法〉的意见》第 5 条规定：“严格听证程序。关于行政处罚听证中罚款、没收违法所得、没收非法财物的数额标准，国务院有关部门有规定的从其规定；未作规定的按照《山西省重大行政处罚决定备案办法》规定执行。”

（8）《山东省行政处罚听证程序实施办法》第 2 条第 2 款规定：“前款所称的较大数额罚款、较大数额违法所得、较大价值非法财物，是指对公民作出的罚款处罚、没收的违法所得、没收的非法财物价值达到5000元以上；对法人或者其他组织作出的罚款处罚、没收的违法所得、没收的非法财物价值达到5万元以上。法律、法规、规章另有规定的，从其规定。”

（9）《湖南省行政处罚听证程序规定》第7条第2款、第3款规定：“前款所称的较大数额罚款，是指对公民的违法行为处以5000元以上罚款，对法人或者其他组织的违法行为处以5万元以上罚款；没收较大数额违法所得、没收较大价值非法财物，是指对公民没收违法所得数额、没收非法财物价值达5000元以上，对法人或者其他组织没收违法所得数额、没收非法财物价值达5万元以上。国务院有关部门规定的较大数额罚款和没收较大数额违法所得、没收较大价值非法财物标准低于前款规定的，从其规定。”

（10）《江苏省行政处罚听证程序规定》第7条第2款规定：“前款所称的较大数额罚款，是指对公民的违法行为处以五千元以上罚款，对法人或者其他组织的违法行为处以五万元以上罚款；没收较大数额违法所得、没收较大价值非法财物是指对公民没收违法所得数额、没收非法财物价值达五千元以上，对法人或者其他组织没收违法所得数额、没收非法财物价值达五万元以上。”

（11）《江西省行政处罚听证程序规定》第2条规定：“本省行政区域内各级行政机关或者法律、法规授权的组织（以下简称行政处罚实施机关）对当事人拟作出下列行政处罚决定，应当告知当事人有要求举行听证的权利：（一）对公民处以三千元以上、对法人或者其他组织处以二万元以上的罚款或者没收相当于该数额违法所得、非法财物；……”

（12）《浙江省实施行政处罚适用听证程序较大数额（价值）标准》关于“较大数额罚款”的标准采用的是表格形式，按照住房城乡建设、公安系统、国土资源系统、农业系统、林业系统、食品药品监管等系统，

对组织 / 经营性活动、个人 / 非经营性活动分别予以明确规定。

(13)《四川省行政处罚听证程序规定》第 4 条规定："本规定所称较大数额，是指对非经营活动中公民的违法行为处以罚款或者没收财产 2000 元以上、法人或者其他组织的违法行为处以罚款或者没收财产 2 万元以上；对在经营活动中的违法行为处以罚款或者没收财产 5 万元以上。国务院有关部门规定的较大数额标准低于前款规定的，从其规定。"

(14)《甘肃省行政处罚听证程序规定》第 3 条规定："行政机关拟作出下列行政处罚决定，应当告知当事人有要求听证的权利，当事人要求听证的，行政机关应当组织听证：(一)对公民处以三千元以上、对法人或者其他组织处以五万元以上罚款；(二)对公民没收违法所得数额、没收非法财物价值三千元以上，对法人或者其他组织没收违法所得数额、没收非法财物价值五万元以上；……"

(15)《青海省行政处罚听证程序办法》第 5 条规定："行政处罚实施机关拟作出下列行政处罚决定，应当告知当事人有要求听证的权利，当事人要求听证的，行政处罚实施机关应当组织听证：(一)对公民处以三千元以上、对法人或者其他组织处以三万元以上罚款；(二)对公民没收违法所得数额、没收非法财物价值三千元以上，对法人或者其他组织没收违法所得数额、没收非法财物价值三万元以上；……"

(16)贵州省人民政府《关于行政处罚较大数额罚款标准的规定》第 1 条规定："法律、法规、规章对某类违法行为罚款没有最高限额规定的，对非经营活动中公民的违法行为处 1000 元(含 1000 元)以上罚款、法人或者其他组织的违法行为处 5000 元(含 5000 元)以上罚款为'较大数额罚款'；对经营活动中公民的违法行为处 3000 元(含 3000 元)以上罚款、法人或者其他组织的违法行为处 1 万元(含 1 万元)以上罚款为'较大数额罚款'。"第 2 条规定："法律、法规、规章对某类违法行为罚款有最高限额规定（含具体罚款金额和违法所得百分比、倍数规定）的，罚款数额超过最高限额百分之五十（含百分之五十）的为‘较大数额罚款’。但对非经营活动中的违法行为罚款数额不足 1000 元（不含 1000 元）、经营活动中的违法行为罚款数额不足 3000 元（不含 3000 元）的，不视为‘较大数额罚款’。”

（17）《广东省行政处罚听证程序实施办法》第 7 条规定：“第六条所称较大数额罚款、较大数额违法所得、较大价值非法财物，是指对公民的违法行为处以 5000 元以上罚款（等价值违法所得或者非法财物），对法人或者其他组织的违法行为处以 10 万元以上罚款（等价值违法所得或者非法财物）。部门规章对前款规定的数额有更低规定的，从其规定。”

（18）《海南省行政处罚听证程序规定》第 2 条第 2 款规定：“前款所称较大数额罚款系指：公民为 10000 元以上；法人或者其他组织为 100000 元以上。”

（19）《河南省行政处罚听证办法》第 4 条规定：“行政执法机关拟作出下列行政处罚决定，应当告知当事人有要求听证的权利：（一）对公民处以 5000 元以上、对法人或者其他组织处以 5 万元以上罚款；（二）对公民、法人或者其他组织作出没收违法所得、没收非法财物价值达到第一项规定的数额；……国务院有关部门规定的罚款、没收违法所得、没收非法财物价值数额标准与前款规定不一致的，执行国务院部门规定的标准。”

（20）《湖北省行政处罚听证规则》第 2 条第 2 款规定：“本条前款所称‘较大数额罚款’的具体标准为：对非经营活动中的违法行为处以 1000 元以上的罚款；对经营活动中的违法行为，有非法所得的处以 30000 元以上、没有违法所得的处以 10000 元以上的罚款。国务院部门经国务院批准规定了具体标准的，从其规定。”

（21）《新疆维吾尔自治区行政处罚听证程序实施办法》第3条规定："自治区各级行政机关（含经依法授权或者受委托的行政执法组织）对当事人依法作出责令停产停业、吊销许可证或者执照、对公民处以500元以上、对法人或者其他组织处以20000元以上罚款等行政处罚的，在作出处罚决定前，当事人要求举行听证的，依照行政处罚法和本办法执行。国务院有关部门对'较大数额罚款'的听证额度另有规定的，自治区有关部门可按其规定执行。"

（22）西藏自治区人民政府《关于行政处罚听证范围中较大数额罚款标准规定》第1条规定："对公民处以1000元（含1000元）以上罚款、对法人或者其他组织处以10000元（含10000元）以上罚款属于'较大数额罚款'。"第2条规定："法律、法规和国务院有关行政主管部门对行政处罚听证范围中'较大数额罚款'标准另有规定的，从其规定。"

（23）《宁夏回族自治区行政听证程序规定》第24条规定："拟作出的具体行政行为有下列情形之一的，行政机关在作出行政行为之前，应当书面告知当事人或者申请人、利害关系人有要求举行听证的权利：（一）作出责令停产停业、吊销许可证或者执照等重大行政处罚决定的；（二）对非经营活动中，公民的违法行为处以1000元以上的罚款，法人或者其他组织的违法行为处以10000元以上的罚款；对经营活动中，公民的违法行为处以5000元以上的罚款，法人或者其他组织的违法行为处以20000元以上的罚款的；……前款第（二）项规定的罚款数额，实行垂直领导的国务院有关行政主管部门和公安部门对较大数额罚款作出具体规定的，从其规定；……"

（24）广西壮族自治区、福建省等地的相关部门制定了相关法律政策文件，对相关领域行政处罚较大数额罚款进行了明确规定。例如，广西壮族自治区人力资源和社会保障厅《关于明确人力资源社会保障行政处罚听证程序适用情形的通知》(桂人社规〔2024〕6号)对人力资源和社会保障领域行政处罚较大数额罚款进行了规定,根据该通知,较大数额罚款是指对公民处以3000元以上的罚款,对法人或其他组织处以3万元以上的罚款。没收较大数额违法所得、没收较大价值非法财物是指没收公民违法所得或非法财物价值3000元以上,没收法人或其他组织的违法所得或非法财物价值3万元以上。《福建省人力资源社会保障行政处罚听证程序实施办法》(闽人社办〔2020〕65号)亦对人力资源和社会保障领域行政处罚较大数额罚款进行了规定,具体规定内容不再赘述,执法人员可结合实际查询,参照适用。

(25)云南省、陕西省、安徽省、内蒙古、辽宁省、吉林省的旧规已废止或失效,新规未出台。

2. 部分国务院行业和垂直管理的部门标准

(1)《安全生产违法行为行政处罚办法》第33条第2款规定:"前款所称较大数额罚款,为省、自治区、直辖市人大常委会或者人民政府规定的数额;没有规定数额的,其数额对个人罚款为2万元以上,对生产经营单位罚款为5万元以上。"

(2)《环境行政处罚办法》第78条规定:"本办法第四十八条所称'较大数额'罚款和没收,对公民是指人民币(或者等值物品价值)5000元以上、对法人或者其他组织是指人民币(或者等值物品价值)50000元以上。地方性法规、地方政府规章对'较大数额'罚款和没收的限额另有规定的,从其规定。"

(3)《交通运输行政执法程序规定》第80条规定:"前款第(三)、(四)项规定的较大数额,地方执法部门按照省级人大常委会或者人民政府规定或者其授权部门规定的标准执行。海事执法部门按照对自然人处1万元以上、对法人或者其他组织10万元以上的标准执行。"

(4)《市场监督管理行政处罚听证办法》第5条规定:"市场监督

管理部门拟作出下列行政处罚决定，应当告知当事人有要求听证的权利：……（三）对自然人处以一万元以上、对法人或者其他组织处以十万元以上罚款；（四）对自然人、法人或者其他组织作出没收违法所得和非法财物价值总额达到第三项所列数额的行政处罚；……各省、自治区、直辖市人大常委会或者人民政府对前款第三项、第四项所列罚没数额有具体规定的，可以从其规定。”

### （二）降低资质等级、吊销许可证件、责令停产停业、责令关闭、限制从业

执法实践中，有的地区并未将专业性过强或处罚过重的执法权下放给乡镇和街道，因此不必过多关注此情形，即使下放了包含上述情形的处罚权，因这类行政处罚比较容易把握，在此不做赘述。

### （三）其他较重的行政处罚

之所以有“其他较重的行政处罚”的规定，主要鉴于不同地区和领域的行政管理与处罚具有多样性，立法难以穷尽应纳入听证范围的行政处罚类型，客观上需要在文本与实践的张力中给予一定的缓冲空间，以保持行政处罚听证制度的弹性。原则上，拟作出的行政处罚与《行政处罚法》第 63 条规定的行政处罚相类似且对行政相对人合法权益产生重大影响的，应当告知当事人有要求听证的权利。[1]

### （四）法律、法规、规章规定的其他情形

此为兜底条款，现已有诸多规章针对不同管理领域形式多样的行政处罚规定了事先听证程序，通常与乡镇和街道执法部门关系不大，在此不做赘述。

---

〔1〕 参见江必新、夏道虎主编：《中华人民共和国行政处罚法条文解读与法律适用》，中国法制出版社 2021 年版，第 213 页。

## 二、听证参加人

### （一）案件调查人员

案件调查人员即承办该违法案件调查取证工作的人员。在听证过程中，案件调查人员有权提出当事人违法的事实、证据、应当适用的法律法规及行政规章和应当适用的行政处罚建议，并与当事人进行质证和辩论。

### （二）当事人

当事人在听证过程中享有如下权利：（1）申请听证主持人、听证员、书记员及翻译人员依法回避；（2）委托 1~2 名代理人；（3）进行申辩和质证；（4）听证结束前作最后的陈述。

### （三）第三人

听证程序中的第三人，是指与听证的行政处罚有法律上的利害关系的当事人以外的其他公民、法人或者其他组织。第三人包括以下几种：（1）两个或者两个以上的当事人因同一违法行为将受到行政处罚的，其中的部分当事人申请听证，部分没有提出听证申请，没有提出听证申请的当事人即可以第三人的身份参加听证。（2）两个或者两个以上的当事人因同一违法行为，拟对其中的一个当事人实施行政处罚，将受到行政处罚的当事人申请听证，其他当事人与该行政处罚有一定的利害关系的，可以作为第三人参加听证。（3）违法行为的受害人可以第三人身份参加听证。

### （四）代理人

根据《行政处罚法》的规定，当事人可以委托 1~2 名代理人，代理人包括法定代理人和委托代理人。

## 三、听证程序

《行政处罚法》第 64 条规定："听证应当依照以下程序组织:(一)当事人要求听证的,应当在行政机关告知后五日内提出;(二)行政机关应当在举行听证的七日前,通知当事人及有关人员听证的时间、地点;(三)除涉及国家秘密、商业秘密或者个人隐私依法予以保密外,听证公开举行;(四)听证由行政机关指定的非本案调查人员主持;当事人认为主持人与本案有直接利害关系的,有权申请回避;(五)当事人可以亲自参加听证,也可以委托一至二人代理;(六)当事人及其代理人无正当理由拒不出席听证或者未经许可中途退出听证的,视为放弃听证权利,行政机关终止听证;(七)举行听证时,调查人员提出当事人违法的事实、证据和行政处罚建议,当事人进行申辩和质证;(八)听证应当制作笔录。笔录应当交当事人或者其代理人核对无误后签字或者盖章。当事人或者其代理人拒绝签字或者盖章的,由听证主持人在笔录中注明。"第 65 条规定:"听证结束后,行政机关应当根据听证笔录,依照本法第五十七条的规定,作出决定。"

结合各地区、各执法领域有关听证或处罚程序规章的共性要求,听证的程序主要指听证的申请、受理、准备、实施的全过程。

### (一)听证的申请

行政机关送达事先告知书,告知当事人享有要求听证的权利,当事人要求听证的,既可以在告知书送达回证上签署意见,也可以自收到告知书之日起 5 日内提出。需要注意的是,《行政处罚法》第 64 条规定的"5 日"是不变期限,没有延长的规定,如果行政相对人自告知书送达之日起 5 日内未要求听证，视为放弃此权利。另需注意，当事人要求听证的，无须任何理由。听证申请采用书面和口头的形式均可，当事人以口头形式提出的，执法人员应当将情况记入笔录，并由当事人在笔录上签名或者盖章。

（二）听证的受理

1. 审核

行政机关收到当事人要求听证的申请后，应当进行认真审核。审核的主要内容如下：

（1）审核人员：审核提出听证申请的是不是当事人。

（2）审核内容：审核当事人提出听证申请是否针对的是较大数额罚款、没收较大数额违法所得、没收较大价值非法财物、降低资质等级、吊销许可证件、责令停产停业、责令关闭、限制从业等情形。

（3）审核期限：审核当事人是否在法定期限内提出听证申请。

2. 受理时限

当事人提出的听证申请符合法律法规规定的，行政机关应当受理，并在举行听证的 7 日前通知当事人及有关人员听证的时间、地点。关于受理的时限要求，有的地区或执法领域的规章进行了具体规定，行政机关应当根据实际执行，例如，《海南省行政处罚听证程序规定》第 17 条第 1 款规定："听证的受理机关应当自受理听证之日起 3 个工作日内确定听证员、听证的时间、地点和方式，并在听证 7 日前，依照《中华人民共和国民事诉讼法》的有关规定将听证通知书送达听证参加人。"没有明确规定的，执法人员可根据执法经验、案件情况等现实因素进行自由裁量。

3. 不予受理

如果当事人提出的要求听证的申请不符合规定，行政机关应当不予受理。如果不予受理，应当以书面方式通知当事人，并告知当事人不予受理的理由。

## （三）听证的准备

### 1. 指定听证主持人

决定举行听证的，由执法机关负责人指定人员担任听证主持人。由于听证主持人主持听证具有准司法性，要求听证主持人在听证程序中具有相对独立的法律地位，确保当事人与调查人员平等地参与听证活动，因此办案人员不得担任听证主持人、听证员和记录员。例如，《市场监督管理行政处罚听证办法》第11条规定："听证主持人由市场监督管理部门负责人指定。必要时，可以设一至二名听证员，协助听证主持人进行听证。记录员由听证主持人指定，具体承担听证准备和听证记录工作。办案人员不得担任听证主持人、听证员和记录员。"

### 2. 听证通知

制作行政处罚听证通知书，并在举行听证的7日前送达当事人，通知其举行听证的时间、地点、听证主持人姓名、是否公开听证及有关事项。

### 3. 公开听证

行政处罚听证应当公开进行，但是涉及国家秘密、商业秘密或者个人隐私的，听证不公开进行。对公开听证的案件，应当先期公告当事人和本案调查人员的姓名、案由和听证的时间、地点。公开进行的听证应当允许旁听取证。经听证主持人许可，旁听取证的可以发表意见。对不公开听证的案件，应当宣布不公开听证的理由。

### 4. 听证回避

听证申请人收到听证通知书后提出回避申请或者听证主持人自行提出回避申请的，经行政执法机关负责人审批同意后重新指定听证主持人。如执法机关负责人认为不需要回避的，按期实施听证。对驳回申请回避的决定，听证申请人可以申请复核一次。

（四）听证的实施

简单地说，听证的实施阶段主要包括如下流程：听证主持人宣布听证纪律、当事人的权利和义务，介绍人员，核对身份，宣布开始等→调查人员提出当事人违法的事实、证据、行政处罚依据以及处罚建议→当事人就案件的事实、理由进行陈述和申辩→双方就案件的性质、情节及处罚建议进行辩论→当事人作最后陈述→听证主持人宣布听证会结束→听证笔录的确认。

1. 听证的预备阶段

听证开始后，在进入事实调查之前，听证主持人应当做好必要的准备工作。

（1）确认到场情况。宣布听证主持人、听证员、书证员名单，查明当事人、第三人、本案调查人员、法定代理人或者委托代理人、证人等是否已经到场。

（2）告知听证参加人权利义务。告知当事人、第三人、代理人、本案调查人员在听证过程中的权利和义务，特别询问当事人和第三人对听证人员（听证主持人、听证员和书记员）是否提出回避申请。

（3）告知会场纪律。书记员宣布听证纪律，主要有：听证参加人应当服从听证主持人的指挥，未经听证主持人允许，不得发言、提问；未经听证主持人允许，不得录音、录像或者摄影；未经听证主持人允许，听证参加人不得退场，当事人未经允许退场的，视为放弃听证，听证终结；听证参加人有妨碍听证秩序行为的，听证主持人有权提出警告，当事人情节严重的，视为放弃听证，听证终结。

2. 听证的调查阶段

（1）调查人员发表意见。案件调查人员提出当事人的违法事实、证据、行政处罚建议、法律适用情况。调查人员对案件事实、程序、依据、证据等案件情况要充分了解、充分阐述，不能机械地宣读拟好的行政处罚决定书；对提交的证据待证的事实要进行充分的说明，列举证据清单，理清证据材料。

（2）当事人或第三人陈述申辩。当事人就案件调查人员提出的违法行为进行陈述并提出相关证据材料；如果有第三人的，再由第三人提出自己的意见。当事人或第三人提出意见时，调查人员要认真记录，不能在听取陈述申辩时"一个耳朵进，一个耳朵出"，否则将严重影响听证效率。

（3）质证。由调查人员、当事人及代理人对相关证据进行质证，听证主持人对重要的事实及证据予以核实认证。调查人员对当事人及代理人提出的证据，需要从证据的合法性、客观性和关联性进行质证。

3. 听证的辩论阶段

听证的事实调查阶段结束后，即进入听证的辩论阶段，需要围绕案件争议的焦点展开，主要是调查人员针对当事人及代理人对案件有异议的部分进行答辩。辩论阶段所要解决的核心问题主要是事实定性、法律适用和量罚。事实定性主要确认当事人违法行为的性质、程度，当事人的过错情况；法律适用主要解决适用什么法律、适用哪个条款的问题；量罚主要解决是否适用从轻、减轻、不予处罚或者从重条款的问题。

4. 当事人作最后陈述

听证会结束之前，为了充分保障当事人的陈述权和申辩权，听证主持人应当安排时间让当事人作最后的陈述和申辩。但听证主持人可以根据案情限定当事人作最后陈述和申辩的时间。

5. 制作听证笔录

听证的全部活动，应当由记录员写成笔录，经听证主持人审阅并由听证主持人、记录员、当事人或其代理人、本案调查人员、证人及其他有关人员签字或盖章，当事人或其代理人、证人及其他有关人员拒绝签字或者盖章的，由听证主持人在笔录中注明。听证笔录应交当事人或其代理人、本案调查人员、证人及其他有关人员阅读或者向他们宣读。

6. 听证报告

听证结束后，听证主持人应当撰写听证报告，由听证主持人、听证员签名，连同听证笔录送办案机构和执法机关负责人。

**☞ 案例　T市质监局规范开展听证，保障当事人权利案[1]**

接公安机关移送材料，T市质监局于××××年×月×日对Z公司涉嫌销售伪造质量证明文件的无缝钢管案进行立案调查。××××年×月×日，T市质监局向Z公司送达了《行政处罚告知书》。Z公司于第二日通过邮寄的方式提出听证要求。××××年×月×日，T市质监局召开听证会。听证会后，××××年××月××日，T市质监局对Z公司再次送达《行政处罚告知书》。××××年××月××日，T市质监局给予Z公司以下行政处罚：(1)没收伪造质量证明文件的无缝钢管806支，共计8146.46米；(2)罚款375万元。

T市质监局在依法履行告知、听证等法定程序的同时，还安排了当事人提前阅卷、依申请调取证据、召开见面会、再次召开案审会与第二次说理式告知工作，具体如下：

(1)安排当事人提前阅卷。Z公司在收到听证通知书后，向T市质监局提出了提前阅卷的申请。当事人是否有权提前阅卷，目前我国还没有相关法律规定。考虑到证据材料多达上千份的实际情况，T市质监局安排Z公司代理人于××××年×月×日下午

〔1〕 参见《最新行政处罚听证案例》，载法律快车网2020年8月15日，https://xingzheng.lawtime.cn/xzcftz/201807303391750.html。

提前查阅案卷，确保其做好充分准备参加听证，也确保了第二天开听证会的顺利进行。查阅的案卷中不包括举报信、案审记录等应当保密的材料。查阅时，T市质监局安排了两名行政执法人员陪同，Z公司代理人逐份查阅，逐份返还，考虑到此阶段的证据尚是过程性材料，T市质监局规定，查阅期间Z公司代理人不得复印和拍照。

（2）依申请调取证据。听证会上，Z公司代理人除进行申辩和质证外，还提出由T市质监局向公安机关调取其办案过程中的部分笔录和起诉意见书的书面申请。为了查明案件事实，T市质监局根据Z公司的申请，分别向公安机关和检察机关调取相关证据，公安机关向T市质监局提供了起诉意见书，检察机关经审查，以Z公司申请调取的相关笔录与本案无关为由，未同意调取。

（3）召开见面会。调查取证结束后，T市质监局决定与Z公司面对面地进行沟通，召开了见面会，将证据的调查情况如实告知Z公司代理人，双方充分交换了意见。最终，Z公司承认了违法行为，并进一步提出陈述申辩意见，认为其能够积极配合调查，且因其支付了大部分货款给其上家H公司，而D公司仍有2000多万元的货款未支付给Z公司，目前Z公司经营困难，请求给予从轻处罚。

（4）再次召开案审会与第二次说理式告知。××××年×月×日，T市质监局再次召开案件审理委员会会议，对本案进行了集体审议，充分听取Z公司的听证意见和陈述申辩意见，综合考虑从轻、从重处罚的情节，在法定范围内合理降低了处罚的幅度，进行了第二次行政处罚说理式告知，逐一答复了Z公司的听证意见和陈述申辩意见。Z公司在收到第二次行政处罚告知书后，没有再提出陈述、申辩和听证要求，并在收到行政处罚决定书后缴纳了罚款。

这是一起公安机关向质监部门移送的案件，案件货值大，证据材料厚，争议焦点多，办案要求高。T市质监局的上述做法可圈可点，在如何充分听取当事人的陈述申辩、如何反馈行政机关的意见等方面作出了积极的探索，既保障了当事人的合法权益，又化解了行政争议，值得广大执法人员在重大复杂案件中借鉴。

（五）特殊程序

1. 听证延期

有下列情形之一的，应当延期举行听证：（1）当事人或其代理人因不可抗力或有其他正当理由无法到场；（2）临时决定听证主持人、听证员或记录员回避，不能当场确定更换人选；（3）作为当事人的法人或者其他组织有合并、分立或其他资产重组情形，需要等待权利义务承受人；（4）其他依法应当延期举行听证的情形。

延期听证的原因消除后，由听证主持人重新确定举行听证的时间，并书面告知听证参加人及其他人员。

2. 听证中止

有下列情形之一的，应当中止举行听证：（1）需要通知新的证人到场或需要重新鉴定、补充证据；（2）当事人因不可抗力或有其他正当理由暂时无法继续参加听证；（3）听证参加人及其他人员不遵守听证纪律，造成会场秩序混乱；（4）其他依法应当中止举行听证的情形。

中止听证的原因消除后，由听证主持人确定恢复举行听证的时间，并书面告知听证参加人及其他人员。

3. 听证终止

有下列情形之一的，应当终止举行听证：（1）当事人撤回听证申请；（2）当事人无正当理由未按时参加听证；（3）当事人无正当理由中途退场；（4）当事人死亡或作为当事人的法人、其他组织终止，没有权利义务承受人;(5)其他依法应当终止听证的情形。

听证终止意味着听证活动的完全停止,以后也不需要再继续进行。笔者认为,当事人一方严重违反听证纪律不听制止的,也应列为听证终止的情形。

## 四、听证的常见实务问题

### (一)当事人是否享有阅卷权

关于当事人是否可以在听证前查看卷宗,即当事人是否享有阅卷权的问题,实践中存在争议,有人认为当事人无权阅卷,理由是《行政处罚法》中并没有当事人享有查阅、复印卷宗材料的相关规定。有人认为应当允许当事人阅卷,理由是阅卷权是当事人的重要权利,是保障当事人知情权的体现,有利于提高听证会的针对性和效率。

从提高当事人提出申诉申辩、质证的效率,提高行政效率,更好地保障当事人听证权利,增强说理式执法的目的出发,笔者认为,应当建议执法人员允许当事人有限阅卷,但是仅限于查看,可以手工摘抄,不可复制。当然,拒绝当事人阅卷未必会产生执法风险,是否允许当事人阅卷属于行政机关自由裁量范围,实践中灵活把握即可。

### (二)听证后办案机构能否重新调查

关于听证后办案机构继续调查取证是否属于程序违法,存在很大争议。

一种观点认为,不应补充调查。理由是在处罚告知前,执法人员已制作了案件调查报告,视为调查终结,如听证后根据当事人提出的异议进行补充完善调查,然后处罚当事人,听证会便成了执法机关的“问题发现会”,也与听证的本意相违背。

另一种观点认为，可以补充调查。理由是听证程序是保障当事人表达意见的机会，并非终止了执法机关的调查权，对出现的问题，要允许执法机关自我纠错。查明违法事实是行政执法机关的义务，也是实施行政处罚的前提，当通过听证发现原处罚建议所依据的违法事实有偏差，行政执法机关就应当进一步进行调查核实，这也是公平公正执法的应有之义。同时，第一次听证后，经过继续调查取证，发现原作出行政处罚建议的事实、理由及依据有可能发生变化的，应当再次履行事先告知义务，再次进行听证。

### ☞案例　金菱公司诉吴淞海关行政处罚案〔1〕

2008 年 3 月 7 日至 2009 年 3 月 30 日，金菱公司向海关申报进口半透明纸、装饰用半透明纸 20 票，共计 501,971 千克；印刷木纹用纸 2 票，共计 27,929 千克，上述纸品申报价格共计 493,532.16 美元。因涉嫌偷逃税款，吴淞海关于 2009 年 4 月 1 日对金菱公司以走私普通货物立案侦查，于 2011 年 6 月 2 日向检察机关移送起诉。检察机关以金菱公司犯罪情节轻微为由，退回作行政处理。随后吴淞海关进行行政立案。

2014 年 9 月 9 日，海关部门向金菱公司作出《行政处罚告知书》，告知拟处罚事实、理由、依据及金菱公司依法享有的权利。金菱公司于同月 12 日提出听证申请。同年 10 月 11 日，海关部门组织听证。在听证过程中，金菱公司提出其在刑事侦查阶段曾提供过一套原始发票。鉴定机构受海关部门委托，对金菱公司提供的材料进行鉴定并出具鉴定书。2015 年 5 月 8 日，海关部门再次发出《行政处罚告知书》，金菱公司再次提出听证申请。同年 6 月 5

〔1〕 参见最高人民法院行政裁定书，(2017)最高法行申 4273 号。

日，组织第二次听证，听取金菱公司申辩意见。同年7月24日，海关部门经最终复核，认为金菱公司违法事实清楚，证据确凿，其申辩理由不成立。2015年10月14日，作出处罚决定并于次日送达。

一审法院认为，作出被诉处罚决定前，吴淞海关向金菱公司进行了处罚前事先告知，组织了听证，在听证后就金菱公司提出的申辩意见进行补充调查，并在获取相关证据后，重新进行处罚前告知并再次组织听证，又经复核最终确认金菱公司申辩理由不成立，进而作出被诉处罚决定，执法程序符合法律规定。

二审法院认为，《行政处罚法》第31条[1]规定，行政机关在作出行政处罚决定之前，应当告知当事人作出行政处罚决定的事实、理由及依据，并告知当事人依法享有的权利。第32条[2]规定，当事人有权进行陈述和申辩。行政机关必须充分听取当事人的意见，对当事人提出的事实、理由和证据，应当进行复核；当事人提出的事实、理由或者证据成立的，行政机关应当采纳。行政机关不得因当事人申辩而加重处罚。上述法律规定的目的在于要求行政机关充分听取当事人的意见，确保全面、客观、公正地调查取证，从而维护当事人的合法权益，保证行政处罚权的正确行使。

可见，听取当事人意见或者听证本身就是案件事实调查的一个环节，是一种特殊调查处理程序。而且，查证当事人主张的事实、理由和证据是否成立，就有可能需要再进行必要的调查核实。金菱公司所谓处罚程序不可逆的主张缺乏法律依据，也不合逻辑。吴淞海关第一次听证后再委托鉴定，并未对金菱公司产生更为不利的影响。金菱公司在第一次听证时提出刑事侦查阶段其曾提供了一套低价发票，主张其未低报价格。吴淞海关据此委托鉴定机

〔1〕 本案中适用的是2009年《行政处罚法》，相关规定参见2021年《行政处罚法》第44条。
〔2〕 相关规定参见2021年《行政处罚法》第45条。

构对该低价发票进行鉴定，系为了查证金菱公司的申辩理由是否成立，而非补充收集用于认定金菱公司行为违法的证据，也未对金菱公司产生更为不利的影响。吴淞海关第一次听证后，经委托鉴定机构对低价发票进行鉴定，并结合鉴定意见第二次对金菱公司作出处罚前事先告知，又根据金菱公司申请进行第二次听证，充分保障了金菱公司的陈述和申辩权，不违反法律规定。

再审法院认可了二审法院的判决观点。

### （三）行政机关可否聘请律师参加听证

我国现行法律没有明确规定在听证程序中行政机关是否可以委托律师。但是一般认为，在行政听证程序中，只有行政相对人才可以委托包括律师在内的其他人参加听证，而行政机关不可以聘请律师或非本案的办案人员、调查人员参加听证。听证的本质是要求行政机关说明其作出处罚的事实、理由、依据，当事人则利用听证进行陈述申辩。允许行政机关聘请律师参与听证，增加了听证的复杂性，不符合行政效率原则，同时，行政机关委托律师参加听证会，可能会造成行政机关在听证过程中占据过于有利的地位，不利于当事人平等参与听证。

### （四）听证报告是否需要告知或送达当事人

关于听证或执法程序的规范性文件均未规定是否需要送达听证报告，因此不需要以送达听证报告的方式履行告知义务，但是在行政处罚决定书中，应当将听证的相关情况予以论述，特别是拒绝当事人听证中提出的陈述申辩意见的，应当逐条阐明拒绝采纳的理由。

### （五）听证申请是否可以不予受理

除非当事人自接到申请至提出听证申请之日超过 5 个工作日，否则对其听证申请均应受理。以超出听证申请期限为由不予受理听证申请的，为了最大限度减少执法风险，要注意收集固定证明程序性事实的证据，办案人员应当填制《有关事项审批表》，审批事项为“不予受理听证申请”，负责人审查批准后，要制发《不予受理听证通知书》，告知当事人。

（六）放弃听证权利的可否立即作出处罚决定

关于当事人放弃听证权利，行政机关可否立即作出处罚决定的问题，实践中有争议。

有观点认为，当事人明确放弃听证权利后，行政机关可依法作出行政处罚决定，不受听证期限的限制，有的部门规章有明确规定，例如，《海关办理行政处罚案件程序规定》第 67 条第 4 款规定：“当事人明确放弃陈述、申辩和听证权利的，海关可以直接作出行政处罚或者不予行政处罚决定。当事人放弃陈述、申辩和听证权利应当有书面记载，并且由当事人或者其代理人签字或者盖章确认。”

也有观点认为，即使当事人明确放弃听证权利，当事人仍有权在法定期限内申请听证，行政机关也不得突破听证申请期限直接作出处罚决定。有的部门规章对此有明确规定，例如，《公安机关办理行政案件程序规定》第 134 条规定：“违法嫌疑人放弃听证或者撤回听证要求后，处罚决定作出前，又提出听证要求的，只要在听证申请有效期限内，应当允许。”该条相当于允许当事人对放弃听证权利进行反悔，实际上有要求公安机关在听证期限后再作出处罚决定的含义。

笔者认为，本地区有明确规定可以在放弃听证权利后直接作出处罚决定的，依据该规定执行。没有规定的，为了充分保障当事人合法权益，尽量减少执法风险，最大限度发挥听证的程序价值，避免听证“走过场”，即使当事人明确放弃或撤回申请，如在有效期限内，建议允许其申请听证。也就是说，建议行政机关在行政处罚告知后，即使当事人

"放弃听证要求"，也要等到听证申请期限届满而当事人又未提出听证要求时，再作出相应的行政处罚决定，以免造成争议。

## 五、听证笔录的制作

由于很多乡镇和街道执法部门较少接触听证，笔者根据相关地区或执法部门关于听证笔录要求的规定，结合实际，梳理了如下制作规范，对听证笔录的制作规范进行说明，供执法人员学习参考。执法人员也可以通过学习本部分后附的听证笔录参考范例，更好地熟悉、掌握听证的程序。

（1）如实、连贯、全面、规范记录。为了让听证笔录清晰明了，当听证员、案件当事人、听证委托代理人、听证参与人等是多人的，在记录时应写清姓名，如写清"当事人 ×××："“当事人法定代表人×××：""案件证人 ×××："以便区分。

（2）核对身份。在听证开始前即应事先核对听证参加人、参与人身份和身份证明材料，以节省听证用时。但在听证开始后，核对身份环节亦不能缺省，以便记录。存在当事人及其代理人无正当理由拒不出席听证情况的，在听证主持人宣布听证开始后，在核对身份环节中予以确认并记录。不宣布听证开始，就无从确定当事人"拒不出席听证"，也无从确定开始制作笔录的时点。

（3）记录需全面。有听证主持人宣布"开始听证""听证结束（终止）"的记录。有听证主持人主持核对身份，告知权利，宣读听证依据、听证事由、听证纪律，说明听证程序、听证笔录的法律效力等的记录，以及各方发言记录。有听证中途休息、中止听证、终止听证等情况的记录。

（4）需当事人及其法定代理人、听证主持人、听证员、办案人员等逐页签名或盖章、写明日期。拒绝签名盖章的，由听证主持人注明。笔录尾页有听证参与人“经核对，记录准确无误”的意见，签名或盖章、写明日期。

（5）有修改的记录内容，由该记录内容的发言人在修改处签名或盖章或按指印；发言人拒绝的，由听证主持人在修改处注明，签名并写明日期。

（6）《行政处罚法》第65条规定：“听证结束后，行政机关应当根据听证笔录，依照本法第五十七条的规定，作出决定。”因听证笔录是作出处罚决定的依据，在听证过程中，案件调查人员应将全部证据提交听证。实际上是以听证笔录及其有关材料替代案卷，定案材料是听证前的案卷（调查取证时的定案证据）和听证时当事人陈述申辩质证的记录及其提供的材料（证据）的综合，听证参与人有不同于案卷的、新的说明，以及提供新材料的，还要加上该部分记录内容及材料。一般而言，案件调查人员的发言和提供的材料不得超越听证前的案卷。没有提交听证，或者未在听证时发言并予以记录的材料，不能作为定案材料。

（7）听证过程中，听证主持人、听证员要保持相对独立，不对案件调查人员、案件当事人等听证参加人、参与人的发言、提交的材料等发表实质性确定意见，只履行程序性组织听证的职责。

（8）有听证必有笔录，笔录必为当场制作。

**范例**[1]

## 听证笔录

案件名称：×× 置业有限公司涉嫌使用未经定期检验的电梯案

〔1〕 参见国家市场监督管理总局法规司、江苏省市场监督管理局、南京市市场监督管理局编著：《市场监督管理行政处罚文书制作范例》，中国工商出版社 2021 年版，第 102~107 页。

时间：20×× 年 8 月 17 日 9 时 30 分至 11 时 00 分

地点：×× 市市场监督管理局 ×× 室

听证主持人：蔡 ××

记录员：王 ××

办案人员：陈 ××、吴 ××

当事人：×× 置业有限公司

法定代表人：李 ××

委托代理人：张 ××

听证过程：

**（编者注：以下为预备阶段）**

记录员：经查，听证参加人办案人员陈 ××、吴 ×× 和当事人委托代理人张 ×× 已到场，现在宣布听证纪律：（1）服从听证主持人的指挥，未经听证主持人允许不得发言、提问；（2）未经听证主持人允许不得录音、录像和摄影；（3）听证参加人未经听证主持人允许不得退场；（4）不得大声喧哗，不得鼓掌、哄闹或者进行其他妨碍听证秩序的活动。

报告听证主持人，听证准备就绪。

听证主持人：现在核对听证参加人。

当事人委托代理人：我是 ×× 置业有限公司的委托代理人张 ××，任工程部经理。这是授权委托书和我的身份证（身份证号码：320×××××××××××××××）。

办案人员：我是本案的执法人员陈 ××，这是我的行政执法证（编号：JSZF013×××××）。我是本案的执法人员吴 ××，这是我的行政执法证（编号：JSZF013×××××）。

听证主持人：已核对当事人委托代理人和办案人员的身份。现在宣布听证会开始进行。

本局于 20×× 年 ×× 月 ×× 日依法向当事人送达了 ×× 市监

听通〔20××〕××号《行政处罚听证通知书》。经当事人申请举行××置业有限公司涉嫌使用未经定期检验的电梯一案听证会。本次听证主持人是蔡××，记录员是王××。

现告知听证参加人在听证中的权利义务。

当事人享有以下权利：(1)有权放弃听证；(2)有权申请听证主持人、听证员、记录员、翻译人员回避；(3)有权当场提出证明自己主张的证据；(4)有权进行陈述和申辩；(5)经听证主持人允许，可以对相关证据进行质证；(6)经听证主持人允许，可以向到场的证人、鉴定人、勘验人发问；(7)有权对听证笔录进行审核，认为无误后签名或者盖章。

听证参加人承担以下义务：(1)遵守听证纪律；(2)在审核无误的听证笔录上签名或者盖章。

当事人委托代理人是否申请听证主持人、记录员回避？

当事人委托代理人：不申请回避。

**（编者注：以下为调查阶段）**

听证主持人：现在请办案人员提出当事人违法的事实、证据、行政处罚建议及依据。

陈××：当事人在××市××区××号××项目售楼处使用的2台乘客电梯（设备代码为：311032010220080 3F51X、311032010220080 3F52X）于20××年1月检验合格有效期届满。当事人未按规定向特种设备检验机构提出定期检验申请，在上述电梯定期检验合格有效期届满后，仍继续使用上述电梯6个月时间。有营业执照复印件、法定代表人李××身份证复印件、分支机构营业执照复印件、授权委托书、电梯买卖合同复印件、特种设备使用标志复印件、询问笔录、现场笔录、现场照片、特种设备安全监察指令书、检验报告等证据证明上述违法事实。当事人使用未经定期检验的电梯的违法行为，违反了《中华人民共和国特种设备安全法》第四十条第三款之规定，依据《中华人民共和国特种设备安全法》第八十四条第一项之规定，建议责令当事人改正上述违法行为，罚款100000元。

听证主持人：现在请当事人委托代理人进行陈述和申辩。

当事人委托代理人：我公司一共有12台在用乘客电梯，只有2台因管理疏忽出现超过检验合格期后继续使用的违法情况。在超期使用期间也没有造成实际危害后果，违法行为轻微，应当减轻处罚。

听证主持人：现在开始质证。请办案人员出示相关证据，并说明证明目的。

陈××：第一组证据，当事人营业执照复印件、法定代表人李××身份证复印件、分支机构营业执照复印件、授权委托书、委托代理人张××身份证复印件各1份，证明当事人主体资格。

听证主持人：现在请当事人委托代理人发表质证意见。

当事人委托代理人：我对第一组证据的真实性、合法性和关联性无异议。

陈××：第二组证据，电梯买卖合同复印件、特种设备使用标志复印件、对张××的询问笔录2份，证明当事人是上述电梯使用单位的事实。

听证主持人：现在请当事人委托代理人发表质证意见。

当事人委托代理人：我对第二组证据的真实性、合法性和关联性无异议。

陈××：第三组证据，现场笔录1份、现场照片5张、特种设备安全监察指令书1份，证明当事人使用上述电梯的事实。

听证主持人：现在请当事人委托代理人发表质证意见。

当事人委托代理人：我对第三组证据的真实性、合法性和关联性无异议。

陈××：第四组证据，对张××的询问笔录2份、当事人提交的情况说明书1份、检验报告（NJDT20210369X）复印件1份，证明上述电梯未经定期检验的事实。

听证主持人：现在请当事人委托代理人发表质证意见。

当事人委托代理人：我对第四组证据的真实性、合法性和关联性无异议。

陈××：第五组证据，检验报告（NJDT20210368X）复印件1份，证明当事人对违法行为进行整改的事实。

听证主持人：现在请当事人委托代理人发表质证意见。

当事人委托代理人：我对第五组证据的真实性、合法性和关联性无异议。

**（编者注：以下为辩论阶段）**

听证主持人：现在开始辩论。请办案人员发表辩论意见。

陈××：我们认为，特种设备使用单位对其使用特种设备安全负责。当事人是上述电梯的使用单位，应当在检验合格有效期届满前一个月，向特种设备检验机构提出定期检验要求；在超过检验合格期后，应立即停止使用上述电梯，履行特种设备使用单位的法定义务。本案中，当事人的××项目售楼处已运营8个月，日常人流量较大，超过检验合格期的2台电梯使用频率较高；且在未经定期检验的情况下，持续使用了6个月时间，违法行为时间较长，情节较重，已造成一定社会危害。综合考虑违法行为的事实、性质、情节、社会危害程度等因素，当事人上述违法行为不符合从轻或者减轻行政处罚的情形。

听证主持人：现在请当事人委托代理人发表辩论意见。

当事人委托代理人：我们认为处罚太重。理由如下：（1）我公司共有在用乘客电梯12台，仅有2台出现超过定期检验合格有效期后继续使用的情况；（2）我公司没有主观故意，是由于原工程部经办人员辞职后，新员工不熟悉相关业务工作，未能按规定及时进行定期检验；（3）我公司在接受检查后积极整改，2台电梯经检验合格，没有造成危害后果。

听证主持人：双方有无新的辩论意见？

陈××：没有。

当事人委托代理人：没有。

听证主持人：请办案人员陈述最后意见。

陈××：我们认为本案事实清楚、证据充分、定性准确，适用依据正确、程序合法、处理适当。

**（编者注：以下为当事人最后陈述阶段）**

听证主持人：请当事人委托代理人陈述最后意见。

当事人委托代理人：希望贵局认真考虑我们的意见，请求减轻处罚。

听证主持人：现在宣布听证结束。听证参加人核对听证笔录，无误后请签名或者盖章。[1]

---

〔1〕 此范例删掉了听证笔录文书的一些形式要件，如逐页签字栏、日期、页码等，主要展示听证的全过程，执法人员在实际制作听证笔录时，应当以本地区执法文书参考样式为模板。

# 第七章　审查决定实务

审查决定，是指在作出行政处罚决定前，对整个案件的全部材料进行全面审查，并对案件证据的有效性、案件的事实、处罚依据和建议等提出相应意见，根据不同情况作出相应决定的程序。《行政处罚法》第57条将案件分为两种，经由不同的程序审查决定，其中一般案件由行政机关负责人审查决定，重大案件（情节复杂或者重大违法行为）由行政机关负责人集体讨论决定。《行政处罚法》第58条则规定了对符合四种情形的案件在审查决定前需要先进行法制审核，法制审核是复杂、重大行政处罚决定作出前的法定必经程序。

## 一、一般案件审查决定

《行政处罚法》第57条第1款规定："调查终结，行政机关负责人应当对调查结果进行审查，根据不同情况，分别作出如下决定：（一）确有应受行政处罚的违法行为的，根据情节轻重及具体情况，作出行政处罚决定；（二）违法行为轻微，依法可以不予行政处罚的，不予行政处罚；（三）违法事实不能成立的，不予行政处罚；（四）违法行为涉嫌犯罪的，移送司法机关。"该条款规定了一般案件由行政机关负责人进行审查并作出决定的程序。

（一）审查决定的步骤

1. 呈批

乡镇和街道执法部门在调查终结并履行事先告知义务，听取、复核当事人陈述申辩意见后，应当根据不同情形提出相应的处理建议，执法人员应当制作《行政处罚决定审批表》等文书，将情况报告行政机关负责人并附对案件的处理意见，一般情况要附案件调查终结报告、当事人陈述申辩意见和复核情况等材料。需要注意的是，《行政处罚决定审批表》中的处罚内容应当与《案件调查终结审批表》《行政处罚事先告知书》中的处罚内容一致；如当事人行使陈述申辩、听证的权利，处罚内容应当与《陈述申辩／听证复核意见书》中的意见一致。

关于执法部门提出处理意见的内容，可参考《农业行政处罚程序规定》第49条的规定："农业行政执法人员在调查结束后，应当根据不同情形提出如下处理建议，并制作案件处理意见书，报请农业行政处罚机关负责人审查：（一）确有应受行政处罚的违法行为的，根据情节轻重及具体情况，建议作出行政处罚；（二）违法事实不能成立的，建议不予行政处罚；（三）违法行为轻微并及时改正，没有造成危害后果的，建议不予行政处罚；（四）当事人有证据足以证明没有主观过错的，建议不予行政处罚，但法律、行政法规另有规定的除外；（五）初次违法且危害后果轻微并及时改正的，建议可以不予行政处罚；（六）违法行为超过追责时效的，建议不再给予行政处罚；（七）违法行为不属于农业行政处罚机关管辖的，建议移送其他行政机关；（八）违法行为涉嫌犯罪应当移送司法机关的，建议移送司法机关；（九）依法作出处理的其他情形。"

2. 审查

行政机关负责人对案件的调查结果和处理意见进行审查，审查内容主要涉及执法主体、权限、程序、事实、证据、法律适用等。行政机关负责人进行审查时，应当认真审查执法人员是否依照法定程序进行调查，发现违反法定程序的，必须及时纠正；认真核实执法人员给予违法行为的行政处罚是否有法律、法规或者规章的规定，适用法律、法规、规章的规定是否适当，发现有不适当的，应当依照法律、法规、规章的规定办理；认真审查违法事实是否确凿，证据是否充分，发现有不足的，应当责成执法人员予以补充。

3. 决定

行政机关负责人经审查后，根据不同情况作出相应决定，对违法事实清楚、证据确凿、适用法律正确、程序合法的行政处罚案件，在《行政处罚决定审批表》签署批准意见，作出行政处罚决定，下达《行政处罚决定书》。对满足不予行政处罚情形的案件，下达《不予行政处罚决定书》。不能即时作出决定的，行政机关负责人可以将报告和意见交有关机构，再提出处理意见，行政机关负责人根据有关机构的意见，作出行政处罚决定。

4. 告知

出于说理式执法的要求，乡镇和街道执法部门认为有必要时，可以将即将作出的行政处罚决定的内容告知当事人，再次听取当事人对案件处理的意见与申辩。当事人的意见和申辩与行政机关调查的事实、对案件的认定有出入的，行政机关应当进行复查；当事人无异议的，行政机关可以即时作出行政处罚决定。

### （二）审查内容

一般案件审查决定程序的审查内容主要涉及执法主体、权限、程序、事实、证据、法律适用等，例如，《农业行政处罚程序规定》第 51 条第 2 款规定："除本规定第五十条第一款规定以外，适用普通程序的其他农业行政处罚案件，在作出处罚决定前，应当参照前款规定进行案件审核。审核工作由农业行政处罚机关的办案机构或其他机构负责实施。”所谓“前款规定”，是关于农业行政处罚决定法制审核的 8 项内容。又如，《江西省市场监管局行政处罚案件审核及部门负责人集体讨论工作规则》第 9 条规定：“审核的主要内容包括：（一）是否具有管辖权；（二）当事人的基本情况是否清楚；（三）案件事实是否清楚、证据是否充分；（四）定性是否准确；（五）适用依据是否正确；（六）程序是否合法；（七）处理是否适当。”

从扎实推进依法行政的角度看，相关审查内容应当对标重大案件法制审核的内容标准进行，从而保障行政处罚决定的合法公正，维护公共利益和社会秩序，保护公民、法人或者其他组织的合法权益。国务院办公厅《关于全面推行行政执法公示制度执法全过程记录制度重大执法决定法制审核制度的指导意见》（国办发〔2018〕118 号）第 13 条“明确审核内容”即提出，“要严格审核行政执法主体是否合法，行政执法人员是否具备执法资格；行政执法程序是否合法；案件事实是否清楚，证据是否合法充分；适用法律、法规、规章是否准确，裁量基准运用是否适当；执法是否超越执法机关法定权限；行政执法文书是否完备、规范；违法行为是否涉嫌犯罪、需要移送司法机关等。”后文在重大案件法制审核内容部分会详细阐释，此处不再赘述。

执法实践中，对于一般案件，有的部门先由法制部门提出审核意见，再由行政机关负责人最后审定，作出行政处罚决定，从依法行政的角度看，该做法值得借鉴。但是乡镇和街道本身就“上面千条线，下面一根针”，执法人员也不只承担执法工作，况且乡镇和街道执法有一定数量的案件十分简单明了，因此对所有一般案件均进行法制审核既没必要也没时间。

（三）案件审查结果处理

根据《行政处罚法》第 57 条第 1 款的规定，经行政机关负责人审查后，行政机关应当根据不同情况，分别作出以下决定。

1. 作出行政处罚决定

对事实清楚、证据充分、定性准确、适用依据正确、程序合法、处理适当的案件，根据其违法行为的情节严重程度、违法事实的性质、社会危害程度等具体情况，依据有关法律法规的规定，作出与违法行为的事实、性质、情节以及社会危害程度相当的行政处罚决定。

2. 违法行为轻微，不予行政处罚

对于行为人确有违法行为，但是违法行为的情节较轻，没有造成危害后果，社会危害性较小，依法可以不给予行政处罚的案件，作出不予行政处罚的决定。根据《行政处罚法》的有关规定，不予行政处罚的情况有以下几种：（1）不满 14 周岁的未成年人有违法行为的不予行政处罚；（2）精神病人、智力残疾人在不能辨认或者不能控制自己行为时有违法行为的，不予行政处罚；（3）违法行为轻微并及时改正，没有造成危害后果的，不予行政处罚；（4）初次违法且危害后果轻微并及时改正的，可以不予行政处罚；（5）当事人有证据证明没有主观过错的，不予行政处罚，但法律、行政法规另有规定的，从其规定。

同时，根据《行政处罚法》的有关规定：（1）对当事人的违法行为依法不予行政处罚的，行政机关应当对当事人进行教育；（2）对不满 14 周岁的未成年人有违法行为，不予行政处罚的，行政机关应当责令监护人加以管教；（3）对精神病人、智力残疾人在不能辨认或者不能控制自己行为时有违法行为，不予行政处罚的，行政机关应当责令其监护人严加看管和治疗。

3. 违法事实不能成立的，不予行政处罚

对于违法事实不能成立的，即经调查发现当事人确实不存在违法行为的，以及经调查没有证据或证据不足以证明当事人有违法事实的，不得给予行政处罚。同时，行政机关应当将违法事实不能成立的结论及时通知当事人。

4. 移送司法机关

对于违法行为涉嫌犯罪的，移送有关司法机关依法处理。乡镇和街道执法部门往往接触移送司法机关的案件较少，建议执法人员学习有关规定，掌握移送司法机关的程序要求。

（1）违法行为涉嫌犯罪应当移送司法机关。依据《行政处罚法》第27条的规定，“违法行为涉嫌犯罪的，行政机关应当及时将案件移送司法机关，依法追究刑事责任。”

《行政执法机关移送涉嫌犯罪案件的规定》第3条第1款规定：“行政执法机关在依法查处违法行为过程中，发现违法事实涉及的金额、违法事实的情节、违法事实造成的后果等，根据刑法关于破坏社会主义市场经济秩序罪、妨害社会管理秩序罪等罪的规定和最高人民法院、最高人民检察院关于破坏社会主义市场经济秩序罪、妨害社会管理秩序罪等罪的司法解释以及最高人民检察院、公安部关于经济犯罪案件的追诉标准等规定，涉嫌构成犯罪，依法需要追究刑事责任的，必须依照本规定向公安机关移送。”

需要注意的是，上述两个法条均表述为“涉嫌犯罪”，而不是“构成犯罪”，判断是否“涉嫌犯罪”对执法人员而言难度降低了很多，可以提高执法人员办案效率。

（2）移送时机。在发现违法行为涉嫌犯罪时，一般不能先处罚再移送，原则上应当在案件调查终结后移送。待公安机关决定不予立案或者撤销案件、检察院作出不起诉决定、法院作出无罪判决或者免予刑事处罚后，再决定是否给予行政处罚。

《行政处罚法》第57条第1款规定：“调查终结，行政机关负责人应当对调查结果进行审查，根据不同情况，分别作出如下决定：……（四）违法行为涉嫌犯罪的，移送司法机关。”

最高人民检察院、全国整顿和规范市场经济秩序领导小组办公室、公安部、原监察部《关于在行政执法中及时移送涉嫌犯罪案件的意见》（高检会〔2006〕2号）第1条第1款规定：“行政执法机关在查办案件过程中，对符合刑事追诉标准、涉嫌犯罪的案件，应当制作《涉嫌犯罪案件移送书》，及时将案件向同级公安机关移送，并抄送同级人民检察院。对未能及时移送并已作出行政处罚的涉嫌犯罪案件，行政执法机关应当于作出行政处罚十日以内向同级公安机关、人民检察院抄送《行政处罚决定书》副本，并书面告知相关权利人。”

（3）移送审批程序。《行政执法机关移送涉嫌犯罪案件的规定》第5条第1款规定：“行政执法机关对应当向公安机关移送的涉嫌犯罪案件，应当立即指定2名或者2名以上行政执法人员组成专案组专门负责，核实情况后提出移送涉嫌犯罪案件的书面报告，报经本机关正职负责人或者主持工作的负责人审批。”

（4）需提交的材料。《行政执法机关移送涉嫌犯罪案件的规定》第6条规定：“行政执法机关向公安机关移送涉嫌犯罪案件，应当附有下列材料：（一）涉嫌犯罪案件移送书；（二）涉嫌犯罪案件情况的调查报告；（三）涉案物品清单；（四）有关检验报告或者鉴定结论；（五）其他有关涉嫌犯罪的材料。”

《公安机关受理行政执法机关移送涉嫌犯罪案件规定》第2条规定：“对行政执法机关移送的涉嫌犯罪案件，公安机关应当接受，及时录入执法办案信息系统，并检查是否附有下列材料：（一）案件移送书，载明移送机关名称、行政违法行为涉嫌犯罪罪名、案件主办人及联系电话等。案件移送书应当附移送材料清单，并加盖移送机关公章；（二）案件调查报告，载明案件来源、查获情况、嫌疑人基本情况、涉嫌犯罪的事实、证据和法律依据、处理建议等;(三)涉案物品清单,载明涉案物品的名称、数量、特征、存放地等事项,并附采取行政强制措施、现场笔录等表明涉案物品来源的相关材料;(四)附有鉴定机构和鉴定人资质证明或者其他证明文件的检验报告或者鉴定意见;(五)现场照片、询问笔录、电子数据、视听资料、认定意见、责令整改通知书等其他与案件有关的证据材料。移送材料表明移送案件的行政执法机关已经或者曾经作出有关行政处罚决定的,应当检查是否附有有关行政处罚决定书。对材料不全的,应当在接受案件的二十四小时内书面告知移送的行政执法机关在三日内补正。但不得以材料不全为由,不接受移送案件。”

(5)抄送司法机关。国务院法制办、中央纪委、最高人民法院、最高人民检察院、公安部、国家安全部、司法部、人力资源和社会保障部《关于加强行政执法与刑事司法衔接工作的意见》(中办发〔2011〕8号)第3条规定:“行政执法机关向公安机关移送涉嫌犯罪案件,应当移交案件的全部材料,同时将案件移送书及有关材料目录抄送人民检察院。行政执法机关在移送案件时已经作出行政处罚决定的,应当将行政处罚决定书一并抄送公安机关、人民检察院;未作出行政处罚决定的,原则上应当在公安机关决定不予立案或者撤销案件、人民检察院作出不起诉决定、人民法院作出无罪判决或者免予刑事处罚后,再决定是否给予行政处罚。”

## 二、重大案件集体讨论

《行政处罚法》第57条第2款规定:“对情节复杂或者重大违法行为给予行政处罚,行政机关负责人应当集体讨论决定。”重大、复杂案件的处罚往往较重,对当事人权益影响较大,之所以要求集体讨论,表明法律对此种处罚持极为慎重的态度，有必要通过集体讨论对自由裁量权予以限制和规范，通过发挥民主意见，防止错误决策，确保处罚决定的正确有效。

### （一）集体讨论的范围

《行政处罚法》第 57 条第 2 款规定的集体讨论决定的范围是“对情节复杂或者重大违法行为给予行政处罚”，规定较为简单。建议乡镇和街道执法部门在执法时根据具体执法领域适用相关执法领域规章中关于“重大复杂”的规定，该领域规章没有明确规定的，应当从行政机关进行行政执法工作的实际经验出发，予以确定，原则上属于行政机关裁量范畴，只要不属明显不当的，司法机关不宜干预。例如，处罚机关以“情节复杂”为由按程序延长了办案期限，那么应当由行政机关负责人集体讨论决定。又如，某个违法行为被举报后迅速在网络上传播，并造成广泛的社会影响，这种情况下应当由行政机关负责人集体讨论决定。

### 案例一　李某诉中国证监会行政处罚案[1]

2022 年 4 月 1 日，中国证监会作出〔2022〕17 号《行政处罚决定书》（以下简称被诉处罚决定），决定：(1) 对某某公司责令改正，给予警告，并处以 300 万元罚款；(2) 对张某某、李某夫妇给予警告，并合并处以 500 万元罚款，其中作为直接负责的主管人员罚款 300 万元，作为实际控制人罚款 200 万元；(3) 对魏某某给予警告，并处以 100 万元罚款。李某不服，向北京金融法院起诉，一审法院判决驳回李某的诉讼请求。李某不服，向北京市高级人民法院上诉，二审法院判决驳回上诉，维持一审判决。

〔1〕 参见北京市高级人民法院行政判决书，(2023) 京行终 2820 号。

本案争议焦点之一是行政处罚程序是否合法，李某认为，涉案行政处罚应当经过集体讨论决定，一审法院认定行政机关有权自由裁量是否集体讨论无事实及法律依据。二审法院支持了一审法院观点认为，考虑到《行政处罚法》第57条第2款规定的行政机关负责人集体讨论程序适用的前提是案件属于“情节复杂或者重大违法行为给予较重的行政处罚”的情形，案件是否需要进行负责人集体讨论程序，属于行政机关自由裁量范围。

**案例二　陈某秘诉岚山公安分局治安行政处罚案**〔1〕

运捷公司取得了疏港大道南侧、碑廓镇后水沟村南侧土地的使用权，在该地块进行平整土地作业，陈某秘驾驶鲁L ×××××白色雪铁龙轿车到达该企业作业区域，将车辆停放在该地块，并多次阻拦该区域施工。2018年2月26日，岚山公安分局作出岚公（碑）行罚决字〔2018〕111号《行政处罚决定书》，给予陈某秘行政拘留7日的行政处罚。陈某秘对该行政处罚决定不服，向岚山区政府提起行政复议，岚山区政府于2018年7月19日作出岚政复决字〔2018〕6号行政复议决定，维持了岚山公安分局作出的岚公（碑）行罚决字〔2018〕111号行政处罚决定。陈某秘不服，提起行政诉讼。

该案经历一审、二审、再审，争议焦点之一是行政处罚程序是否合法。陈某秘认为，案情复杂的案件在作出处罚决定前，应该由行政机关负责人召集会议集体研究决定，岚山公安分局程序违法。法院认为，行政处罚决定的作出有行政机关负责人审查决定和负责人集体讨论决定两种方式，具体实践中，行政机关可以根据法律

〔1〕参见山东省高级人民法院行政裁定书，（2019）鲁行申1429号。

规定并结合案件具体情况作出决定。集体讨论的前提是案件情节复杂或者对重大违法行为给予较重的行政处罚，但是否具备上述前提条件、是否需要集体讨论，原则上属于行政机关裁量范畴，只要不属明显不当，司法机关不宜干预。

### ☞ 案例三 某公司诉西吉县城市执法局行政处罚案[1]

某公司西吉分公司在2016年6月至2019年11月代收2个小区的维修资金共2,988,467.61元，但其未将该代收维修资金缴纳至某局住宅维修资金专户，而是直接存到某公司西吉分公司一般账户内，并且将该笔资金挪用于企业日常经营（物业维修，房屋地热管、上下水、门窗维修等）。某局房屋管理与服务中心分别于2019年、2020年、2021年通过催缴函及电话通知的方式，要求某公司西吉分公司缴纳代收的维修资金，但是某公司西吉分公司未如期缴纳。2022年3月9日，西吉县城市执法局对某公司西吉分公司立案调查。2022年6月17日，西吉县城市执法局作出西城（执）罚字〔2022〕005号《行政处罚决定书》，决定给予某公司如下行政处罚：追缴未缴纳的代收维修资金2,988,467.61元及没收违法所得（利息46,638.15元），并处未缴纳代收维修资金2,988,467.61元的1.5倍罚款，即4,482,701.42元。某公司不服，向西吉县人民法院提起诉讼，一审法院判决驳回某公司的诉讼请求。某公司不服，向固原市中级人民法院提起上诉，二审法院判决撤销一审判决，撤销涉案行政处罚决定。

二审法院认为，根据《行政处罚法》第57条第2款的规定，行政机关负责人集体讨论是否给予较重行政处罚是必须履行的法定

〔1〕 参见宁夏回族自治区固原市中级人民法院行政判决书，（2023）宁04行终120号。

程序，是保障行政相对人合法权益，规范行政机关的执法行为的必然要求。本案中，西吉县城市执法局对某公司作出4,482,701.42元的罚款，属于较重的行政处罚。西吉县城市执法局未提交2022年6月6日召开听证会后，作出涉案行政处罚决定书前重大案件经过集体讨论的相关证据材料。西吉县城市执法局提交的听证材料及代表建议不能作为涉案处罚决定是由行政机关负责人集体讨论的依据，因此，在案证据不能证明西吉县城市执法局作出涉案行政处罚决定前已经行政机关负责人集体会议讨论通过，且在当事人提出陈述和申辩进行听证后，行政机关未进行集体讨论，直接不予采纳其意见维持原处罚决定，该情形未将当事人的意见及听证情况纳入集体讨论范围，因此构成程序违法。

有些部门规章规定得较详细，如《交通运输行政执法程序规定》《医疗保障行政处罚程序暂行规定》《市场监督管理行政处罚程序规定》《农业行政处罚程序规定》等，对集体讨论的范围进行了明确，乡镇和街道执法部门可以参考。

《交通运输行政执法程序规定》第76条规定：“行政处罚案件有下列情形之一的，应当提交执法部门重大案件集体讨论会议决定：(一)拟作出降低资质等级、吊销许可证件、责令停产停业、责令关闭、限制从业、较大数额罚款、没收较大数额违法所得、没收较大价值非法财物的；(二)认定事实和证据争议较大的，适用的法律、法规和规章有较大异议的，违法行为较恶劣或者危害较大的，或者复杂、疑难案件的执法管辖区域不明确或有争议的；(三)对情节复杂或者重大违法行为给予较重的行政处罚的其他情形。”

交通运输部《关于规范交通运输行政处罚自由裁量权的若干意见》(交政法发〔2010〕251号)规定：“(三)集体讨论制度。在发生下列情况时，交通运输行政执法机构应成立集体讨论组织，在案件调查报告基础上讨论应实施的行政处罚。一是重大行政处罚案件，指交通运输行政执法机构作出的吊销证照、责令停产停业、五千元以上罚款的行政处罚决定；二是复杂、争议较大的案件，指认定事实和证据争议较大的，或适用的法律、法规和规章有较大异议的，或违法行为性质较重、危害较大的，或执法管辖区域不明确、存有争议的行政处罚决定；三是其他重大、复杂案件。集体讨论会议的记录人员必须全面客观的记录会议讨论意见，形成集体讨论意见书。集体讨论意见书为交通运输行政处罚案件如何处（理）罚的书面凭证。”

（二）参加集体讨论负责人的组成

1. 行政机关负责人的界定

最高人民法院《关于适用〈中华人民共和国行政诉讼法〉的解释》第 128 条第 1 款规定：“行政诉讼法第三条第三款规定的行政机关负责人，包括行政机关的正职、副职负责人以及其他参与分管的负责人。”最高人民法院《关于行政机关负责人出庭应诉若干问题的规定》（法释〔2020〕3 号）第 2 条第 1 款规定：“行政诉讼法第三条第三款规定的被诉行政机关负责人，包括行政机关的正职、副职负责人、参与分管被诉行政行为实施工作的副职级别的负责人以及其他参与分管的负责人。”根据前述两条规定，可以认定《行政处罚法》中的“行政机关负责人”包括行政机关的正职负责人、行政机关的副职负责人、参与分管被诉行政行为实施工作的副职级别的负责人、参与分管的负责人。

2. 参加集体讨论的人员组成

关于集体讨论的人员组成，《行政处罚法》没有明确规定。不同的地区和执法领域有不同的规定。

湖南省人民政府金融工作办公室《重大行政执法决定法制审核和

集体讨论决定制度（试行）》（湘政金发〔2015〕51号）第14条规定：“案件集体讨论决定由办主要负责人主持。办领导班子成员、执法处室、政策法规处等相关处室负责人及案件调查人员参加并提交相关材料……”

《吉林省应急管理部门较重以上行政处罚案件集体讨论制度（试行）》（吉应急政策法规〔2019〕178号）第4条规定：“给予较重以上行政处罚的集体讨论，采用会议的形式进行。集体讨论须有半数以上部门负责人到会方可举行，其中分管查办案件机构（以下统称承办机构）的部门负责人应当到会。”

天津市市场监督管理委员会《关于贯彻市场监管总局42号令的实施意见》（津市场监管规〔2021〕9号）第12条规定：“集体讨论相关人员。（1）主持人：行政处罚案件集体讨论由市场监管部门主要负责人或者其委托的相关负责人主持。（2）出席人员：行政处罚案件集体讨论应当有半数以上市场监管部门负责人出席，分管办案机构的负责人、分管法制机构的负责人应当参加集体讨论。（3）列席人员：办案机构负责人、法制审核机构负责人、法制机构负责人以及案件承办人、法制审核人员等有关人员。市场监管部门负责人认为有必要的，相关业务机构或者其他机构负责人应当列席会议。”

《江西省市场监管局行政处罚案件审核及部门负责人集体讨论工作规则》（赣市监规〔2023〕4号）第14条第2款规定：“集体讨论会议的出席人员为省局负责人。”第15条规定：“集体讨论会议出席人员人数应当超过省局负责人总数的半数。”

执法实践中，负责人集体讨论是《行政处罚法》对重大复杂案件所规定的强制性内部程序，乡镇和街道执法部门不应对其简单化处理，在本地没有相应规定的情况下，建议保证半数以上负责人参加，而且分管负责人要参加。同时，有关业务人员应当列席，分别汇报与案件有关的相关情况。

## ☞ 案例　南方医院诉梁溪区卫健委、无锡市卫健委行政处罚案[1]

南方医院未取得医疗机构执业许可证，2009年3月16日至2017年8月承包广益中心的妇科门诊，以广益中心的名义对外开展诊疗活动，梁溪区卫计局（现为梁溪区卫健委）于2月8日作出梁卫医罚〔2018〕004号《行政处罚决定书》，决定没收南方医院非法所得455.7487万元；没收梁卫医政保决〔2017〕028号《证据先行登记保存决定书》所登记保存的器械并罚款8600元。南方医院不服，提起诉讼。

本案经历了一审、二审、再审，案件的争议焦点之一是行政处罚程序是否合法。南方医院认为，梁溪区卫计局在作出处罚决定前，仅由其内设的卫生监督所进行了集体讨论，参与讨论的人员无一属于梁溪区卫计局的负责人，因此，梁溪区卫计局作出的处罚程序重大违法，无锡市卫计委（现为无锡市卫健委）作出的复议决定对于如此明显的程序违法视而不见，属严重程序违法，法院应撤销相关行政行为。

再审法院认为，本案中，梁溪区卫健委申请延期的理由是“案件特别复杂、疑难”，故按照上述规定，涉案行政处罚应经过行政机关负责人集体讨论通过。梁溪区卫健委在二审中的答辩意见认为，梁溪区卫健委委托梁溪区卫生监督所在辖区内开展行政执法活动，涉案行政处罚已经梁溪区卫生监督所进行了集体讨论并将集体讨论意见汇报至梁溪区卫健委，梁溪区卫健委已经过集体讨论并通过了对南方医院的行政处罚决定。对于该主张，首先，梁溪区卫健委未提供证据证明涉案行政处罚已经过梁溪区卫健委集

〔1〕 最高人民法院：《最高人民法院2014年6月23日公布五起典型案例》，载最高人民法院官网2015年2月6日，https://www.court.gov.cn/zixun/xiangqing/13334.html。

体讨论；其次，对于法律明确规定需由行政机关负责人集体讨论决定的事项，梁溪区卫生监督所的集体讨论不能替代梁溪区卫健委的集体讨论。综上，可以认定涉案行政处罚决定未经过行政机关负责人集体讨论决定，违反法定程序，无锡市卫健委和原审判决对该项事实的认定错误，应予撤销。鉴于涉案行政处罚在违法事实认定及量罚上并无不当，该程序违法未对南方医院的权利产生实际影响，故判决确认梁溪区卫健委作出的《行政处罚决定书》违法。

### （三）集体讨论的形式

关于集体讨论的流程、形式，特别是形式，《行政处罚法》没有明确规定，但是从集体讨论制度的初衷和《行政处罚法》的立法要旨，结合部门规章、地方政府规章和司法判例看，一般要求以会议的形式进行，不得以“会签”形式进行，且需要相应文书予以真实、全面、准确记录，不得以会议纪要形式代替集体讨论记录。

例如，最高人民法院 2014 年 6 月 23 日公布的五起典型案例的第四起——郭德胜诉河南省卫辉市国土资源局行政处罚案的“典型意义”中称：“以上规定确立了行政处罚程序中的行政机关负责人集体讨论制度，即在对情节复杂或重大违法行为进行较重处罚前，行政机关的负责人通过党组会、联席会议、首长办公会等形式进行集体研究，再作出行政处罚决定。”

在叠彩肉联公司诉桂林市自然资源局行政处罚案中，法院认定，行政机关集体讨论不必拘泥于讨论的形式，会审也属于集体讨论的一种形式，本案行政处罚经过会审，可视为经过集体讨论。[1]

---

〔1〕 参见广西壮族自治区高级人民法院行政裁定书，(2020)桂行申 704 号。

在厦门市自然资源和规划局、鑫海源工贸公司资源行政复议案中，二审法院认为，原审法院关于会签形式不属于行政机关负责人集体讨论决定程序的认定，没有相关法律依据，二审法院予以指正。[1]

在蔡某通诉中国渔政厦门市支队渔业行政处罚案中，法院认为，该程序强调集体讨论、集体决定，不应异化为简单的行政机关相关人员依次签署（会签）。被告的《案件处理意见书》属于行政处罚实践中典型的处罚意见审批表格，不能证明、体现上述行政机关负责人集体讨论、集体决定的过程。[2]

在张某诉黄石市西塞山区农业农村局不服林业行政处罚案中，法院认为，无论是“审批”还是“认可”都不能等同于“讨论”，法律要求“集体讨论”表明其对重大复杂行政处罚案件的处理持极为慎重态度，要求行政机关负责人对认定违法事实的证据、处罚的法律依据及其办案程序能够详尽了解，认真审核、充分讨论后发表意见，以保证处罚决定的正确有效。[3]

## 三、法制审核

《行政处罚法》第 58 条规定：“有下列情形之一，在行政机关负责人作出行政处罚的决定之前，应当由从事行政处罚决定法制审核的人员进行法制审核；未经法制审核或者审核未通过的，不得作出决定：（一）涉及重大公共利益的；（二）直接关系当事人或者第三人重大权益，经过听证程序的；（三）案件情况疑难复杂、涉及多个法律关系的；（四）法律、法规规定应当进行法制审核的其他情形。行政机关中初次从事行政处

〔1〕参见福建省高级人民法院行政判决书，(2020)闽行终 273 号。
〔2〕参见福建省厦门海事法院行政判决书，(2019)闽 72 行初 14 号。
〔3〕参见湖北省黄石市西塞山区人民法院行政判决书，(2020)鄂 0203 行初 17 号。

罚决定法制审核的人员，应当通过国家统一法律职业资格考试取得法律职业资格。”

（一）法制审核主体

1. 法制审核机构

国务院办公厅《关于全面推行行政执法公示制度执法全过程记录制度重大执法决定法制审核制度的指导意见》第 11 条“明确审核机构”中要求，“原则上各级行政执法机关的法制审核人员不少于本单位执法人员总数的 5%。要充分发挥法律顾问、公职律师在法制审核工作中的作用，特别是针对基层存在的法制审核专业人员数量不足、分布不均等问题，探索建立健全本系统内法律顾问、公职律师统筹调用机制，实现法律专业人才资源共享。”

2. 法制审核人员

《行政处罚法》第 58 条第 2 款规定：“行政机关中初次从事行政处罚决定法制审核的人员，应当通过国家统一法律职业资格考试取得法律职业资格。”根据该条规定，初次从事行政处罚决定审核的人员应当具备法律职业资格。

关于如何认定“初次”。2017 年，全国人大常委会修改了《行政处罚法》，增加了第 38 条第 3 款，规定：“在行政机关负责人作出决定之前，应当由从事行政处罚决定审核的人员进行审核。行政机关中初次从事行政处罚决定审核的人员，应当通过国家统一法律职业资格考试取得法律职业资格。”该修改决定自 2018 年 1 月 1 日起实施。在 2018 年 1 月 1 日之前已经在行政机关法制机构从事法制审核的人员，法律未规定应当取得法律职业资格，可以继续从事，即“老人老办法”。在 2018 年 1 月 1 日之后初次从事法制审核的人员，应当具备法律职业资格，即“新人新办法”。

### ☞案例　毛某诉韶山市自然资源局行政处罚案[1]

2019年7月17日，韶山市自然资源局以毛某未经批准在涉案地块上建房的行为违法，对毛某作出韶自然资执罚〔2019〕12号《行政处罚决定书》，责令毛某退还非法占用的土地给韶山，限期15日内拆除非法占用204.09平方米土地上新建的建（构）筑物。毛某不服，向湖南省湘潭市雨湖区人民法院提起诉讼，一审法院判决驳回毛某的诉讼请求。毛某不服，向湖南省湘潭市中级人民法院提起上诉，二审法院判决如下：(1)撤销湖南省湘潭市雨湖区人民法院（2020）湘0302行初21号行政判决；(2)撤销被上诉人韶山市自然资源局作出的韶自然资执罚〔2019〕12号《行政处罚决定书》。

本案争议焦点之一是行政处罚程序是否合法，毛某认为，被上诉人在行政处罚案件中进行案件审核时，是由该局法规股长汤某进行审核的，而汤某系初次从事行政处罚决定审核人员，没有通过国家统一司法考试取得法律职业资格，被上诉人作出的行政处罚决定违反了法律规定。

二审法院认为，在行政机关负责人作出决定之前，应当由从事行政处罚决定审核的人员进行审核。行政机关中初次从事行政处罚决定审核的人员，应当通过国家统一法律职业资格考试取得法律职业资格。本案中，行政机关从事法制审核的人员系初次从事行政处罚决定法制审核的人员，且未通过国家统一法律职业资格考试取得法律职业资格，不具有对行政处罚决定法制审核的资格，故行政机关作出的涉案行政处罚决定违反法定程序。

---

〔1〕 参见湖南省湘潭市中级人民法院行政判决书，（2020）湘03行终125号。

### （二）法制审核范围

对法制审核的范围，《行政处罚法》第58条规定了四种情形：一是涉及重大公共利益的；二是直接关系当事人或者第三人重大权益，经过听证程序的；三是案件情况疑难复杂、涉及多个法律关系的；四是法律、法规规定应当进行法制审核的其他情形。

不同地区根据《行政处罚法》的规定，也对适用法制审核的情形进行了规定，例如，《河北省重大行政执法决定法制审核办法》第2条第2款规定："本办法所称重大行政执法决定，是指具有下列情形之一的行政处罚、行政许可、行政强制、行政征收征用等决定：（一）涉及重大公共利益的；（二）可能造成重大影响或者引发社会风险的；（三）直接关系行政相对人或者第三人重大权益的；（四）需经听证程序作出的；（五）案件情况疑难复杂，涉及多个法律关系的；（六）法律、法规、规章规定的其他情形。"

实践中，有的部门法制审核的范围很广，如公安部门的做法一般是对除简易程序以外的行政处罚都要进行法制审核，这源于公安有比较健全的高素质法制审核队伍。有的地区规定对适用一般程序的行政处罚决定均要进行法制审核，如《重庆市全面推行行政执法公示制度执法全过程记录制度重大执法决定法制审核制度实施方案》第9项明确规定"对适用一般程序的行政处罚决定都要进行法制审核"。乡镇和街道综合执法部门应当依据《行政处罚法》第58条规定的四种情形，结合执法实践、客观实际判断是否应当进行法制审核，一般来说，凡是符合听证情形的均要进行法制审核，在办案中定性量罚存在较大争议、引发舆情、群众关注度高等的案件也要法制审核。

### （三）法制审核的内容

国务院办公厅《关于全面推行行政执法公示制度执法全过程记录

制度重大执法决定法制审核制度的指导意见》第 13 条规定“明确审核内容。要严格审核行政执法主体是否合法，行政执法人员是否具备执法资格；行政执法程序是否合法；案件事实是否清楚，证据是否合法充分；适用法律、法规、规章是否准确，裁量基准运用是否适当；执法是否超越执法机关法定权限；行政执法文书是否完备、规范；违法行为是否涉嫌犯罪、需要移送司法机关等”。

1. 审核行政执法主体和执法权限是否合法

要遵循职权法定原则，审查实施主体是否具有行政处罚主体资格，案件是否属于本行政机关管辖的职责范围，特别注意审查行政机关是否超越法定职权，是否滥用职权作出行政处罚。根据《行政处罚法》第 38 条第 1 款的规定，实施主体不具有行政处罚主体资格的，行政处罚无效。同时要审核是否符合“违法行为发生地”的管辖要求。如果是指定管辖的，审核是否有书面的指定管辖意见。移送管辖的案件，审核是否符合有关标准和程序。

2. 审查执法对象是否正确精准

重点是审核行政处罚的对象是否精准，确保行政处罚的对象是违法行为人，避免错罚。审核当事人是否具有行政行为能力和责任能力，是否为未成年人或精神病人。审核细节，如审核当事人的名称书写是否规范（自然人应以身份证为准，法人和其他组织以营业执照为准），是否存在笔误导致同一当事人名称前后不一致，有字号的个体工商户是否在相应文书的“姓名”一栏没有填写为字号而是填写为自然人的姓名。

**案例　陈某善诉龙岩高速公路支队一大队公路交通行政处罚案**[1]

2018 年 10 月 17 日，龙岩高速公路执法支队一大队作出闽

〔1〕 参见福建省龙岩市中级人民法院行政判决书，(2019) 闽 08 行终 152 号。

岩——高交执〔2018〕罚字第3055号《行政处罚决定书》，查明：2018年9月13日16时28分，陈某宝驾驶闽F ××××× 五菱牌轻型厢式货车（该货车属于陈某善所有）运载37瓶无缝液化气瓶（其中3瓶50千克瓶为空瓶、8瓶13.5千克瓶为实瓶、25瓶13.5千克瓶为空瓶）从和溪运前往龙岩。驾驶员陈某宝当场无法提供道路运输证和其他有效证明。龙岩高速公路执法支队一大队认定陈某善的行为违反了《道路危险货物运输管理规定》第57条第1项[1]的规定，属于未取得道路危险货物运输许可，擅自从事道路危险货物运输的违法行为。决定对陈某善处以罚款3万元。该案经历了一审、二审，二审法院福建省龙岩市中级人民法院判决撤销一审判决，撤销闽岩——高交执〔2018〕罚字第3055号《行政处罚决定书》。

该案争议焦点之一是处罚对象是车辆所有人还是实际驾驶者。二审法院认为，从《道路危险货物运输管理规定》第57条第1款"违反本规定，有下列情形之一的，由县级以上道路运输管理机构责令停止运输经营，有违法所得的，没收违法所得，处违法所得2倍以上10倍以下的罚款；没有违法所得或者违法所得不足2万元的，处3万元以上10万元以下的罚款；构成犯罪的，依法追究刑事责任：（一）未取得道路危险货物运输许可，擅自从事道路危险货物运输的……"规定的含义来看，处罚的对象应当是实际行为人的违法行为。本案被处罚的对象应为实际行为人，即实际驾驶该车辆运输液化气瓶的陈某宝，而不应是登记车主陈某善，被诉行政行为处罚对象错误从而导致事实不清，二审判决撤销一审判决，撤销执法机关作出的行政处罚决定。

〔1〕 本案中适用的是2016年《道路危险货物运输管理规定》，相关规定参见2023年《道路危险货物运输管理规定》第55条第1项。

3. 审核案件事实是否清楚，证据是否合法、充分、确凿

在案件事实方面，要审核违法事实是否精准明晰，违法行为过程是否完全符合“七何”（何事、何时、何地、何情、何故、何物、何人）的要求，涉案物品数量、货值、非法所得等数据是否计算正确等。在证据审核方面，要从证据的真实性、合法性、关联性入手，审查证据是否确凿充分，判断是否可以精准证明案件的实体性事实和程序性事实，是否形成完整的证据链。

4. 审核适用法律、法规、规章是否准确

主要关注违法行为定性适用和处罚依据的法律、法规、规章是否准确，要根据违法行为的构成要件，审查违法事实与依据的法律、法规、规章是否一致，适用的法律、法规、规章是否有效，是否适用上位法，引用的法律、法规、规章的条、款、项、目是否明确等。

实践中常见的适法错误的情形有如下几种：（1）应适用 A 法律或法条，却适用了 B 法律或法条；（2）应适用上位法的规定但适用了下位法的规定，应适用特别法的规定但适用了一般法的规定，如应适用法律、法规、规章，却适用了规范性文件甚至内部文件、批复等；（3）适用的法律已经失效或者尚未实施；（4）违反法律适用规则；（5）违反法律溯及力规定等。

笔者在实务工作中曾经遇到这样一个案例：赵某经营儿童用品店，为扩大影响，为自己的店起名“某某儿童用品公司”，实际上其并未依法取得执照。此种情况下，应该适用什么法律规定？如果此案简单适用《无证无照经营查处办法》第 13 条的规定，即为适用法律错误。《无证无照经营查处办法》第 13 条规定：“从事无照经营的，由工商行政管理部门依照相关法律、行政法规的规定予以处罚。法律、行政法规对无照经营的处罚没有明确规定的，由工商行政管理部门责令停止违法行为，没收违法所得，并处 1 万元以下的罚款。”该规定明确了无证无照

经营行为适用法律的顺序，即应当首先适用“相关法律、行政法规的规定”，在“法律、行政法规对无照经营的处罚没有明确规定的”时，才能适用该法第 13 条。而上述案例中的行为虽然属于无证无照经营行为，但是如果准确界定该行为，则属于“冒用公司名义”的违法行为，该行为在《公司法》中有明确的定性规定和罚则，即《公司法》第 29 条第 1 款和《公司法》第 259 条。《公司法》第 29 条第 1 款规定：“设立公司，应当依法向公司登记机关申请设立登记。”《公司法》第 259 条规定：“未依法登记为有限责任公司或者股份有限公司，而冒用有限责任公司或者股份有限公司名义的，或者未依法登记为有限责任公司或者股份有限公司的分公司，而冒用有限责任公司或者股份有限公司的分公司名义的，由公司登记机关责令改正或者予以取缔，可以并处十万元以下的罚款。”据此，在上述案例中，正确适用法律的话，应当是定性依据为《公司法》第 29 条第 1 款，处罚依据为《公司法》第 259 条。

5. 审核裁量基准运用是否适当

审核量罚是否按法律、法规、规章规定的罚则（种类、幅度）进行，有无扩大、提高、降低、漏处或自立罚种现象，适用相关裁量权规则是否准确，从重、从轻、减轻或不处罚是否有事实和证明依据。

6. 审核执法程序是否合法

对行政检查、立案、调查取证、事先告知、听取陈述申辩、听证等程序开展全流程的审核，特别注意审核执法人员的行为是否符合法律、法规、规章要求的“规范动作”，如执法人员是否具有执法资格，有无向当事人表明身份，出示执法证件，告知当事人的权利、义务，收集调取证据的方式是否合法，是否履行事先告知义务，是否认真听取、有效复核当事人陈述申辩意见，执法行为是否符合时限要求，采取先行登记保存、查封扣押或抽样取证时是否经负责人审批或事后补办手续等。

此外，还需审核行政执法文书是否完备、规范，审核违法行为是否涉嫌犯罪、是否需要移送司法机关。

### （四）法制审核的方法

在法制审核实务中，公安、市场监管等专业领域执法部门积累了很多经验，总结了一些可资借鉴的法制审核办法，如市场监管领域的“法制审核七步法”，对执法实践有较强的指导意义，笔者在此梳理了“法制审核七步法”的操作办法，供执法人员学习借鉴。

第一步，寻找处罚基础规范。操作方法是通过查看调查终结报告呈现的案由、事实、适法、处理依据初步判断涉及的法律法规，进而明确案件处罚依据的实体法规范。

第二步，分解基础规范要件。通过分析处罚基础规范，分析违法行为构成要件，即主体、行为、方式、数额、对象等构成违法的标准。

第三步，确定“谁”处罚“谁”。确定第一个“谁”，即审查本部门是否有管辖权，通常来说可直接查阅比对处罚事项清单。确定第二个“谁”，即审查当事人的情况是否基本清楚，核对主体名称、统一社会信用代码号、成立日期、法定代表人等信息，确保当事人基本情况清楚。

第四步，分析案件事实、证据、程序三个案件要件。通过审查证据是否达到定案的标准，确定主要证据是否均依照法定程序收集，取证来源是否真实、合法，证据能否与事实相互印证。同时，要从内部程序（案源、立案时限、审批等）和外部程序（与当事人相关的程序，如文书送达、行政强制措施、听取陈述申辩等程序）两个方面来判断案件的行政执法程序是否正当。

第五步，审查法律适用情况。对照基础规范要件与案件要件，确定案件适法、依据的合法性，主要审核定性依据和处罚依据是否准确。

第六步，审查裁量是否适当。重点考虑两个因素：（1）是否依法裁量，即审核人员通过比对“自由裁量权规范”和“案件裁量相关事实”

来判断行政处罚是否做到了依法裁量；（2）是否遵循先例，参照办案机构以前处罚的案例的裁量幅度标准，确保相对公平。

第七步，“跳”出案件看案件处理意见。即分别从当事人和负责人视角来看处罚是否公正、合理，案件风险是否管控得当。从当事人视角来看，判断案件的处罚是否符合了大众朴素的正义观，是否符合过罚相当原则；从负责人视角来看，判断案件风险是否管控得当。[1]

### （五）法制审核的结论

法制审核人员应当根据审核情况提出同意或者不同意的审核意见。行政机关应当根据审核意见作出是否作出行政处罚决定的决定。如果法制审核人员提出不同意的审核意见，行政机关应当予以纠正或者撤销行政处罚决定。

例如，《河北省重大行政执法决定法制审核办法》第15条的规定：“法制审核机构完成法制审核后，应当区别情况，提出以下书面审核意见：（一）符合下列情形的，提出同意的意见：1. 行政执法主体合法；2. 行政执法人员具备执法资格；3. 未超越本机关法定权限；4. 事实认定清楚；5. 证据合法充分；6. 适用法律、法规、规章准确；7. 适用裁量基准适当；8. 程序合法；9. 行政执法文书完备、规范。（二）有下列情形之一的，提出改正的意见：1. 事实认定、证据和程序有瑕疵；2. 适用法律、法规、规章错误；3. 适用裁量基准不当；4. 行政执法文书不规范。（三）有下列情形之一的，提出重新调查、补充调查或者不予作出行政执法决定的意见：1. 行政执法主体不合法；2. 行政执法人员不具备执法资格；3. 事实认定不清；4. 主要证据不足；5. 违反法定程序。（四）超越本机关法定权限或者涉嫌犯罪的，提出移送的意见。（五）其他意见或者建议。

---

〔1〕 参见蒋雪芳：《案例精解！如何用七步法实现法制审核！》，载微信公众号“市场监管半月沙龙”2022年8月23日，https://mp.weixin.qq.com/s/AbNDZ_hlhqgkxx9wc79Upg。

法制审核意见应当经法制审核机构负责人签字。”

## 四、审查决定的常见实务问题

### （一）听证、法制审核、集体讨论的顺序

1. 法制审核应当在听证之后

听证程序是听取当事人意见，保障当事人行使陈述、申辩权的一个重要程序。根据前文所述的法律规定，法制审核应当对行政处罚的全部要件进行合法性的审核，因此法制审核应当在保障当事人的陈述、申辩权之后进行。另外，结合《行政处罚法》第 58 条第 1 款第 2 项之规定，经过听证程序的应当进行法制审核，从法条表述的逻辑看，法制审核程序应当在听证程序之后。

2. 集体讨论应当在听证之后

《行政处罚法》第 65 条规定：“听证结束后，行政机关应当根据听证笔录，依照本法第五十七条的规定，作出决定。”《行政处罚法》第 57 条是关于根据不同情况分别作出决定的规定，其中第 2 款规定：“对情节复杂或者重大违法行为给予行政处罚，行政机关负责人应当集体讨论决定。”通过分析上述逻辑可以得出：应当先听证，听证结束后按照《行政处罚法》第 57 条作出决定，包括按照第 57 条第 2 款的规定，对符合条件的案件进行集体讨论，最终作出决定。《行政处罚法》第 65 条的规定实质上是对听证程序集体讨论的时机的进一步规范明示。因此，行政机关不应在听证之前开展集体讨论。实务中，行政机关通常有听证前或听证后开展集体讨论的做法，实际上此处所称集体讨论并非对行政处罚最终决定的讨论，而是对拟作出行政处罚决定的讨论。

听证前集体讨论具有一定执法风险，不少法院认为陈述申辩、听证

前进行集体讨论属于程序违法。理由是，听证程序实质上是普通程序中采用特定的方式听取当事人陈述、申辩意见的程序。如果在听证程序前由行政机关集体讨论决定处罚，属于“先定后审”，即以集体讨论、内部商议等形式确立行政处罚的最后内容与处罚幅度，然后才听取当事人的陈述申辩意见或者组织听证，这将造成听证程序形同虚设，损害了听证程序的价值。

3. 法制审核应当在集体讨论之前

《行政处罚法》第 57 条第 2 款规定：“对情节复杂或者重大违法行为给予行政处罚，行政机关负责人应当集体讨论决定。”也就是说，行政机关负责人要通过集体讨论作出行政处罚决定，集体讨论是“作出”行政处罚决定的程序，强调的是“作出”。而《行政处罚法》第 58 条规定，“在行政机关负责人作出行政处罚的决定之前，应当由从事行政处罚决定法制审核的人员进行法制审核”。法制审核是对行政处罚全部要件进行审核的程序，强调的是在作出行政处罚“之前”，而非作出决定的程序。所以法制审核应当在集体讨论作出决定之前，以便行政机关负责人在进行集体讨论时可以参考法制审核意见。有的政府规章对法制审核和集体讨论的顺序进行了明确的规定，例如，《河北省重大行政执法决定法制审核办法》第 11 条规定：“行政执法机关的执法承办机构在案件调查或者审查结束后，拟作出重大行政执法决定的，应当先送本机关法制审核机构进行法制审核，经法制审核后，报请本机关负责人或者集体讨论决定。”

综上所述，关于听证、法制审核、集体讨论的顺序问题，执法实践中，为最大限度复核程序正义，减少执法风险，应当沿着听证、法制审核、集体讨论的顺序进行。如果法制审核的时间是在听证程序之前或集体讨论之后，或者集体讨论后再进行听证，均不符合程序要求，违反法定程序。

### （二）法制审核人员能否担任听证主持人

根据《行政处罚法》第 64 条的规定，听证由行政机关指定的非本案调查人员主持。法制审核机构的人员一般来说不是案件的调查人员，独立于调查机构，可以担任听证主持人。另外，在部分省、直辖市出台的行政处罚听证程序性规定中，对听证主持人的规定为机关内部的非案件调查人员，一般由法制机构人员或专职法制人员担任。例如，《上海市行政处罚听证程序规定》第 8 条规定："听证主持人由行政机关负责人指定本机关内部的非本案调查人员担任。听证主持人一般由本机关法制机构人员或者专职法制人员担任。"实践中，主要把握好"非本案调查人员"这个核心要素即可。

### （三）法制审核人员能否参加集体讨论

《行政处罚法》第 57 条第 2 款规定行政机关负责人应当集体讨论决定，但并未明确规定禁止法制审核人员参加。执法实践中，除了行政机关负责人外，案件调查人员、法制审核人员一般也会列席集体讨论会议。法制审核人员及案件调查人员列席集体讨论会议，可以向行政机关负责人在集体讨论前对案件的调查情况、存在的问题及争议焦点、法制审核情况等做出说明、回答行政负责人的问题，然后由参与讨论决定的行政机关负责人进行讨论，对需要作出决定的事项发表意见并进行表决投票，列席人员不能参与处罚决定的表决投票。

# 第八章　制作说理式行政处罚决定书

## 一、行政处罚决定书的主要内容

关于行政处罚决定书的主要内容,《行政处罚法》第 59 条规定:“行政机关依照本法第五十七条的规定给予行政处罚,应当制作行政处罚决定书。行政处罚决定书应当载明下列事项:(一)当事人的姓名或者名称、地址;(二)违反法律、法规、规章的事实和证据;(三)行政处罚的种类和依据;(四)行政处罚的履行方式和期限;(五)申请行政复议、提起行政诉讼的途径和期限;(六)作出行政处罚决定的行政机关名称和作出决定的日期。行政处罚决定书必须盖有作出行政处罚决定的行政机关的印章。”

不同执法领域或地区对行政处罚决定书的内容要求也作了相应的规定,如《农业行政执法文书制作规范》第 62 条、《市场监督管理行政处罚文书格式范本使用指南》关于“行政处罚决定书”的部分、《河北省行政处罚案卷标准(2022 年版)》第 71 条,《上海市城市管理综合行政执法行政处罚文书样式》“行政处罚决定书制作指南”部分等。

执法人员要认真学习《行政处罚法》第 59 条,本区域或执法领域有关执法文书制作的有关规定,依照有关规定制作行政处罚决定书,特别是可以学习借鉴那些规定更加详尽的有关规范，提高行政处罚决定书的质量。具体而言，行政处罚决定书的内容主要包括以下九个部分。

（一）当事人基本情况

主要指当事人的姓名或者名称、地址等基本情况。当事人有主体资格证照的，按照当事人主体资格证照记载事项填写主体资格证照名称、统一社会信用代码、住所（住址）、法定代表人（负责人）等信息。当事人是个体工商户且有字号的，以字号名称为当事人名称，同时填写经营者姓名、身份证件号码。当事人主体资格证照未加载统一社会信用代码的，填写当事人主体资格证照名称及号码。当事人是个人的，按照居民身份证记载事项填写姓名、住址及居民身份证号码等信息。如无居民身份证，填写其他有效身份证件名称及号码。

（二）案件来源和调查经过

可以写明案件线索来源、核查及立案的时间，以及采取的先行登记保存、行政强制措施、现场检查、抽样取证等案件调查情况。对于基层常见的简单案例，从提高行政效率的角度出发，案件来源和调查经过可以略写，但是对于重大复杂的案件，从提高文书说理性的角度出发，应当尽量将调查经过和采取的调查取证手段简明扼要地记叙清楚，从而保障当事人知情权、参与权，尽可能实现案结事了。

（三）违法事实

案件事实需表述清楚，包括违法行为的时间、地点、目的、手段、情节、违法所得、危害结果、主观过错等。要客观真实，所描述的事实必须得到相关证据的支持，内容全面、重点突出。

（四）相关证据及证明事项

要将认定案件事实所依据的证据列举清楚，所列举的证据要符合证据的基本要素，根据证据规则应当能够认定案件事实。必要时可以将证据与所证明的事实对应列明。

（五）事先告知情况

叙述行政处罚告知的送达情况，当事人陈述、申辩的内容。经过听证的案件，还需写明听证意见，对当事人陈述、申辩、听证意见的复核情况以及采纳或者不予采纳的理由。

（六）违法行为性质及定性、处罚依据

要准确认定违法行为的性质，列明定性依据，定性依据即违法行为所直接违反的法律、法规、规章的规定，它既是判定行为是否违法的依据，也是判定构成何种违法行为的依据。处罚依据即决定处罚的内容（处罚种类、幅度等）所依据的法律、法规、规章规定。在表述定性依据和处罚依据时，应当写明所依据的具体条款和内容。

（七）自由裁量的事实和理由

从违法行为的具体事实、性质、情节、社会危害程度、主观过错以及公平公正要求等方面，对行政处罚自由裁量的依据和理由加以表述，阐明对当事人从重、从轻、减轻处罚的情形。

（八）行政处罚的内容

行政处罚的内容包括对当事人给予处罚的种类和幅度，有多项的应当分项写明。责令改正不属于行政处罚，不列入行政处罚内容中，可以在行政处罚内容前表述，规范表述为“根据……，责令当事人改正违法行为，并作出行政处罚如下：……”

（九）其他

通常为执法文书参考样式或模板上无须改动或按需填写的部分内

容，如执行方式和期限，申请行政复议、提起行政诉讼的途径和期限，罚没许可证编号，作出行政处罚决定的行政机关名称和制作决定书的日期等。

## 二、规范制作行政处罚决定书的常见实务问题

尽管《行政处罚法》第 59 条和关于文书制作的相关规范对行政处罚决定书的制作要求进行了明确规定，但是执法实践中行政处罚决定书的制作仍然存在这样那样的小问题，本部分将梳理《行政处罚法》、有关文书制作的相关规定、其他有关规定的要求，结合执法实践中的易错点和重难点，形成规范制作行政处罚决定书的常见实务问题，供执法人员避免文书制作错误，减少实际执法风险。

### （一）其他规范性文件如何适用

#### 1. 行政处罚决定的依据

行政处罚决定的依据只能是法律、法规和规章，不能依据其他规范性文件。《行政处罚法》第 16 条规定："除法律、法规、规章外，其他规范性文件不得设定行政处罚。"《行政诉讼法》第 63 条规定："人民法院审理行政案件，以法律和行政法规、地方性法规为依据。地方性法规适用于本行政区域内发生的行政案件。人民法院审理民族自治地方的行政案件，并以该民族自治地方的自治条例和单行条例为依据。人民法院审理行政案件，参照规章。"由于其他规范性文件不具有处罚设定权，因此不能依据其作出行政处罚决定，在实践中可以参照适用，在文书表述上使用"参照"为宜。

#### 2. 引用其他规范性文件的正确做法

实施处罚的法律逻辑结构是"某行为违反了法律、法规、规章的规

定，依照法律、法规、规章的规定进行处罚”，在这个结构中，不能出现规范性文件，常见错误是把规范性文件作为依据。

关于特殊情形下其他规范性文件对法律、法规、规章的规定进行了具体描述或细化，需要引用的问题，规范的表述是在定性分析中，通过引用该规范性文件论证该行为构成某项法律条款所指向的违法行为，进而证明行为违反了法律、法规、规章的规定，而不能直接认为该行为违反了规范性文件的规定。

例如，某蔬菜店在进货成本未发生变化的情况下大幅度提高销售价格，如果直接以《价格违法行为行政处罚规定》第 6 条第 1 款第 3 项“利用其他手段哄抬价格，推动商品价格过快、过高上涨的”定性，显然具体行为与法条之间存在文义差异，这时候就需要引用市场监管总局《关于查处哄抬价格违法行为的指导意见》（国市监竞争发〔2022〕60 号）第 1 条第 3 项“经营者有下列推动商品价格过快、过高上涨行为之一的，市场监管部门可以认定构成《价格违法行为行政处罚规定》第六条第三项规定的哄抬价格违法行为：……3. 在成本未明显增加时大幅度提高商品价格，或者成本虽有增加但商品价格上涨幅度明显高于成本增长幅度的；……”来论证其行为构成哄抬物价之违法行为。

需要注意的是，规范的表述应当是在定性分析中表述为：根据市场监管总局《关于查处哄抬价格违法行为的指导意见》（国市监竞争发〔2022〕60 号）第一条第三项“……”之规定，其行为构成《价格违法行为行政处罚规定》第六条第一款第三项“……”所称的哄抬物价行为。而错误的表述则是：该行为违反了《价格违法行为行政处罚规定》和市场监管总局《关于查处哄抬价格违法行为的指导意见》的规定，构成哄抬物价之违法行为。

### （二）关于法律文件名称的使用

（1）通常应当书写全称。行政处罚决定书引用法律文件时，应书写全称并加书名号，如《中华人民共和国食品安全法》。

（2）简称中不加书名号的使用。如果该法律文件需要在后文反复使用，可以在第一次使用时在全称之后加以括号标注（以下简称食品安全法），后文使用时直接以简称“食品安全法”表述即可，需要注意的是，使用简称时不需要加书名号。

（3）需要注意法律、法规、规章的前缀。执法实践中需要注意的是前缀的问题。全国人大及其常委会制定的法律和部分国务院制定的行政法规以“法”命名的大多会冠以“中华人民共和国”的前缀，而有些特殊情形不加前缀，如《反分裂国家法》。以“条例”命名的，有的没有前缀，如《娱乐场所管理条例》，有的有前缀，如《中华人民共和国市场主体登记管理条例》。有的规章也冠以“中华人民共和国”的前缀，如《中华人民共和国海关暂时进出境货物管理办法》。地方性法规必须加地方行政区划的前缀。

（4）要以发布时的标准法律文件名称为准。

### （三）关于使用法律文件的次序、处罚的转致和法律保留时的叙述

总的要求是，根据法律效力的位阶，法律有明确规定的，不要使用法规或规章；法规有明确规定的，不要使用规章。

#### 1. 按照法律规定的逻辑顺序依次叙述

对于法律规定处罚转致或另有规定（法律保留）的，应当按照法律规定的逻辑顺序即法律、法规、规章的顺序依次叙述。

例如，在山西省的某次食品监管行动中，张三的小食品经营店食品抽检不合格。由于《山西省食品小作坊小经营店小摊点管理条例》第41条明确规定了对小经营店违反《食品安全法》第34条的处罚，故该

份处罚决定书中的规范叙述应为:(张某的小食品经营店的)"行为违反了《中华人民共和国食品安全法》第三十四条第一款第十三项之规定,依照《中华人民共和国食品安全法》第一百二十七条和《山西省食品小作坊小经营店小摊点管理条例》第四十一条第二项之规定,决定处罚如下:……"需要注意的是,其违反项无须引用《山西省食品小作坊小经营店小摊点管理条例》第16条"食品小作坊、小经营店和小摊点从事生产经营活动,不得违反《中华人民共和国食品安全法》第三十四条的规定"之规定,即定性依据不是《山西省食品小作坊小经营店小摊点管理条例》,而是《中华人民共和国食品安全法》。

2. 直接适用该地方性法规的情况

地方性法规在法律之外作了新的规定,则无须引用相关法律,直接适用该地方法规即可。

3. 仅行政法规设定罚则的处理

如果法律仅规定了处罚种类,并没有规定具体罚则,而是通过行政法规设定具体罚则,如《价格法》第40条规定对没有违法所得的不当价格行为可以处以罚款,但没有规定具体罚款幅度;而《价格违法行为行政处罚规定》规定了罚款幅度。这时候就会出现行为违反了《价格法》的规定,但罚款数额依照《价格违法行为行政处罚规定》相关规定的情况,这种情形下,最好将《价格法》第40条与《价格违法行为行政处罚规定》相应条款一并作为处罚依据。

《价格法》第40条第1款规定:"经营者有本法第十四条所列行为之一的,责令改正,没收违法所得,可以并处违法所得五倍以下的罚款;没有违法所得的,予以警告,可以并处罚款;情节严重的,责令停业整顿,或者由工商行政管理机关吊销营业执照。有关法律对本法第十四条所列行为的处罚及处罚机关另有规定的,可以依照有关法律的规定执行。"需要注意的是,该条中涉及的《价格法》第14条规定了8项不正当价格行为。

《价格违法行为行政处罚规定》第 4 条规定："经营者违反价格法第十四条的规定，有下列行为之一的，责令改正，没收违法所得，并处违法所得 5 倍以下的罚款；没有违法所得的，处 10 万元以上 100 万元以下的罚款；情节严重的，责令停业整顿，或者由工商行政管理机关吊销营业执照：(一)除依法降价处理鲜活商品、季节性商品、积压商品等商品外，为了排挤竞争对手或者独占市场，以低于成本的价格倾销，扰乱正常的生产经营秩序，损害国家利益或者其他经营者的合法权益的；(二)提供相同商品或者服务，对具有同等交易条件的其他经营者实行价格歧视的。"

4. 规章设定的处罚转致到法律的处理

实践中还有一种情况，是规章设定的处罚转致到了法律上，如《侵害消费者权益行为处罚办法》的第 5~13 条的规定有些是重复了《消费者权益保护法》《产品质量法》的规定，有些则是在这些法律规范之外设定了新的禁则，由于《侵害消费者权益行为处罚办法》的处罚设定同时兼有法律保留和处罚转致，所以正确的方法是其他法律法规有明确规定的，无须使用此规章，直接适用法律法规处理即可；其他法律法规没有规定的，适用此规章，在处罚时将此规章及其他法律法规一并作为处罚依据，例如，叙述为"依照《侵害消费者权益行为处罚办法》第十四条和《消费者权益保护法》第五十六条规定，决定处罚如下：……"

《侵害消费者权益行为处罚办法》第 14 条规定："经营者有本办法第五条至第十一条规定的情形之一，其他法律、法规有规定的，依照法律、法规的规定执行；法律、法规未作规定的，由市场监督管理部门依照《消费者权益保护法》第五十六条予以处罚。"

《消费者权益保护法》第 56 条规定："经营者有下列情形之一，除承担相应的民事责任外，其他有关法律、法规对处罚机关和处罚方式有规定的，依照法律、法规的规定执行；法律、法规未作规定的，由工商行政管理部门或者其他有关行政部门责令改正，可以根据情节单处或者并处警告、没收违法所得、处以违法所得一倍以上十倍以下的罚款，没有违法所得的，处以五十万元以下的罚款；情节严重的，责令停业整顿、吊销营业执照：（一）提供的商品或者服务不符合保障人身、财产安全要求的；（二）在商品中掺杂、掺假，以假充真，以次充好，或者以不合格商品冒充合格商品的；（三）生产国家明令淘汰的商品或者销售失效、变质的商品的；（四）伪造商品的产地，伪造或者冒用他人的厂名、厂址，篡改生产日期，伪造或者冒用认证标志等质量标志的；（五）销售的商品应当检验、检疫而未检验、检疫或者伪造检验、检疫结果的；（六）对商品或者服务作虚假或者引人误解的宣传的；（七）拒绝或者拖延有关行政部门责令对缺陷商品或者服务采取停止销售、警示、召回、无害化处理、销毁、停止生产或者服务等措施的；（八）对消费者提出的修理、重作、更换、退货、补足商品数量、退还货款和服务费用或者赔偿损失的要求，故意拖延或者无理拒绝的；（九）侵害消费者人格尊严、侵犯消费者人身自由或者侵害消费者个人信息依法得到保护的权利的；（十）法律、法规规定的对损害消费者权益应当予以处罚的其他情形。经营者有前款规定情形的，除依照法律、法规规定予以处罚外，处罚机关应当记入信用档案，向社会公布。”

### （四）如何正确表述法律条文的条、款、项、目

最高人民法院在其发布的指导性案例的裁判要点中认为：“行政机关作出具体行政行为时未引用具体法律条款，且在诉讼中不能证明该具体行政行为符合法律的具体规定，应当视为该具体行政行为没有法律依据，适用法律错误。”[1]可见，行政处罚决定书中对法律条文引用必

〔1〕 宣懿成等诉浙江省衢州市国土资源局收回国有土地使用权案，最高人民法院指导案例41号。

须准确到条、款、项、目。

1. 条

“条”是组成法律法规的基本单位，均在法律规范中明确列举，如第一条、第二条等，很容易识别。条约数目的书写应使用中文数字，不能使用阿拉伯数字。

2. 款

“款”是“条”的组成部分，表现形式为“条”中的自然段，每个自然段为一款。款前均无数字，使用时不加括号。当一个法条仅有一款时，直接以条表述，忽略款的使用。一个法条有两款或者两款以上的，应当适用到款，如第三条第二款。需要引用多款的，并列使用，表述为“第×条第×款、第×款和第×款”。

3. 项

“项”是以列举的形式对“款”的说明，并冠以数字以对列举的内容进行排列。“项”以中文数字表示，不要加括号，如第八条第二款第三项。引用两项的，表述为“第×条第×项、第×项”。引用三项以上的，对连续的项表述为“第×项至第×项”，对不连续的项列出具体各项的序号，表述为“第×项、第×项和第×项”。

4. 目

“目”隶属于“项”，是以列举的形式对“项”内容的说明，是法律规范中最小的单位。“目”一般以阿拉伯数字表示，目前实行的法律规范中已经很少见到“目”的设置，可以忽略不计，但如果使用以前的老法应当注意这个问题。

5. 常见表述方式

实践中常见的表述方式为以下3种：(1)第×条第×款第×项；(2)第×条第×款第×项至第×项；(3)第×条第×款第×项、第×项、第×项。实践中还有一种情况，某个法条仅有一款，但该款下边列举了若干项，如《药品管理法》第 52 条规定："从事药品经营活动应当具备以下条件：（一）有依法经过资格认定的药师或者其他药学技术人员；（二）有与所经营药品相适应的营业场所、设备、仓储设施和卫生环境；（三）有与所经营药品相适应的质量管理机构或者人员；（四）有保证药品质量的规章制度，并符合国务院药品监督管理部门依据本法制定的药品经营质量管理规范要求。"以第三项为例，规范表述为"第五十二条第三项"，不再使用"款"的称谓。

（五）是否应当引用法律条款全文

完整引用法律条文，是制作一份完整的行政处罚决定书必不可少的要求，但由于有些法律条文过于冗长，全文照搬会破坏处罚文书的整体结构，致使事实和说理的重点不够突出，降低可阅读性。如果法律条文比较简洁，直接引用即可；如果条文复杂，篇幅较长，或需要引用的条文过多，可在行政处罚决定书中仅准确叙述法律条文的条、款、项，相应法律条文内容应当单独摘录，作为行政处罚决定书的附件，共同构成一份完整的行政处罚决定书。

（六）是否需要标注法律文件颁布时间

引用现行有效的法律文件无须标明法律文件的颁布时间。引用修订前的版本或废止前的法律文件，需要特别注明制定颁布机关和时间。以特别文件对个别法律条文进行修正的，使用修正后的条文，无须标明；如果引用修正前的条文，则需特别注明。

（七）"依据""根据""依照"的使用

在行政处罚决定书中，实施处罚的法律依据大致有"依据""根据""依照"三种表述形式，最常见的是"依据"。但全国人大常委会法工委《立法技术规范（试行）（一）》第 18.1 款规定："以法律法规作为依据的，一般用‘依照’。”因此，虽然行政处罚决定书中的法律依据的表述采用“依据”的较常见，但是最规范的应当是“依照”。

（八）裁量权的表述应当用“参照”

全国人大常委会法工委《立法技术规范（试行）（一）》第 18.3 款规定：“‘参照’一般用于没有直接纳入法律调整范围，但是又属于该范围逻辑内涵自然延伸的事项。”引用裁量权的依据时，标准用语是“参照”。

（九）“涉嫌”的使用

在行政处罚决定书中陈述案件来源、调查经过及采取行政强制措施的情况时，因为是对案件调查的过程进行描述，此时应当使用“涉嫌”一词。除此之外，行政处罚决定书其他地方不能使用“涉嫌”一词。例如，在陈述当事人违法事实时，归纳陈述的是行政机关已经调查认定的事实，此时就不能再使用“涉嫌”一词。又如，对当事人违法行为的定性中不得出现“当事人上述行为涉嫌违反了……”

（十）行政处罚决定书排版版面的要求

行政处罚决定书排版格式应当按照《党政机关公文格式》（GB/9704—2012）国家标准执行，主要内容如下：

（1）字体和字号设置。标题采用二号宋体字（加粗），居中设置。文号采用三号仿宋体（GB2312），数字采用阿拉伯数字，文种后不加“字”，编号前不加“第”，不编虚号，居中设置，如 ×× 市监处罚〔2021〕1 号。正文采用三号仿宋体（GB2312）。

（2）正文排版要求（有关数值可根据页面作微调）。页边距为上 3.7 厘米、下 3.5 厘米、左 2.8 厘米、右 2.6 厘米。段落首行缩进 2 字符，行距固定值 28 磅（如果按这个行距值设置，最后一页仅有落款和时间的，可以在 28~32 磅之间调整）。页码双面打印，页码格式设置为— 1 —、— 2 —、— 3 —，字体为宋体四号。

（3）发文机关落款与时间单页不可只有落款和日期，落款单位名称与正文空三行，靠右空两个字符。发文时间在落款机关名称下一行靠右排布，以发文机关落款居中为准。以阿拉伯数字标明年月日，如 2024 年 7 月 1 日。

（4）盖章。公章应当盖住发文机关名称，印章上沿距正文空一行，印章 2/3 压在空白处，下沿骑“年”盖“月”。

（5）装订。行政处罚决定书左侧装订，两枚订书针均匀分布，分别位于上下沿 1/4 处，距左侧纸边 3~5 毫米。

（6）行文规范。正确使用标点符号，不得引起歧义。使用法定计量单位，如质量用“千克”“克”、长度用“米”“厘米”、容量用“升”“毫升”等。时间表示上，表示某一时间点的应当采用阿拉伯数字，如 2024 年 7 月 1 日；表示期限的，应当使用大写数字，如十五日内、六十日内等。对当事人称谓为“当事人”，不得称“你（单位）”或“行政相对人”。罚款金额统一表述为：“罚款 ×× 元”；使用阿拉伯数字，小数点后留两位小数，不需要使用大写金额，也不需要使用“人民币”的币种说明；只有在直接没收外币时，才可表述为“没收 ××（币种）×× 元”。

### （十一）行文语言要求

行政处罚决定中叙述事实经过的语言应当简单明了，清楚明白。

#### 1. 简要说明经过、理由及结论

在案件来源及调查经过、陈述申辩、听证经过和结论时应当作适当总结，叙述简明扼要，重点突出，符合逻辑，语言规范。

2. 违法事实描述

描述违法事实要客观全面精准，从当事人、违法行为时间、地点、方式、社会危害等方面还原违法事实，且违法事实应系经证据予以证实的。如当事人于 ×× 时间，自 ×× 处购进 ×× 商品(详情)，在经营中，于 ×× 时间被查获，已售出 ××，剩余 ××，该商品……。

同时，如果案件中涉及的数额、金额、面积、违法所得、广告费等对违法事实的定性和量罚有影响，需要精准描述，如商品的品名、含量、生产日期、保质期、生产者等信息。另需注意的是，上述信息只在第一次出现时进行详细描述即可，下文中再次出现，可以用“案涉的 ×× 商品”进行代称，不必重复描述同一信息，否则将导致文字冗杂混乱、可读性差。

3. 综合分析，强化说理

在对当事人的违法行为进行定性和量罚时，不宜简单地罗列法条即得出结论，特别是对于重大复杂的案件，要比照相关法律、法规、规章关于某违法行为的构成要件，以及相关裁量规则的适用条件，从当事人法定义务、行为、情节、社会危害后果、整改情况等方面进行综合分析，得出定性和量罚结论，重在因果关系式说理，不宜采用“当事人违反了 ×× 法律的规定，构成 ×× 之违法行为”这种直接结论的方式。

## 三、对仅要求文书“合格”和增强说理性的取舍

### (一)基层行政处罚决定书存在的问题

《行政处罚法》第 59 条对行政处罚决定书的内容作了基本规定，不同执法领域或地区对行政处罚决定书的内容要求也作了相应的规定，乡镇和街道执法人员大体能依照有关规定制作一份合格的行政处罚决定书。

但是在实践中，一些基层执法人员制作的行政处罚决定书距离说理性行政处罚文书尚有差距，仍然存在很多问题，如事实叙述公式化，对违法事实的描述直接"套用"某个法条的内容，缺乏精准描述，内容空洞无物；证据列举形式化，只简单列举证据种类，缺乏对证明事项一一对应式的描述；定性量罚缺乏推理，只有定性量罚的结论性意见，缺乏逻辑推演，缺乏理由分析；对当事人回应不到位，特别是未采纳当事人陈述、申辩意见和听证意见时，未精准分析原因；等等。这些问题不利于当事人了解案件，不利于当事人更好地接受处罚决定，也不利于案结事了。

### （二）说理式文书制作的高要求和基层任务繁重之间的矛盾

乡镇政府和街道办事处最贴近群众，人少事多、权小责大，"上面千条线，底下一根针"，基层政府不仅要负责综合执法工作，还承担着经济发展、招商引资、社会治理、乡村振兴、应急环保、信访维稳、城乡建设等工作，任务繁重，从实际情况出发，在行政处罚决定书制作方面不宜过分追求完美，否则就是形式主义，增加基层负担。

### （三）如何应对：具体问题具体分析

为了解决说理式文书制作的高要求和基层任务繁重之间的矛盾，既保证文书的说理性，又不给基层带来过重的负担，就要秉持务实的工作作风，既要坚持严格规范公正文明执法，又要结合实践需要灵活变通。落实到制作说理性行政处罚决定书方面，就是要避免"一刀切"，乡镇和街道执法部门要结合案件的复杂情况、对当事人处罚的力度、社会影响程度、当事人的对立情绪等因素，酌情考虑是否追求一份"完美"的行政处罚决定书。

对于那些处罚不重、罚款数额较少，"熟人社会"中当事人积极配合，案件事实认定、法律适用争议不大的案件，建议制作文书时只需依据有关规定达到“合格”标准即可，没必要过分强调说理性，只要一般民众能看懂、能理解即可。

但是对于《行政处罚法》第 57 条、第 58 条规定的重大复杂案件，以及当事人较为抵触、对立情绪较严重的案件，建议执法人员特别注意说理，做到晓之以法、明之以理，从而增强文书的说理性，让当事人通过阅读行政处罚决定书，明确认识到行政处罚行为事实清楚、证据确凿、程序合法、定性准确、量罚合理，让当事人自觉接受处罚决定，切实起到《行政处罚法》第 6 条规定的“处罚与教育相结合”的效果，推动执法要求与执法形式相统一、执法效果与社会效果相统一。

## 四、如何增强行政处罚决定书的说理性

### （一）认定事实的事理

案件事实是作出行政处罚决定的基础，“事实胜于雄辩”，完整、准确、全面地描述经过证据证实的案件事实，是当事人了解和接受行政处罚决定的基础。在这里可以将案件事实分为三类事实，即违法事实、调查经过和相关证据，应当对这三类事实强化说理。

#### 1. 违法事实

违法事实的表述一般按照事件发生的时间顺序客观、全面、真实地反映案情，陈述当事人何时、何地、从事何种违法活动，涉案标的物的数量、金额、违法所得，从事违法活动的主观意图、采取的手段、造成的社会后果等，抓住重点，评述主要情节和因果关系。要尽量避免表述得过于简单，如对当事人违法事实仅以一句话概括为“当事人从事无证照经营行为”。

#### 2. 调查经过

如果当事人不能对已经作出的对其不利的处罚决定的过程有所了

解，不符合法治要求，让当事人了解行政机关的调查经过，也是对当事人进行说服教育、劝导示范的方式，因此要叙述案件的调查经过。一般要简明扼要地描述获取案源的方式、立案情况、执法人员、调查取证步骤和手段等方面的内容，包括责令停止违法行为、责令限期改正、证据先行登记保存、扣押和封存等内容。

3. 相关证据

从说理式执法的角度看，简单罗列证据种类而不讲清证明对象，不利于当事人对违法事实的信服。因此要通过“上述事实有以下证据证明”的方式，对认定违法事实的证据逐一列举，说明某一证据证明某一违法事项，并对证据的合法性、关联性、客观性进行分析论证，从而推导出违法事实，使阐明的事实确凿无疑、无可辩驳，达到相应案件类型必须具备的证明标准。

**范例**[1]

上述事实，主要有以下证据证明：

(1) 当事人营业执照、食品生产许可证及许可品种明细表、法定代表人陈 ×× 身份证复印件、当事人委托代理人李 ×× 身份证复印件、授权委托书各 1 份，证明当事人主体资格；

(2) 现场笔录 2 份、现场照片 6 张、标签标识照片 2 张，证明当事人生产现场及库存产品等情况；

(3) ×× 经营部营业执照、食品经营许可证复印件各 1 份、×× 经营部委托代理人秦 ×× 身份证复印件、授权委托书各 1 份，证明 ×× 经营部主体资格；

〔1〕 此处以 ×× 生产销售不符合食品安全标准桃酥案的行政处罚决定书的证据部分为例；参见国家市场监督管理总局法规司、江苏省市场监督管理局、南京市市场监督管理局编著：《市场监督管理行政处罚文书制作范例》，中国工商出版社 2021 年版，第 188~189 页。

（4）对李××的询问笔录4份，桃酥的工艺流程图、成品入库单、出厂检验报告、生产记录、销售记录、销售收据复印件各1份，生产销售情况说明1份，证明当事人生产上述桃酥的制作过程及入库、检验、销售、价格等事实；

（5）抽样记录、复检受理通知单各1份，检验报告2份，证明上述桃酥经过抽检和复检，两次检验结论均为不合格的事实；

（6）对秦××的询问笔录2份、××经营部退货单1张，证明当事人召回不合格桃酥的事实；

（7）召回计划、召回公告、退货收据、承诺书、不合格原因分析报告、整改措施报告各1份，证明当事人对不合格桃酥进行召回、退款、整改等事实。

（二）适用法律的法理

关于适用法律，除了要满足上文提及的形式要件，如引用的条款准确、引用全文等，还要注意进行说理。实践中最常见的表述是“某行为违反了某法条，依据某法条进行处罚”，对于一般案件，这样表述不存在问题，但是对于重大复杂案件或需要增强说理性的案件，不能简单地不加推理地适用法律，要在行政处罚决定书中进行逻辑推理，即结合具体个案案情事实，对照违法行为构成要件，对具体适用某一法律条款作为定性和处罚依据进行解释，做到认定的案件事实与法律条文规定的构成要件事实之间的吻合。

（三）自由裁量的情理

应结合个案的案情，在处罚种类和额度上，要有合乎情理的文字说明。引用相关法律规范或者自由裁量规则对当事人违法行为的具体情节、主观态度、悔过表现、整改情况、侵害结果，从轻或减轻、从重处罚的原因等方面进行具体分析，综合案件所有情节，作出既合乎法律又合乎情理的公正量罚，使作出的自由裁量有充分的理由。通过情理论述，体现人性化执法的理念，让执法既有力度又有温度，推动执法要求与执法形式相统一、执法效果与社会效果相统一。

（四）案件复核的道理

陈述、申辩或听证中提出意见的权利是当事人的重大程序权利，行政机关要充分保障，保障的方式主要体现在认真听取和复核。认真听取落实在行政处罚决定书制作上，要求行政机关在处罚决定中对当事人的陈述、申辩的观点和理由进行归纳梳理、分类记录、认真分析、详尽说明。认真复核落实在行政处罚决定书制作上，要求行政机关在处罚文书中有明确的采纳或不采纳的结论性意见，特别是对于不采纳当事人陈述、申辩意见的，不能简单表述为“理由不能成立”，而要进行充分说理，即援引相关法律规定，结合当事人的行为性质、违法事实、危害后果等情况，进行必要的法理分析，把道理说清说透，让当事人“心服口服”，从而最大限度实现案结事了，减少执法风险和执行阻力。

## 五、行政处罚决定书参考样式

不同执法领域或地区关于行政处罚决定书的参考样式不尽相同，实践中执法人员应依照本地区的相关规定，高质量制作行政处罚决定书。要注意说理式执法，制作说理性行政处罚决定书，特别是对于《行政处罚法》第 57 条第 2 款、第 58 条规定的重大复杂案件，以及当事人较为抵触、对立情绪较严重的案件，或者其他需要增强说理性的案件，更要在文书中强化说理因素。

## 参考样式一

# （行政处罚机关名称）
# 行政处罚决定书

______罚决〔　　〕号

当事人：____________________[1]

根据＿（案件来源）＿＿＿＿，本机关于______年_____月_____日对你（单位）____________________的行为予以立案调查。现已查明，你（单位）（陈述违法事实，列明违法行为发生的时间、地点、情节、构成要件、危害后果等内容）。本机关认为你（单位）的上述行为违反了《××法》第×条第×款第×项关于“……”的规定。有关事实有（列举证据形式，阐述证据所要证明的内容）等证据证明。（阐述陈述、申辩和听证意见及采纳或不采纳的理由；如有从轻或减轻处罚等情形的，应进行描述并阐述理由）。现依据《××法》第×条第×款第×项和××（行政处罚自由裁量权基准）的规定，决定对你（单位）作出如下行政处罚：

1.×××。

2.×××（其中为罚款处罚的，罚款数额应大写）。

（行政处罚履行方式和期限）限你（单位）自收到本处罚决定书之日起15日内，将罚款缴至××银行××营业部（地址：××路××号），账号×××××××××××。逾期不缴纳罚款，依据《中华人民共和国行政处罚法》第七十二条第一项规定每日按罚款数额的3%加处罚款。

你（单位）如不服本处罚决定，可在收到本处罚决定书之日起60日

〔1〕 对个人的处罚，填写姓名、身份证号、住址等信息；对单位的处罚，填写单位名称、统一社会信用代码、法定代表人（负责人）、地址等信息。

内（如法律规定的申请期限超过60日的，应按法律规定的期限确定）向____________申请行政复议，也可以在6个月内（如法律有特别规定的，应按法律规定的期限确定）直接向（×××）人民法院提起行政诉讼。

逾期不申请行政复议，也不提起行政诉讼，又不履行行政处罚决定的，本机关将依法申请人民法院强制执行（如依法律规定有行政强制执行权的可以写“强制执行”）。

罚没许可证编号：

行政机关名称（印章）

年 月 日

## 参考样式二

# （行政处罚机关名称）
# 行政处罚决定书

______罚决〔 〕号

当事人：____________________[1]

根据（案件来源），本机关于______年____月____日对你（单位）____________________进行执法检查（或接收投诉举报、部门移送）。现场发现，（执法检查时的相关情况简述，如当事人违法行为的简要情况）。××××年××月××日，执法人员予以立案，（陈述调查取证行为，如采取的查封扣押、证据先行登记保存等），执法人员围

〔1〕 对个人的处罚，填写姓名、身份证号、住址等信息；对单位的处罚，填写单位名称、统一社会信用代码、法定代表人（负责人）、地址等信息。

绕当事人涉嫌(当事人违法行为)的违法行为收集相关证据材料,确定其违法事实。××××年××月××日案件调查终结。

经查,(当事人违法行为的时间、地点、情节、构成要件、危害后果、整改情况等)。

上述事实,主要有以下证据证明(列举证据形式,阐述证据所要证明的内容):

1. 证据××(证明当事人主体资格);

2. 证据××(证明与案情有关的情况);

3. 证据××(证明当事人违法事实的情况);

……

(事先告知情况)××××年××月××日,送达《行政处罚告知书》,(阐述告知内容,阐述当事人申述、申辩和听证意见,行政机关采纳或不采纳的理由)。

本机关认为你(单位)的上述行为违反了《××法》第×条第×款第×项关于"……"的规定。依据《××法》第×条第×款第×项规定"……",参照××(行政处罚自由裁量权基准)的规定,责令你(单位)停止(阐述当事人违法行为),并决定对你(单位)作出如下行政处罚:

1.×××。

2.×××(其中为罚款处罚的,罚款数额应大写)。

(行政处罚履行方式和期限)限你(单位)自收到本处罚决定书之日起15日内,将罚款缴至××银行××营业部(地址:××路××号),账号××××××××××××。逾期不缴纳罚款,依据《中华人民共和国行政处罚法》第七十二条第一项规定每日按罚款数额的3%加处罚款。

你(单位)如不服本处罚决定,可在收到本处罚决定书之日起60日内（如法律规定的申请期限超过60日的，应按法律规定的期限确定）向________________申请行政复议，也可以在6个月内（如法律有特别规定的，应按法律规定的期限确定）直接向（×××）人民法院提起行政诉讼。

逾期不申请行政复议，也不提起行政诉讼，又不履行行政处罚决定的，本机关将依法申请人民法院强制执行（如依法律规定有行政强制执行权的可以写“强制执行”）。

罚没许可证编号：

行政机关名称（印章）
年 月 日

**六、文书范例**

本部分选取了三个真实的行政处罚决定书，执法人员可结合前述两种参考样式，学习参考。

以下范例一大致对应参考样式一，形式相对简单，适合基层执法中案情简单的案件。

**范例一**

江西住房和城乡建设厅行政处罚决定书
（赣建审批罚决〔2023〕25号）

当事人：江西省某建筑工程有限公司

统一社会信用代码：91360××××××367W

法定代表人：朱某

单位地址：江西省南昌市某区红某街道某广场某室

根据对你公司2023年3月申报建筑业（地基基础工程专业承包壹级）资质提供材料审查时发现业绩不属实的情况，本机关于2023年6月16日对你公司提供虚假材料申请建筑业企业资质的行为予以立案调查。现已查明，你公司2023年3月在申报建筑业（地基基础工程专业承包壹级）资质核定时，存在资质申报材料弄虚作假行为。本机关认为你公司的上述行为违反了《中华人民共和国行政许可法》第三十一条第一款关于“申请人申请行政许可，应当如实向行政机关提交有关材料和反映真实情况，并对其申请材料实质内容的真实性负责”的规定。你公司的违法事实，有平台申报资料、业绩所在地住建主管部门核查函等证据证明。根据《中华人民共和国行政处罚法》第四十四条、第四十五条规定，本机关于2023年7月21日作出《江西省住房和城乡建设厅行政处罚事先告知书》（赣建审批罚告〔2023〕23号），并依法送达。你公司签收后，在规定时间内未向本机关提出书面陈述、申辩意见申请，本机关视你公司放弃上述权利。现依据《中华人民共和国行政许可法》第七十八条、第八十条第三项、《建筑业企业资质管理规定》第三十五条规定，决定对你公司作出如下行政处罚：

一、警告；

二、1年内不得再次申请建筑业企业资质。

你公司如不服本处罚决定，可在收到本处罚决定书之日起60日内向江西省人民政府申请行政复议，也可以在6个月内直接向人民法院提起行政诉讼。行政复议和行政诉讼期间，本处罚决定不停止执行，法律另有规定的除外。

逾期不申请行政复议，也不提起行政诉讼，又不履行行政处罚决定的，本机关将依法申请人民法院强制执行。

江西省住房和城乡建设厅

2023年8月29日

以下范例二大致对应参考样式二，适合基层执法中案情较为复杂的案件。

**范例二**

## 盐城市市场监督管理局行政处罚决定书

## 盐市监处罚〔2023〕00160号

当事人：盐城市某区某美容店；统一社会信用代码：923××××××××××2C5573；经营场所：盐城市某区某商场三层餐饮02号；经营者：金某；公民身份号码：（略）；联系电话：（略）。

因当事人涉嫌发布虚假广告、实施价格欺诈及虚假交易行为，本局于2023年9月1日立案调查。

现查明，当事人为推广业务，于2021年在抖音互联网平台（简称抖音平台，下同）注册账号“盐城市某科技美肤中心”（抖音号：Je××××be），并于2022年7月以当事人名义完成企业认证。在2023年6月18日、2023年7月3日、2023年7月6日、2023年7月13日、2023年7月26日该抖音账号上线发布的5条短视频作品中，当事人使用了“柿子”为“NN科技美肤创始人、深耕美业12年专注问题肌、中国首届美容SPA会长”“我们NN啊，做问题肌，已经有12年的时间了”“帮助了盐城2000多名姐妹解决烂脸的问题”“调理好了2000

多名问题肌”等宣传内容。上述短视频在本局调查初期，当事人主动从抖音平台上删除。

经核查，当事人于2019年9月9日注册，类型个体工商户，经营者金某，组成形式为个人经营。当事人宣称“做问题肌，已经有12年的时间”与上述事实不符。至于“柿子”“深耕美业12年专注问题肌、中国首届美容SPA会长”“帮助了盐城2000多名姐妹解决烂脸的问题”“调理好了2000多名问题肌”的宣称，当事人无法提供证明材料。当事人称“柿子”为金某的昵称，“深耕美业12年专注问题肌”是指金某“合伙人有12年的从业经历”；“帮助了盐城2000多名姐妹解决烂脸的问题”“调理好了2000多名问题肌”系虚构。当事人上述宣称无事实依据，且与当事人解释明显不符。

经查证，上述短视频系当事人委托盐城市某文化传播有限公司制作、上传至抖音平台。根据当事人与该公司约定，当事人以每月5000元固定标准支付某文化传播公司服务费用。截至本局调查时当事人已支付上述费用3万元。当事人除提供了上述抖音账号的企业账号认证费用600元、本地推费用8500元（未提供实际消费明细）外，未提供其他相关该抖音账号开设、推广的费用支出。

另查明，当事人上述抖音账号“本店团购”上架了五个团购商品（服务，下同）。2023年7月27日本局检查时，上述团购商品在抖音平台上标注的销售价格均以“划线价”为“原价”进行“折扣”：“悦碧施全身靓白SPA（送巴厘岛花瓣浴）”“划线价”1398元，“折扣”2.9折，售价399元；“德国LDM面部管理套餐”“划线价”2208元，“折扣”3.2折，售价699元；“小脸面部提升管理”“划线价”1999元，“折扣”3.5折，售价698元；“法儿曼水润护理”“划线价”1398元，“折扣”3.6折，售价498元；“【仅限新客】抖音专享面部护理”“划线价”1796元，“折扣”2.8折，售价498元。当事人称，上述团购商品“划线价”均为虚构，非该商品实际定价也非实际成交过的价格。当事人以记不清为由，未能提供上述团购商品的实际上架时间及“划线价”标注时间。

此外，本局调查发现，当事人上述部分团购商品抖音平台详情页面显示的“已售”数量多于该平台提供的商品交易数量。当事人称，上述多出的“销售”数量是利用熟人、朋友、员工“刷单”所得，其目的是让“销售数据好看”。根据当事人提供的“刷单”数据，在2022年9月16日14时47分24秒至16时38分01秒期间，显示共有12个消费者UID（用户识别码）购买并支付上述抖音账户3个团购商品1050单，并于当日15时02分15秒至16时43分49秒全部在当事人（金融城店）“来客核销”。

上述事实，主要有以下证据证明：

1. 当事人《营业执照》、经营者身份证复印件各一份，本局《当事人权利义务告知书》《送达地址确认书》各一份。证明当事人及其经营者主体身份及本局依法告知当事人权利义务，确认当事人送达地址及方式的事实。

2. 本局电子取证材料一批。证明当事人开设涉案“抖音”账户的事实；证明当事人从事涉案短视频宣传的事实；证明当事人在上述抖音账户上架涉案团购商品的事实以及上述团购商品页面显示的“划线价”、“折扣率”、标价及“销量”的具体内容。

3. 本局《询问通知书》三份，本局对当事人经营者询问调查制作的《询问笔录》三份。证明当事人开设涉案“抖音”账号的事实；无事实依据对其从业年限、经营业绩、经营者信息等进行虚假描述从事涉案宣传的事实；采取“刷单”手段对商品销量作虚假宣传的事实；虚构商品原价等事实；证明当事人以期间与某文化传播公司计算服务费用的事实；未提供“推流”费用具体消费明细等事实。

4. 本局《限期提供材料通知书》一份，当事人提供的微信聊天记录、图片一批，与某文化传播公司《服务合同》、费用支付记录等材料一批，与平台及相关方服务协议费用支付记录一批，当事人团购商品核销记录一份。以上材料证明：当事人开设涉案“抖音”账号的事实；委托某文化传播公司制作并上传涉案短视频广告的事实，以固定费用按月计算服务费的事实；未提供“推流”费用具体消费明细的事实；虚假交易等事实。

5. 本局《协助调查函》两份，平台及相关方回函等相关材料两份。证明：当事人开设涉案“抖音”账号的事实；印证当事人虚假交易的事实；虚构商品原价的事实。

6. 盐城市某文化传播有限公司调查材料一批，印证当事人发布涉案广告的事实以及无事实依据虚构广告内容的事实，涉案广告费用无法计算等事实。

2023 年 12 月 22 日，本局向当事人送达了“盐市监罚告〔2023〕00026 号”《行政处罚告知书》，依法告知当事人对其拟作出行政处罚的内容及事实、理由、依据以及自收到该告知书之日起五个工作日内有陈述、申辩和要求举行听证的权利。当事人在法定期限内未陈述、申辩，亦未要求举行听证。

本局认为，经营者在经营活动中，应当遵守法律法规，诚实守信、公平竞争，不得损害其他经营者或者消费者的合法权益。本案中，当事人为推销美容服务，在互联网平台上，采用短视频的方式对其从业年限、经营业绩、经营者信息等进行虚假描述，误导消费者，该行为违反了《中华人民共和国广告法》第四条“广告不得含有虚假或者引人误解的内容，不得欺骗、误导消费者”的规定，为发布虚假广告行为。因当事人以期间计算服务费用，且提供的“推流”费用无具体明细，上述费用无法分摊到涉案广告上，当事人发布虚假广告行为的广告费用无法计算。

当事人以虚假的“原价”(“划线价”)折扣价作为网络团购商品的标

价，系虚假折价的价格欺诈行为，违反了《中华人民共和国价格法》第十四条第一款第（四）项、《明码标价和禁止价格欺诈规定》第十九条第一款第（三）项规定。

当事人在不到两个小时的时间内，利用12个账号下单“购买”上述抖音账号3个团购商品1050单，在不到一小时内（最短8秒）全部到店核销。上述交易不符合常识，明显虚假。当事人采取虚假交易的方式，提高商品在互联网平台商品详情页显示的销量，欺骗、误导消费者的行为，违反了《中华人民共和国反不正当竞争法》第八条第一款之规定。

本案中，当事人能积极配合调查，主动供述本局尚未掌握的违法行为并提供证据材料，且在本局调查初期，能够及时作出整改措施，上述情形符合《中华人民共和国行政处罚法》第三十二条第一款第（一）项、第（三）项规定的应当从轻或者减轻行政处罚情形。

综上，对于当事人发布虚假广告行为，本局依据《中华人民共和国行政处罚法》第五条第二款、《中华人民共和国广告法》第五十五条之规定，责令当事人停止发布违法广告，消除影响，并决定对当事人处以罚款10万元。

对于当事人对商品销售状况作虚假宣传行为，本局依据《中华人民共和国行政处罚法》第五条第二款、《中华人民共和国反不正当竞争法》第二十条的规定，责令当事人停止违法行为，并决定对当事人处以罚款5万元。

对于当事人实施价格欺诈行为，本局依据《中华人民共和国行政处罚法》第五条第二款、《价格违法行为行政处罚规定》第七条之规定，责令当事人改正违法行为，并决定对当事人处以罚款5万元。

合并上述处罚，本局决定对当事人处以罚款20万元，上缴国库。

当事人应当自收到本处罚决定书之日起十五日内到本局财务审计处开具“盐城市通用电子缴款通知书”，并将上述罚款缴至盐城市财政局非税收入汇缴专户。到期不缴纳罚款的，依据《中华人民共和国行政处罚法》第七十二条的规定，本局将每日按罚款数额的百分之三加处罚款，并依法申请人民法院强制执行。

当事人如不服本行政处罚决定，可以在收到本处罚决定书之日起六十日内向盐城市人民政府申请行政复议，也可以在六个月内向盐城市盐都区人民法院提起行政诉讼。申请行政复议或提起行政诉讼期间，行政处罚不停止执行。

盐城市市场监督管理局

2023 年 12 月 30 日

以下范例三是一份说理性极强的行政处罚决定书，该案因涉及的违法事实较多，在事实方面分为了“依法予以认定的违法事实”和“无法认定的事实”两部分，并分类叙述。同时，此范例对当事人在听证中提出的陈述申辩意见进行“分条列点”列明，并对行政机关的复核意见和理由同样进行了“分条列点”式详细说明，且说理部分“有理有利有节”，对于重大复杂案件具有较强的借鉴意义。

### 范例三

## 南宁市农业农村局行政处罚决定书
## 南农（种子）罚〔2021〕8 号

当事人：南宁市某农业有限公司

地址：中国东某基地一期 × 号楼

统一社会信用代码：914××××042H

法定代表人：宋某

当事人生产经营假种子一案，经本机关依法调查，现查明：

2020年9月1日，投诉人到本机关实名投诉，提供线索称：当事人通过吴某和蓝某从四川金某种业有限责任公司调回5.1万千克其他种子包装成“天贵88”玉米种销往广西各地，并提供由武鸣、隆安、大化、巴马、靖西5个地方农业农村部门抽检的“天贵88”玉米种的检测报告，检验结果均为差异位点数4，结论为“不同”。

2020年9月2日，我机关执法人员根据投诉线索，对位于南宁市某区某镇南宁市某农业有限公司科研基地进行检查，未发现“天贵88”玉米种子。

2020年9月3日起，我机关发函到武鸣、隆安、大化、靖西、巴马等5地农业农村部门请求协助调取相关假“天贵88”玉米种子证据材料。

2020年9月21日，本机关执法人员对马山县某经营部退回给南宁市某农业有限公司一件（30千克）“天贵88”玉米种子进行抽样送检。

2020年10月8日，收到北京玉米研究所出具检验报告（报告号：BJYJ202000110170），差异位点数4，结论为不同（品种）。

2020年10月12日，本机关对当事人涉嫌生产经营假种子行为立案调查。

经调查取证证实：

当事人南宁市某农业有限公司生产经营的“天贵88”玉米杂交种［包装上标注了品种审定编号：桂审玉2017039号，农作物种子生产经营许可证编号：B（桂）农种许字〔2017〕第0006号，净含量：1千克，检验日期：2020年3月，保质期：10个月，种子生产经营者名称：南宁市某农业有限公司，地址：南宁市某路1号，中国东某一期，电话：××××××］。经6个地市农业执法部门分别抽样送检，检测结果均为：差异位点数4，结论为：不同（品种）。依据《玉米品种鉴定技术规程　SSR标记法》（中华人民共和国农业行业标准NY / T 1432—2014）

第11点之判定方法关于“当样品间差异位点数≥2,则判定为‘不同品种’”的规定,认定该种子样品与标准样品为不同品种。根据《中华人民共和国种子法》第四十九条第一款关于“下列种子为假种子:(一)以非种子冒充种子或者以此种品种种子冒充其他品种种子的”的规定,判定涉案的“天贵88”玉米种子为假种子。

对投诉人投诉线索中提及的知情人吴某及蓝某进行询问调查,双方均承认通过投诉人介绍互相认识,但双方间以及同南宁市某农业有限公司没有过种子交易行为。

一、依法予以认定的违法事实

(一)南宁市某农业有限公司生产销售假“天贵88”玉米种子30千克(含抽样送检消耗3千克)给马山县富某种子经营部,扦样基数30千克,销售价格为21元/千克,货值金额30千克×21元/千克=630元,违法所得630元。

以上违法事实由以下证据材料证实:南宁市农业农村局对从马山县富某种子经营部退回给南宁市某农业有限公司的1件“天贵88”玉米种子所做的农作物种子质量扦样单复印件一份、样品检验委托单复印件一份、北京玉米种子检测中心出具的检验报告(报告号:BJYJ202000701477)复印件一份、马山县富某种子经营部营业执照复印件一份、马山县富某种子经营部受托人蓝某身份证复印件一份、从马山县富某种子经营部处取得的材料一份、从高华物流处取得的材料一份、执法人员对马山县富某种子经营部受托人蓝某所做的询问笔录及执法人员在南宁市某农业有限公司取得的销售开单材料复印件一份。

以上证据材料经南宁市某农业有限公司受托人周某予以签字确认。

(二)南宁市某农业有限公司生产销售假“天贵88”玉米种子30千克给靖西市兴某种子经营部,销售价格为21元/千克,货值金额30千克×21元/千克=630元,违法所得630元。

以上违法事实由以下证据材料证实：从靖西农业部门调取的“天贵88”玉米种子的农作物种子质量扦样单复印件一份、北京玉米种子检测中心出具的检验报告（报告号：BJYJ202000110111）复印件一份、靖西市总代理靖西市兴某种子经营部营业执照复印件一份、靖西市总代理靖西市兴某种子经营部经营者韦某身份证复印件一份、执法人员对靖西市总代理靖西市兴某种子经营部经营者韦某所做的询问笔录一份、执法人员对靖西市总代理靖西市兴某种子经营部所做现场检查（勘验）笔录一份、靖西市总代理靖西市兴某种子经营部经营台账复印件一份、靖西市二级经销商李某的营业执照复印件一份、靖西市二级经销商李某身份证复印件一份、执法人员对靖西市二级经销商李某所做的询问笔录一份、执法人员对靖西市二级经销商李某经销地点所做现场检查（勘验）笔录一份及执法人员在南宁市某农业有限公司取得的销售开单材料复印件一份。

以上证据材料证明当事人生产经营假“天贵88”玉米种子30千克给靖西市总代理靖西市兴某种子经营部，再由靖西市兴某种子经营部销售给二级经销商李某，并且经南宁市某农业有限公司受托人周某予以签字确认。

（三）南宁市某农业有限公司生产销售假“天贵88”玉米种子150千克给大化县丰某种子经营部，销售价格为21元/千克，货值金额150千克×21元/千克=3150元，违法所得3150元。

以上违法事实由以下证据材料证实：从大化县农业部门调取的在大化海某农资店抽样送检的“天贵88”玉米种子的农作物种子质量扦样单复印件一份、样品检验委托单复印件一份、北京玉米种子检测中心出具的检验报告（报告号：BJYJ202000110114）复印件一份、大化县一级经销商大化县丰某种子经营部营业执照复印件一份、大化县二级经销商大化海某农资店营业执照复印件一份、大化县一级经销商大化县丰某种子经营部员工韦某身份证复印件一份、大化县二级经销商大化海某农资店委托代理人陆某身份证复印件一份、执法人员对大化县一级经销商大化县丰某种子经营部员工韦某所做的询问笔录一份、对大化县二级经销商大化海某农资店委托代理人陆某所做的询问笔录一份及执法人员在南宁市某农业有限公司取得的销售开单材料及发货记录复印件一份。

以上证据材料证明当事人生产经营假“天贵88”玉米种子150千克给大化一级经销商大化县丰某种子经营部，再由一级经销商大化县丰某种子经营部销售给二级经销商大化海某农资店，并且经南宁市某农业有限公司受托人周某予以签字确认。

（四）南宁市某农业有限公司生产销售“天贵88”玉米种子30千克给巴马盛某种子经营部，巴马盛某种子经营部又将该种子销售至巴马盈某农资经营部，至巴马县农业部门检查扦样时巴马盈某农资经营部已销售20千克，剩余10千克，扦样基数为10千克，检测结果：不同，认定为假种子。南宁市某农业有限公司销售给巴马盈某农资经营部假种子10千克，销售价格为21元/千克，货值金额10千克×21元/千克=210元，违法所得210元。

以上违法事实由以下证据材料证实：从巴马县农业部门调取的“天贵88”玉米种子的农作物种子质量扦样单复印件一份、样品检验委托单复印件一份、北京玉米种子检测中心出具的检验报告（报告号：BJYJ202000110121）复印件一份、巴马瑶族自治县农业农村局出具的“关于我县查处假‘天贵88’情况说明”一份、巴马瑶族自治县农业农村局行政处罚决定书复印件一份、巴马一级经销商巴马盛某种子经营部营业执照复印件一份、巴马二级经销商巴马盈某农资经营部营业执照复印件一份、巴马一级经销商巴马盛某种子经营部经营者卢某身份证复印件一份、巴马二级经销商巴马盈某农资经营部投资人李某身份证复印件一份、执法人员对巴马一级经销商巴马盛某种子经营部经营者卢某所做的询问笔录一份、执法人员对巴马二级经销商巴马盈某农资经营部投资人李某做的询问笔录一份及执法人员在南宁市某农业有限公司取得的销售开单材料复印件一份。

以上证据材料证明当事人生产经营有假“天贵88”玉米种子10千克给巴马一级经销商巴马盛某种子经营部，再由一级经销商巴马盛某种子经营部销售给巴马盈某农资经营部，并且经南宁市某农业有限公司受托人周某予以签字确认。

综上，经执法人员对南宁市某农业有限公司、马山县富某种子经营部调查取证并采纳巴马瑶族自治县、大化县、靖西市3个市县区农业主管部门的扦样单、样品委托检验单及检测报告，证实南宁市某农业有限公司生产经营假“天贵88”玉米种子220千克，涉案货值4620元；因当事人与经销商采用预付款扣除已交易数量金额的结算方式，故违法所得为已销售的假“天贵88”玉米种子220千克所收入的金额，即违法所得4620元。

二、无法认定的事实

（一）南宁市某农业有限公司生产销售“天贵88”玉米种子30千克给隆安县金某种子经营部。至隆安县农业农村局检查扦样时，隆安县金某种子经营部已经销售7千克，剩余23千克，扦样基数为23千克，检测结果：差异位点数4，结论：不同（品种），认定为假种子。

因送检单位隆安县农业农村局同检测单位北京玉米种子检测中心签订的样品检验委托单上样品信息表未写明送检样品的原抽样编号，导致北京玉米种子检测中心出具的检验报告（报告号：BJYJ202000701047）上未注明原抽样编号，故执法人员无法认定北京玉米种子检测中心出具的检验报告（报告号：BJYJ202000701047）所检测的种子为隆安县农业农村局抽样送检的“天贵88”玉米种子。

（二）南宁市某农业有限公司生产销售“天贵88”玉米种子60千克给武鸣县铭某种子经营部，由武鸣区农业农村局抽样送检，检测结果为：差异位点数4，结论为：不同（品种），认定为假种子。

因抽样单位武鸣区农业农村局抽样时未制作种子扦样单，且送检单位武鸣区农业农村局同检测单位北京玉米种子检测中心签订的样品检验委托单上样品信息表未写明送检样品的原抽样编号，导致北京玉米种子检测中心出具的检验报告（报告号：BJYJ202000701027）上未注明原抽样编号，故执法人员无法认定北京玉米种子检测中心出具的检验报告（报告号：BJYJ202000701027）所检测的种子为武鸣区农业农村局抽样送检的“天贵88”玉米种子以及抽样的基数和货值。

以上事实因收集到的证据材料不足以证明当事人的行为为违法行为，不予采纳。

当事人生产经营假种子的违法行为，事实清楚，证据确凿，违反了《中华人民共和国种子法》第四十九条第一款关于“禁止生产经营假、劣种子”的规定，依照《中华人民共和国种子法》第七十五条第一款“违反本法第四十九条规定，生产经营假种子的，由县级以上人民政府农业、林业主管部门责令停止生产经营，没收违法所得和种子，吊销种子生产经营许可证；违法生产经营的货值金额不足一万元的，并处一万元以上十万元以下罚款；货值金额一万元以上的，并处货值金额十倍以上二十倍以下罚款”的规定，根据《广西壮族自治区农业行政处罚自由裁量权细化标准》第一章（种植业）第一节（种子种苗管理）第4条“违法程度：较轻；违法情形：货值金额元不足五千元的；裁量幅度：处一万元以上五万元以下罚款”的规定，认定当事人的违法程度为较轻，拟对当事人作如下处理：

1.责令当事人停止生产经营涉案的“天贵88”玉米种子；

2.吊销南宁市某农业有限公司农作物种子生产经营许可证［B（桂）

农种许字(20××)第××××号];

3.没收涉案的剩余“天贵88”玉米种子27千克;

4.没收违法所得4620元;

5.处罚款50,000元。

罚没款合计54,620元。

2021年7月5日,本机关向当事人送达了《行政处罚事先告知书》[南农(种子)告〔2021〕7号],告知其拟作出的处罚决定和理由,并告知其享有陈述申辩和申请听证的权利;当事人于2021年7月8日向本机关提出听证申请。

2021年7月20日上午,本机关在市农业农村局6楼会议室,就南宁市某农业有限公司涉嫌生产经营假种子案一案组织当事人及其代理人、案件调查人员等进行了公开听证。当事人的法定代表人宋某及其委托代理人周某、市农业综合行政执法支队的3名案件调查人员参加了听证。

听证会上,当事人及其委托代理人对行政机构拟作出的行政处罚决定提出了申辩意见,其申辩意见主要归纳为以下几点:

1.当事人提出涉案产品为其自有品种,其生产、经营行为合法合规,没有生产、经营假种子的主观故意,涉案种子出现位点差异可能是由于基因漂移导致。

2.检测存在位点差异的天贵88种子仅为当事人2019年生产种子中的极少部分,且该种子未造成种植户损失,没有造成社会危害性。且当事人在知晓涉案种子出现检测位点差异后积极配合调查,对相关经销商因销售公司有位点差异的种子违法受到的处罚,采取了积极赔偿、主动承担处罚费用等补救措施,并要求经销商及时了解种植户是否出现损失,同时开展自查自纠、召开培训会,确保公司未来生产、销售种子的合法性。按照新颁布的《中华人民共和国行政处罚法》第三十三条的规定，当事人的违法行为符合“违法行为轻微且及时改正，没有造成危害后果的，不予行政处罚”及“初次违法且危害后果轻微并及时改正的，可以不予行政处罚”的情形可不处罚。

3.本案的投诉举报人高某并非种植户，而且是跟当事人有诉讼纠纷的恶意第三人；当事人遵纪守法，大力发展农业，为广西农业发展作出了贡献，吊销农作物种子生产经营许可证的处罚将严重影响公司运行。参照农业农村部发布的2021年第一批农业行政执法典型案例，可从轻处罚，不给予当事人吊销农作物种子生产经营许可证的处罚。

听证会上，案件调查人员和委托代理人就相关事实和证据进行了举证质证，开展了辩论，并就各自观点逐一进行了说明解释和质证。

听证会后，当事人补充提交了听证陈述书及相关证据材料。本机关根据案件调查人员和当事人及其委托代理人双方诉辩意见及相关案件证据材料，制作了《听证记录》和《行政处罚听证会报告书》。

经审核，本机关认为本案违法当事人明确，违法事实清楚，证据确凿充分，适用法律法规条款正确。对案件当事人及其委托代理人申辩意见的处理意见：

1.经审核，本案的涉案种子经检测，位点差异为4，差异点数较大，而正常情况下基因漂移一般不会出现这么大的差异位点，且本案中多次出现对同一经销商销售的同一批次种子进行抽检时，检验结果部分合格、部分不合格的情况，同一批次种子出现两种不同的检验结果，不排除当事人存在造假的主观故意，当事人也没有足够证据证明其没有生产、经营假种子的主观过错。且当事人作为种子生产经营企业，对其生产、经营的种子的真实性和种子质量负责，对其生产、经营的种子的质量负有保证的义务，即使当事人无主观故意，也不能忽视其因管理疏漏导致涉案种子检测不合格的过错，本案也不宜适用《中华人民共和国行政处罚法》中“无过错不处罚”的规定来处理。

2.尽管当事人补充提交了经销商关于没有收到种植户关于涉案种子的相关投诉，以及种植农户关于没有因为种植涉案种子遭受损失的证明。但在本案中，涉案种子的经销商均无法提供销售台账，且因涉案种子的销售、种植、收获季节均已结束，无法核实种植涉案种子的数量、种植涉案种子的农户有多少、种植是否造成损失，也无法核实当事人提供的证据材料中的相关农户是否真的种植涉案种子且未造成损失。而且涉案种子造成的危害后果，应属于种植层面，而非销售层面，当事人对经销商所受到的行政处罚作出的赔偿不属于主动消除涉案种子危害后果的范围。本案中虽未收到种植农户关于涉案种子的相关投诉，但对照目前市场上出现的生产经营假种子常见的四种情形：一是以非种子冒充种子，二是种子种类、品种与标签标注的内容不符，三是没有标签，四是以此品种种子冒充其他品种种子（拿自己审定品种名义销售没有经审定或登记过的品种，或是拿自己已经审定品种名义生产销售他人审定或保护品种），如果当事人生产经营假种子情形不属于用非种子冒充种子情形，种植农户实际上很难从产量、性状等方面界定自己所种植的种子为假种子。且本案中能查明的涉案种子虽为当事人2019年生产种子中的极少部分，但涉案批次的种子都已基本销售给种植户，涉及多个县区，违法行为的影响波及多地，对正常的种子生产经营市场秩序造成了不良影响，存在一定的社会危害性。且当事人在出现第一例假种子被立案处罚时并没有第一时间及时主动追回涉案假种子，以致后续出现多地因销售涉案种子被立案处罚局面。上述情形出现不应当适用“违法行为轻微且及时改正、没有危害后果”的规定进行处理；综合本案的相关证据也无法认定当事人无主观故意，且存在过错。故当事人违法行为不符合新颁布的《中华人民共和国行政处罚法》第三十三条规定的不予行政处罚情形。虽本案界定的违法情形为较轻，这是基于本案所能查明涉案货值数较小这一情形所作出的裁量。同时，对当事人提出的其积极配合调查的申辩意见，在本案拟作出的处罚决定中，也已经考虑该事实并结合实际在处以罚款时进行了相应裁量。

3.本案投诉举报人高某虽并非种植户，且即使其是跟违法当事人是有诉讼纠纷的恶意第三人，并不能将上述理由作为对当事人不处罚或从轻减轻处罚的依据。本案中高某的投诉举报活动，仅作为执法机关获取案件来源的渠道，执法部门对当事人拟作出的行政处罚决定，是依据法律法规规章的有关规定开展案件调查，并结合本案的违法事实、证据等情况适用法律进行自由裁量拟作出的决定，与投诉举报人无关，程序合法。举报人是其利害关系人或是跟其有诉讼纠纷的恶意第三人并不能作为对当事人违法行为不处罚或从轻减轻处罚的理由。经审核，本案违法事实清楚，证据确凿，办案程序合法，当事人提出的其遵纪守法，大力发展农业，为广西农业发展作出了贡献的日常守法经营活动不能掩盖或者抵偿本案的违法事实，不影响对本案的定性。对照农业农村部发布的2021年第一批农业行政执法典型案例中，该案当事人有主动追回已销售的假种子，并与购种农户签订赔偿协议等行为，符合《中华人民共和国行政处罚法》规定的“从轻或者减轻行政处罚”的情形，故对该案当事人作出不吊销农作物种子生产经营许可证，仅处罚款的处罚决定。但本案中，当事人在多地出现假种子被处罚时并没有主动追回涉案假种子，其提供的未造成种植户损失的证据也无法核实，不能认定当事人有“主动消除或者减轻违法行为危害后果的”等应当从轻或者减轻行政处罚的情节。不宜参照指导案例对当事人作出仅处罚款但不吊销农作物种子生产经营许可证的处罚决定。

2021年8月26日，经本机关行政会集体审议，决定仍按照《行政处罚事先告知书》[南农（种子）告〔2021〕7号]的拟处罚内容和额度进行处罚。即：

1.吊销南宁市某农业有限公司的《农作物种子生产经营许可证》

［B（桂）农种许字〔2017〕第0006号］；

2.没收涉案的剩余“天贵88”玉米种子27千克；

3.没收违法所得4620元；

4.处罚款50,000元。

以上罚没款合计54,620元。

当事人必须在收到本处罚决定书之日起15日内持本决定书到指定银行缴纳罚款（先拨打市农业农村局财务室电话：5505337咨询，再到嘉宾路1号市政府大楼六楼南宁市农业农村局财务室开具“非税收入一般缴款书”，然后持决定书和凭证到指定银行缴款，最后将执法机关一联交回市农业农村局财务室）。逾期不按规定缴纳罚款的，每日按罚款数额的3%加处罚款。

当事人对本处罚决定不服的，可以在收到本处罚决定书之日起60日内向南宁市人民政府申请行政复议；或者六个月内向南宁铁路运输法院提起行政诉讼。行政复议和行政诉讼期间，本处罚决定不停止执行。

当事人逾期不申请行政复议或提起行政诉讼，也不履行本行政处罚决定的，本机关将依法申请人民法院强制执行。

南宁市农业农村局

2021年9月28日

# 第九章　送达实务与操作

对于乡镇和街道综合行政执法，一般情况下送达不会引起不必要的执法风险，但是实践中因为对行政执法文书的送达存在不规范、不到位、不重视等问题，导致送达程序违法而败诉的案件依然不少，送达环节仍然存在一些重点、难点问题和认识误区，有必要根据《行政处罚法》《民事诉讼法》和相关司法解释，对相关实务问题进行探讨。

## 一、关于送达的规范依据

《行政处罚法》第 61 条规定："行政处罚决定书应当在宣告后当场交付当事人；当事人不在场的，行政机关应当在七日内依照《中华人民共和国民事诉讼法》的有关规定，将行政处罚决定书送达当事人。当事人同意并签订确认书的，行政机关可以采用传真、电子邮件等方式，将行政处罚决定书等送达当事人。"

本条是关于送达的规定，实践中需要把握以下几个重点：(1)行政执法过程中的其他执法文书的送达，均要按此规定执行。(2)当场交付，强调的是"面对面"送达，不拘泥于是行政机关办公场所还是当事人住所。(3)当事人不在现场的，应当 7 日内送达，这里的"7 日"并非指 7 日内完成送达，指的是 7 日内执法人员开始实施送达，并有证据证明其已经实施送达工作，如邮寄送达的，应当在 7 日内将执法文书交付邮政部门，而非指 7 日内完成签收和送达；同时，“7 日”是从执法文书落款日期的第二天起算。

除此之外，不同执法领域的规章也对送达进行了规定，如《农业行政处罚程序规定》第 69~72 条，这些部门规章的规定是以《民事诉讼法》第 87~95 条关于送达的规定为母本的，因此执法人员除了要熟悉掌握《行政处罚法》第 61 条外，也要熟悉掌握《民事诉讼法》第 87~95 条的规定。同时，执法人员还要熟悉掌握最高人民法院《关于适用〈中华人民共和国民事诉讼法〉的解释》（法释〔2022〕11 号）第 130~141 条，及最高人民法院《关于以法院专递方式邮寄送达民事诉讼文书的若干规定》（法释〔2004〕13 号）、《关于进一步加强民事送达工作的若干意见》（法发〔2017〕19 号）的相关规定。

## 二、送达方式

根据《行政处罚法》《行政诉讼法》《民事诉讼法》等有关规定，结合执法实践，送达方式主要有 7 种，即直接送达、留置送达、电子送达、委托送达、邮寄送达、转交送达、公告送达。

### （一）直接送达

直接送达，即“面对面”直接将执法文书交到当事人手中的送达方式，一般在行政机关办公场所或当事人住所，但是不拘泥于上述两种场所。

1. 视为送达

最高人民法院《关于适用〈中华人民共和国民事诉讼法〉的解释》

第 131 条明确规定，当事人到法院领取文书的，“当事人到达人民法院，拒绝签署送达回证的，视为送达”；法院在当事人住所地以外向当事人直接送达文书的，“当事人拒绝签署送达回证的，采用拍照、录像等方式记录送达过程即视为送达。”根据上述规定，行政机关通知当事人到行政机关办公场所领取法律文书，当事人到达行政机关，拒绝签署送达回证的，视为送达。

2. 合格的受送达签收人

根据《民事诉讼法》第 88 条和最高人民法院《关于适用〈中华人民共和国民事诉讼法〉的解释》第 130 条第 1 款的规定，合格的受送达签收人分为当事人为公民和法人或其他组织两类。如果当事人为公民的，可以由受送达人或者其同住成年家属、代理人、指定代收人签收；如果当事人为法人或其他组织的，应当由法人的法定代表人、其他组织的主要负责人或者办公室、收发室、值班室等负责收件的人签收或者盖章，也可以由代理人、指定代收人签收。

### （二）留置送达

留置送达，即在受送达人拒绝签收行政执法文书的情况下，送达人依法将文件留在收件人住处的送达方式，属于强制送达。

1. 留置送达的操作

《民事诉讼法》第 89 条规定：“受送达人或者他的同住成年家属拒绝接收诉讼文书的，送达人可以邀请有关基层组织或者所在单位的代表到场，说明情况，在送达回证上记明拒收事由和日期，由送达人、见证人签名或者盖章，把诉讼文书留在受送达人的住所；也可以把诉讼文书留在受送达人的住所，并采用拍照、录像等方式记录送达过程，即视为送达。”特别注意要全过程记录，建议在接近受送达人住所、居所、经营场所前即打开行政执法记录仪，保证行政执法全过程记录。

2. 有关基层组织代表

关于有关基层组织代表的界定，司法解释有明确的规定，实践中比较容易把握，根据司法解释适用即可。例如，最高人民法院《关于适用〈中华人民共和国民事诉讼法〉的解释》第130条第2款规定："民事诉讼法第八十九条规定的有关基层组织和所在单位的代表，可以是受送达人住所地的居民委员会、村民委员会的工作人员以及受送达人所在单位的工作人员。"

3. 当事人所在单位的代表

当事人所在单位的代表，一定是与当事人有直接身份隶属关系或直接工作的单位的代表，代表是指受单位指派作为见证人的工作人员，因此未经单位同意的个人行为无效，其他人员则不具备送达见证人的资格。

需要注意的是，代理人没有被当事人指定为代收人的，不得向代理人留置送达；受送达人同住成年家属为无行为能力人、限制行为能力人的，不得适用留置送达。

（三）电子送达

电子送达，是指采用传真、电子邮件、移动通信等手段让当事人收悉执法文书的送达方式。根据常理，适用电子送达的文书不包括现场制作的文书，如现场检查（勘验）笔录、询问笔录等。

1. 适用电子送达的情形

根据法律、法规、规章，最高人民法院的司法解释等规范性文件，结合高效便民的行政法基本原则，适用电子送达的情形一般包括以下几种：（1）受送达人签订送达地址确认书同意电子送达的；（2）受送达人与行政机关以书面或口头的形式约定电子送达的，口头形式最好有录音录像证明；（3）受送达人作出承诺的，如根据北京市市场监督管理局《关于企业等市场主体法律文书送达地址承诺确认的通告》第3条的规定，“企业等市场主体同意适用电子送达的，在北京市企业登记e窗通服务平台‘法律文书送达地址’专栏中填写的企业电子邮箱等，视为确认的电子送达地址”；(4)受送达人通过回复收悉、配合行政机关调查等方式接受已经完成的电子送达，并且未明确表示不同意电子送达的。例如，经营者为处理消费纠纷在格式合同中预留了电子邮箱，送达人员向该电子邮箱送达文书，受送达人回复收悉或开始配合行政机关调查，且未明确表示不同意电子送达。[1]

2. 电子送达的送达证明

电子送达无法通过送达回证的方式固定证据，根据《关于进一步加强民事送达工作的若干意见》第11条、第12条、第14条的规定，不同的电子送达方式需要的证明材料分为三种情况：(1)采用传真、电子邮件方式送达的，送达人员应记录传真发送和接收号码、电子邮件发送和接收邮箱、发送时间、送达诉讼文书名称，并打印传真发送确认单、电子邮件发送成功网页截图。(2)采用短信、微信等方式送达的，送达人员应记录收发手机号码、发送时间、送达诉讼文书名称，并将短信、微信等送达内容拍摄照片或截屏。(3)采用电话送达的，由送达人员告知当事人诉讼文书内容，并记录拨打、接听电话号码，通话时间，送达诉讼文书内容，通话过程应当录音。

---

〔1〕 最高人民法院《关于印发民事诉讼程序繁简分流改革试点问答口径(一)的通知》：“三十五、开展电子送达，如何认定‘受送达人同意’？答：电子送达以受送达人同意为前提条件，符合以下情形的，人民法院可以确认受送达人同意：第一，明确表示同意，即主动提出适用电子送达或者填写送达地址确认书。第二，作出事前约定，即纠纷发生前已对在诉讼中适用电子送达作出约定，但此时需考察送达条款是否属于格式条款，若提供制式合同一方未尽到提示说明义务的，对方当事人可以要求确认该条款无效。第三，作出事中行为表示，即在起诉状、答辩状中提供了相关电子地址，但未明确是否用于接受电子送达。此时一般应向当事人作进一步确认，明确该地址用途和功能是用于联系还是接受送达。当事人仅登录使用电子诉讼平台，不宜直接认定为同意电子送达。第四，作出事后的认可，即受送达人通过回复收悉、参加诉讼等方式接受已经完成的电子送达。受送达人接受送达后，又表示不同意电子送达的，应当认定已完成的送达有效，但此后不宜再适用电子送达。”

此外，需要注意的是，如果行政机关建立了统一送达平台或账号，采取即时通讯工具送达的，应当通过官方微信、微博等账号发出，并在系统中留痕确认，生成电子送达凭证。

（四）委托送达

行政处罚文书的委托送达，是指在行政机关（送达人）直接送达执法文书有困难的情况下，委托其他有关行政机关代为送达的一种方式。结合最高人民法院《关于适用〈中华人民共和国民事诉讼法〉的解释》第 134 条的规定，送达人应当出具委托函，并附上拟送达的执法文书和送达回证，受托的行政机关应当在收到委托函及相关执法文书之日起 10 日内代为送达，以受送达人在送达回证上签收的日期为送达日期。

另需注意的是，委托其他机关转交的，受委托机关不同意接受委托，可以放弃这种方式。如果受委托机关无法送达，可以参照后文所讲邮寄送达退回的情形分情况处理。

（五）邮寄送达

邮寄送达，是在直接送达有困难的情况下，行政机关通过国家邮政机构向受送达人送达文书的送达方式。需要注意的是，邮寄公文只能使用国家邮政机构的平信、挂号信或 EMS，不得使用其他快递。

1. 邮寄送达地址的确定

首先按当事人签署的送达地址确认书载明的地址送达，这也是建议执法人员在调查询问时让当事人填写当事人送达地址确认书的原因，是为了送达的便利。当然，在执法程序中，如果当事人和行政机关已经事先约定邮寄送达的地址，则送达地址以事先约定为准。如果没有签署送达地址确认书也没有事先约定的，自然人以其户籍登记中的住所地或者经常居住地为送达地址，法人或者其他组织、个体工商户以其工商登记或者其他依法登记、备案中的住所地为送达地址。

2. 有效邮寄送达的情形

简单地说，判断有效邮寄送达的标准就是合格的受送达签收人签收。最高人民法院《关于以法院专递方式邮寄送达民事诉讼文书的若干规定》第9条规定："有下列情形之一的，即为送达：(一)受送达人在邮件回执上签名、盖章或者捺印的；(二)受送达人是无民事行为能力或者限制民事行为能力的自然人，其法定代理人签收的；(三)受送达人是法人或者其他组织，其法人的法定代表人、该组织的主要负责人或者办公室、收发室、值班室的工作人员签收的；(四)受送达人的诉讼代理人签收的；(五)受送达人指定的代收人签收的；(六)受送达人的同住成年家属签收的。"

**案例　三某源公司诉桦川县人社局行政决定案**[1]

桦川县人社局于2017年10月10日受理了范某某的工伤认定申请。范某某在工伤认定申请表中的伤害经过简述栏简述了受伤的事实并签字。三某源公司在用人单位意见栏表达了意见，并加盖了三某源公司单位的公章。桦川县人社局在进行相关调查的基础上，于2017年11月2日作出桦人社伤险认决字〔2017〕4号工伤认定决定。之后，于2017年11月7日向范某某进行了送达，并以邮寄送达的方式向三某源公司进行了送达，三某源公司副经理杨某辉于2017年11月13日签收了邮政快递。

本案经历了一审、二审、再审，一审法院裁定驳回三某源公司的起诉；二审法院裁定驳回上诉，维持原裁定；再审法院裁定驳回三某源公司的再审申请。

〔1〕 参见黑龙江省高级人民法院行政裁定书，(2019)黑行申685号。

本案争议焦点之一是送达程序是否合法。三某源公司认为，其在收到留置仲裁通知书时才知道工伤决定书，其起诉并未超过起诉期限。据以认定三某源公司2017年11月13日收到工伤认定决定书的证据邮寄回单存在重大瑕疵，三某源公司对该证据的真实性有异议：该证据不能证明邮寄物品内容，签收人杨某辉的身份证号码错误，邮件送达主体错误，收件人不是三某源公司，送达程序错误，桦川县人社局未采用直接送达，未使用邮政专递，未办理回执回寄业务。

再审法院认为，本案中桦川县人社局向三某源公司邮寄的邮单上已经写明收件单位、收件人、收件地址及内件品名等信息，可以证明桦川县人社局在法定期限内向三某源公司邮寄工伤认定决定书的事实。三某源公司对该邮局回单收件人签收处签名的杨某辉系该公司员工的事实予以认可，根据杨某辉在桦川县人社局的调查笔录可知其自认系三某源公司副总经理，故桦川县人社局依法向三某源公司邮寄工伤认定决定书，并由该公司主要负责人副总经理签收，符合相关民事法律规定，自2017年11月13日杨某辉签收邮件时应视为三某源公司已经收到工伤认定决定书。

3. 视为送达

关于邮寄送达的视为送达的情形，最高人民法院《关于以法院专递方式邮寄送达民事诉讼文书的若干规定》第11条规定："因受送达人自己提供或者确认的送达地址不准确、拒不提供送达地址、送达地址变更未及时告知人民法院、受送达人本人或者受送达人指定的代收人拒绝签收，导致诉讼文书未能被受送达人实际接收的，文书退回之日视为送达之日。受送达人能够证明自己在诉讼文书送达的过程中没有过错的，不适用前款规定。"

## 案例 易鑫公司、河南东方资管公司金融借款合同纠纷案[1]

上诉人易鑫公司因与被上诉人河南东方资管公司及原审被告华诚公司、嘉骏公司、大上海城公司、华德公司、赵某刚金融借款合同纠纷一案，不服河南省高级人民法院(2019)豫民初31号民事判决，向最高人民法院提起上诉。

本案争议焦点之一是送达程序是否合法。上诉人易鑫公司认为，原审法院在送达诉讼文书时程序不合法，剥夺了易鑫公司以及原审被告华德公司的答辩、举证、辩论等合法的诉讼权利。原审法院仅通过邮寄送达诉讼文书，且在易鑫公司和华德公司未签收的情况下，未经公告送达就直接开庭审理并对易鑫公司和华德公司缺席审理，违反了《民事诉讼法》关于送达的法律规定，程序违法，依法应当撤销原判决，发回重审。

二审法院认为，关于原审开庭传票的送达是否违反法律规定的问题，本案已查明，易鑫公司与河南东方资管公司签订的《河南华诚股权质押合同》已明确写明了各方的“联络信息”以及“各方当事人确定的通知与送达地址”，而原审法院亦按照上述地址向易鑫公司送达了“应诉通知书、起诉状副本、举证通知书、诉讼权利义务告知书、合议庭组成人员告知书、保全裁定”等法律文书，且易鑫公司予以了签收。当原审法院再次按照上述地址向易鑫公司送达开庭传票时，因“收件地址查无此人/单位、联系人电话停机”被退回。根据最高人民法院《关于进一步加强民事送达工作的若干意见》第7条“因当事人提供的送达地址不准确、拒不提供送达地址、送达地址变更未书面告知人民法院，导致民事诉讼文书未能

〔1〕 参见最高人民法院民事判决书，(2020)最高法民终192号。

被受送达人实际接收的，直接送达的，民事诉讼文书留在该地址之日为送达之日；邮寄送达的，文书被退回之日为送达之日”之规定，以及《河南华诚股权质押合同》第15.2.2条的约定，原审法院送达开庭传票符合法律规定和当事人的约定，并无不当。因此，易鑫公司主张原审开庭传票送达违法，侵犯其诉讼权利的上诉理由缺乏事实和法律依据，二审法院不予支持。

4. 邮寄送达退回的处理

除上述视为送达的邮件退回情形外，还需要注意两种情况的处理：一是如果退回原因是“查无此人”，为了最大限度保障当事人权利，应当检查邮寄地址是否正确有效，发现错误的要纠正并重新邮寄，确认无误的要与当事人确定新的送达地址，并重新邮寄。二是如果当事人失联且地址查无此人，或者当事人拒收文书的，都可以认定为无法邮寄送达，应当结合实际考虑其他送达方式。

（六）转交送达

转交送达，是指针对特定的受送达人，依法将执法文书交由有关机关和单位转交受送达人的一种送达方式。根据《民事诉讼法》第91~94条的规定，转交送达有两个注意要点：一是受送达人是军人的，通过其所在部队团以上单位的政治机关转交；受送达人被监禁的，通过其所在监所转交；受送达人被采取强制性教育措施的，通过其所在强制性教育机构转交。二是代为转交的机关、单位收到执法文书后，必须立即交受送达人签收，以在送达回证上的签收日期为送达日期。

（七）公告送达

公告送达，是指在受送达人下落不明或者用其他方式无法送达的情况下，行政机关通过公告将执法文书有关内容告知受送达人的送达方式。公告送达在基层执法实践中不太常见，执法人员熟悉掌握相关法条即可，主要有《民事诉讼法》第95条、最高人民法院《关于适用〈中华人民共和国民事诉讼法〉的解释》第138~140条、最高人民法院《关于进一步加强民事送达工作的若干意见》第15条等。

1. 基本要求

出于对当事人救济权利的保障，应当谨慎使用公告送达。根据上述规范性文件的规定，适用公告送达只有两种情况：一是受送达人下落不明，二是用其他方式无法送达。公告的方式主要有两种：第一种是在行政机关的公告栏和受送达人住所地张贴公告，后者应当采取拍照、录像等方式记录张贴过程；第二种是在报纸、信息网络等媒体上刊登公告。公告内容应包括公告的原因、拟送达的执法文书的主要内容，若涉及受送达人相关权利，如复议期限、复议机关、诉讼期限、管辖法院等的，也应一并公告。公告期限为60日，自发出公告之日起，经过60日，即视为送达。不符合公告送达情形而适用公告送达的，属于程序违法。

**案例　容创公司诉新乡平原新区管委会国土资源局、原阳县政府、新乡市政府等行政处罚案**[1]

2018年4月27日，原阳县国土资源局（现为新乡平原新区管委会国土资源局）通过《新乡日报》向容创公司发送《告知函》，告知该公司所取得的建设用地荒废搁置早已超过两年，拟对该建设用地使用权予以收回，如有异议可在规定时间内进行陈述并提出书面异议，逾期视为放弃权利。2018年5月4日，原阳县国土资源局向容创公司作出《闲置土地调查通知书》，2018年5月8日，该公司法定代表人姚某华签收该通知书。后容创公司向原阳县国土

〔1〕参见最高人民法院行政裁定书，(2021)最高法行申1465号。

资源局出具了情况说明，认为其取得的建设用地所在的原武工业区水、电、排污设施不配套，且至出具该情况说明时仍未完善，现状与当初招商条件相差甚远，故不能进场施工。后原阳县国土资源局以联系不到容创公司负责人、按照工商登记住址找不到该公司、该公司不配合调查为由，在2018年6月8日对容创公司闲置土地进行了现场勘查、拍照，于2018年6月27日向容创公司作出《闲置土地认定书》，于2018年7月2日向容创公司作出《闲置土地处置听证权利告知书》，于2018年7月6日通过《新乡日报》向容创公司公告送达上述认定书及告知书。2018年12月13日，原阳县政府、平原管委会向容创公司作出原（平）土闲收字〔2018〕1号《收回国有建设用地使用权决定书》（以下简称1号《收回用地决定书》），主要内容如下：由于你公司未在法律规定期限内动工开发建设，该宗地依法被认定为闲置土地，并已于2018年7月6日向你公司公告送达了《闲置土地认定书》，根据《闲置土地处置办法》第14条第1款第2项之规定，决定依法无偿收回上述闲置土地使用权。该决定书同时告知了行政复议及行政诉讼权利。2019年1月18日，容创公司委托其股东齐某江签收了《收回国有建设用地使用权决定书》。后容创公司向新乡市政府申请行政复议，复议机关对《收回国有建设用地使用权决定书》予以维持。容创公司不服，向河南省洛阳市中级人民法院提起诉讼。本案经历了一审、二审、再审，法院均支持了容创公司的诉求。

本案的争议焦点之一是公告送达是否合法。再审法院认为，《关于认定收回土地使用权行政决定法律性质的意见》第5条规定："依照《城市房地产管理法》第二十五条的规定，超过出让合同约定的动工开发日期满二年未动工开发的，人民政府或者土地管理部门依法无偿收回出让的国有土地使用权，属于行政处罚决定。”行为时有效的《行政处罚法》（2017年）第40条[1]规定：“行政处罚决定书应当在宣告后当场交付当事人；当事人不在场的，行政机关应当在七日内依照民事诉讼法的有关规定，将行政处罚决定书送达当事人。”《民事诉讼法》第92条第1款[2]规定：“受送达人下落不明，或者用本节规定的其他方式无法送达的，公告送达。自发出公告之日起，经过六十日，即视为送达。”本案中，原阳县政府、平原管委会作出的1号《收回用地决定书》属于行政处罚决定，涉及容创公司的重大利益，作出程序应符合上述法律规定的内容。根据原审查明事实可见，涉案闲置土地处置过程中作出的《闲置土地调查通知书》和被诉1号《收回用地决定书》分别由容创公司法定代表人姚某华、受委托的公司股东齐某江签收。在未穷尽相关送达方式的情况下，原阳县国土资源局仅以电话联系不上容创公司、找不到该公司办公地点为由，即通过公告方式送达《闲置土地认定书》《闲置土地处置听证权利告知书》，剥夺了容创公司在行政处罚决定作出前的陈述、申辩权，违反了上述法律规定的程序。

2. 当事人下落不明的判断标准

如上述案例，行政机关不能仅因为联系不上当事人就认为属于下落不明的情形。对于公民而言，下落不明常见的证明形式是法院宣告公民失踪的生效判决书、公安机关出具的当事人下落不明的证明、当事人所在的村（居）委会出具的证明等，用以证明公民离开最后住所地没有音讯的情况。如果能确定当事人下落不明的，无须经过其他送达方式即可公告送达。对于法人和其他组织的公告，因其送达签收人还是

〔1〕 相关规定参见2021年《行政处罚法》第61条。

〔2〕 本案中适用的是2017年《民事诉讼法》，相关规定参见2023年《民事诉讼法》第95条第1款。

公民个人而一般不适用下落不明。

3. 其他方式无法送达的判断标准

简单地说，就是前述 6 种送达方式均无法送达，且行政机关有证据证明穷尽了这些送达方式依然无法送达。实践中，电子送达需要当事人同意，转交送达针对的是特定受送达人，因此这两种送达方式不存在送达不能的情况，判断送达不能的重点主要在直接送达、留置送达、邮寄送达、委托送达。

这里特别需要注意的是，对于直接送达，行政机关需要根据法定调查手段所能够掌握的最大限度的信息，采取必要的手段进行直接送达，这些手段包括但不限于：(1)通过当事人经常居住地居住或登记的经营场所进行送达，这里的住所一般指行政机关掌握的当事人经常居住地，而非身份证上载明的住所；(2)通过行政机关调查掌握的电话等联系方式等联系当事人进行送达；(3)通过当事人的近亲属等联系当事人进行送达；(4)法人或其他组织不在原址经营的，通过有关公示信息、网站等查询新的经营地址进行送达；(5)其他必要的手段。只有经过上述“努力”后仍然无法送达的，才是直接送达的无法送达。

如果只是因为直接送达存在一定困难，如当事人在外地，就转为其他送达方式，并且在其他送达方式无法送达后进行公告送达，这样操作会存在很大的执法风险。比较保险的做法是，如果是因为直接送达存在困难而采用其他方式送达，当其他方式无法送达时，依然要回到直接送达的手段上，在最终确认直接送达确实无法送达时，才能认定为其他方式无法送达而适用公告送达。

## 三、不同送达方式的顺序

不同的送达方式并非行政机关任意选择的，而是有顺序的，结合

《民事诉讼法》关于送达的立法要旨、部门规章关于送达顺序的明确规定、司法实务观点和理论通说，一般情况下应当按照下列顺序依次采用：直接送达、留置送达、电子送达、委托送达、邮寄送达、转交送达、公告送达。但是由于《行政处罚法》《民事诉讼法》赋予了当事人选择电子送达的权利，当事人同意电子送达方式的，可以优先采用电子方式送达，如果当事人不同意电子送达方式，应当严格按照上述送达方式的顺序依次进行。

关于送达顺序，有的部门规章有明确规定。例如，根据《公安机关办理行政案件程序规定》第 36 条的规定，送达方式的顺序为直接送达、留置送达、委托送达、邮寄送达、电子送达、公告送达。根据《北京市民政局行政执法文书送达办法》(京民法发〔2015〕466 号)第 5 条的规定，送达方式的顺序为直接送达、留置送达、邮寄送达、电子送达、委托送达、转交送达和公告送达。

实践中，执法人员可以参考适用《公安机关办理行政案件程序规定》第 36 条的规定："送达法律文书，应当遵守下列规定：(一)依照简易程序作出当场处罚决定的，应当将决定书当场交付被处罚人，并由被处罚人在备案的决定书上签名或者捺指印；被处罚人拒绝的，由办案人民警察在备案的决定书上注明；(二)除本款第一项规定外，作出行政处罚决定和其他行政处理决定，应当在宣告后将决定书当场交付被处理人，并由被处理人在附卷的决定书上签名或者捺指印，即为送达；被处理人拒绝的，由办案人民警察在附卷的决定书上注明；被处理人不在场的，公安机关应当在作出决定的七日内将决定书送达被处理人，治安管理处罚决定应当在二日内送达。送达法律文书应当首先采取直接送达方式，交给受送达人本人；受送达人不在的，可以交付其成年家属、所在单位的负责人员或者其居住地居(村)民委员会代收。受送达人本人或者代收人拒绝接收或者拒绝签名和捺指印的，送达人可以邀请其邻居或者其他见证人到场，说明情况，也可以对拒收情况进行录音录像，把文书留在受送达人处，在附卷的法律文书上注明拒绝的事由、送达日期，由送达人、见证人签名或者捺指印，即视为送达。无法直接送达的，委托其他公安机关代为送达，或者邮寄送达。经受送达人同意，可以采用传真、互联网通讯工具等能够确认其收悉的方式送达。经采取上述送达方式仍无法送达的，可以公告送达。公告的范围和方式应当便于公民知晓，公告期限不得少于六十日。”

## 四、关于送达的实务操作建议

为了最大限度保障当事人权利，切实减少执法风险，执法人员要高度重视送达工作，做到规范送达。一是尽量采取直接送达或电子送达的方式，在调查取证初期应当尽可能通过送达地址确认书等方式明确当事人的送达地址，在电子送达方式上征得当事人同意。如果直接送达和电子送达确实不能，应当通过录像、有关事项审批表等方式固定相关证据，载明直接送达和电子送达确实不能的原因，同时转为委托送达或邮寄送达。二是在直接送达时受送达人拒绝签收执法文书时，可以采取留置送达方式，实践中执法人员表明身份后当事人仍拒不开门的，可以留置送达。三是邮寄送达或委托送达不能时，根据直接送达情况决定处理方式，确定无法直接送达的，可以经审批后进行公告送达；直接送达存在困难的，恢复直接送达方式，确实无法送达的，可以公告送达。四是变更送达方式，切记进行审批并固定相应证据，从而减少执法风险。

# 第十章　执行实务

## 一、关于执行的规范依据

执行的法律依据主要是《行政处罚法》第六章“行政处罚的执行”，第 66~75 条。

具体而言，《行政处罚法》第 66 条是关于当事人应当履行行政处罚决定和延期或分期缴纳罚款的规定。第 67 条是对罚缴分离原则的规定，其中第 3 款是 2021 年修订新增的通过电子支付系统缴纳罚款的规定。第 68~71 条是关于执法人员当场收缴罚款的规定。第 72 条是关于当事人逾期不履行行政处罚决定时作出行政处罚决定的行政机关实施行政强制执行的规定。第 73 条是关于行政处罚的不停止执行原则等规定。第 74 条是关于罚款、没收的违法所得以及非法财物处理的规定。第 75 条是关于行政处罚监督制度的规定。

## 二、当场收缴罚款的情形

出于高效便民、提高行政效率、减轻当事人履行负担等初衷，《行政处罚法》规定了当场收缴罚款的情形，作为“罚缴分离”制度的例外情况，当场收缴罚款有严格的条件限制。

《行政处罚法》第68条规定："依照本法第五十一条的规定当场作出行政处罚决定，有下列情形之一，执法人员可以当场收缴罚款：（一）依法给予一百元以下罚款的；（二）不当场收缴事后难以执行的。"

《行政处罚法》第69条规定："在边远、水上、交通不便地区，行政机关及其执法人员依照本法第五十一条、第五十七条的规定作出罚款决定后，当事人到指定的银行或者通过电子支付系统缴纳罚款确有困难，经当事人提出，行政机关及其执法人员可以当场收缴罚款。"

根据《行政处罚法》第68条、第69条的规定，行政机关可以当场收缴罚款的情形仅限于三种，一是适用简易程序且依法给予100元以下罚款的；二是适用简易程序且不当场收缴事后难以执行的；三是在边远、水上、交通不便地区，行政机关依法作出处罚决定后，当事人通过银行或者电子支付系统缴纳罚款确有困难，经当事人提出的，可以当场收缴。下文分别进行说明。

（一）依法给予100元以下罚款

《行政处罚法》第51条规定："违法事实确凿并有法定依据，对公民处以二百元以下、对法人或者其他组织处以三千元以下罚款或者警告的行政处罚的，可以当场作出行政处罚决定。法律另有规定的，从其规定。"

需要注意的是，此情形有个前提是需要为适用简易程序当场作出的行政处罚决定，即依照《行政处罚法》第51条的规定当场作出行政处罚决定，且依法给予100元以下罚款的，才能当场收缴罚款。一般这类案件当事人违法事实简单，违法行为轻微，社会危害较轻，罚款数额小，当场收缴罚款对当事人权益影响较小，有利于提高行政效率。

### （二）不当场收缴事后难以执行

此情形的适用前提同上，针对适用简易程序当场作出的部分行政处罚决定，即依照《行政处罚法》第 51 条的规定当场作出行政处罚决定，不当场收缴事后难以执行，可以当场收缴罚款，如对流动摊贩、流动人口等群体的处罚，为了保证行政处罚决定的执行，符合条件的可以当场收缴罚款。

### （三）在边远、水上、交通不便地区且符合相关条件的情形

《行政处罚法》第 69 条明确规定："在边远、水上、交通不便地区，行政机关及其执法人员依照本法第五十一条、第五十七条的规定作出罚款决定后，当事人到指定的银行或者通过电子支付系统缴纳罚款确有困难，经当事人提出，行政机关及其执法人员可以当场收缴罚款。"下面从适用前提和适用条件两个方面展开分析。

1. 适用前提

该情形适用于行政处罚的简易程序和普通程序，即不仅可以针对适用简易程序当场作出的部分行政处罚决定，还可以针对经过普通程序作出的行政处罚决定，只要符合在边远、水上、交通不便地区等条件，也可当场收缴罚款。

2. 适用条件

适用该情形当场收缴罚款应当同时满足三个条件：（1）在边远、水上、交通不便地区；（2）当事人到指定的银行或者通过电子支付系统缴纳罚款确有困难；（3）经当事人提出。三者缺一不可。例如，当事人在边远、水上、交通不便地区，但不存在到指定的银行或者通过电子支付系统缴纳罚款确有困难的情况的，执法人员不得当场收缴罚款；或者当事人的情况符合前两种条件，但是其愿意到指定的银行或者通过电子支付系统缴纳罚款，也不得当场缴纳罚款。

## 三、加处罚款的正确适用

《行政处罚法》第72条规定了对于当事人逾期不履行行政处罚决定的，作出行政处罚决定的行政机关可以采取的措施，其中第1款第1项规定："到期不缴纳罚款的，每日按罚款数额的百分之三加处罚款，加处罚款的数额不得超出罚款的数额。"

### （一）加处罚款基数的确定

加处罚款的基数是当事人未履行的罚款数额，而非原罚款的全部数额。例如，原罚款是10万元，如当事人全部不履行，应当以10万元为基数；若当事人已经履行了7万元，那么应当以未履行的3万元为基数加处罚款。

### （二）加处罚款的标准

每日按罚款数额的3%加处罚款，加处罚款的数额上限是未履行的处罚金额。需要注意的是，《行政处罚法》第73条第3款明确规定："当事人申请行政复议或者提起行政诉讼的，加处罚款的数额在行政复议或者行政诉讼期间不予计算。"

**☞ 案例　贵阳市观山湖区市场监管局、贵州尚家艺公司非诉执行审查案**[1]

2019年6月26日，贵阳市观山湖区市场监管局作出观市监行处字〔2019〕第219号《行政处罚决定书》，决定对贵州尚家艺公司罚款8万元。2019年7月1日，被执行人贵州尚家艺公司向观山湖区市场监管局递交《分期缴纳罚款申请书》，申请分期缴纳罚

〔1〕 参见贵州省贵阳市观山湖区人民法院行政裁定书，(2020)黔0102行审1号。

款。2019 年 7 月 4 日，观山湖区市场监管局作出并送达《分期缴纳罚款通知书》同意被执行人分期缴纳罚款。后贵州尚家艺公司一直未履行《行政处罚决定书》所确定的义务。2020 年 12 月 27 日，观山湖区市场监管局向贵州尚家艺公司作出并送达了《行政处罚决定履行催告书》，贵州尚家艺公司在规定的期限内仍未履行缴纳罚款 8 万元的义务。故观山湖区市场监管局向贵州省贵阳市观山湖区人民法院提出强制执行申请，要求贵州尚家艺公司：(1) 缴纳罚款 8 万元；(2) 缴纳加处罚款 9.36 万元。法院认为，针对《行政处罚决定书》的强制执行申请，法院经审理后予以认可。但针对观山湖区市场监管局申请缴纳加处罚款 9.36 万元的问题，法院认为，当事人对罚款 8 万元的行政处罚决定全部未履行，根据《行政处罚法》第 72 条"当事人逾期不履行行政处罚决定的，作出行政处罚决定的行政机关可以采取下列措施：(一) 到期不缴纳罚款的，每日按罚款数额的百分之三加处罚款，加处罚款的数额不得超出罚款的数额；……"的规定，加处罚款的累计总额不得超出处罚决定书中的罚款总额，即申请执行人加处的罚款不得超过 8 万元，加处罚款 9.36 万元在金额上明显违反法律规定，且加处罚款在程序上也不合法。

(三) 加处罚款的适用范围

《行政强制法》第 12 条第 1 项将加处罚款设定为一种普遍性的行政执行罚措施，第 45 条亦明确规定，"行政机关依法作出金钱给付义务的行政决定，当事人逾期不履行的，行政机关可以依法加处罚款或者滞纳金"，将加处罚款的适用范围从《行政处罚法》规定的只适用于对罚款的强制执行措施扩大至适用于所有"金钱给付义务的行政决定"，因此加处罚款不限于罚款，而是适用于当事人不履行具有金钱给付义务的行政处罚的情形。[1]

### （四）加处罚款应否另行决定

关于对加处罚款应否另行作出加处罚款决定的问题，实践中存在争议。

一种观点认为，应当另行作出加处罚款的决定。即在当事人逾期不缴纳罚款时，经催告后仍不履行的，行政机关再单独下达一份加处罚款决定书，从而保障当事人的陈述、申辩和听证等实体程序权利。

另一种观点则持相反意见，认为加处罚款无须另行作出加处罚款决定。行政处罚决定书中一般会写明“逾期不缴纳罚款的，根据《中华人民共和国行政处罚法》相关条款的规定，每日按罚款数额的3%加处罚款，并将依法申请人民法院强制执行”。因作出行政处罚决定时已经明确告知了加处罚款的条件、标准及申请行政复议和行政诉讼的权利和期限，属于行政处罚决定书中已包含加处罚款决定。加处罚款决定实际上是作出了一个附条件生效的具体行政行为，条件成就时，加处罚款的行政强制决定自动生效，行政机关履行催告程序后就可以凭借《行政处罚决定书》向法院申请强制执行处罚决定和加处罚款决定。

笔者认为，从遵守《行政强制法》相关程序规定，最大限度保障当事人程序权利，减少执法风险的角度出发，建议执法人员另行作出加处罚款决定，且作出决定前应作出加处罚款事先告知和决定，明确告知加处罚款的起点、期间、标准、计算方法及总金额，听取当事人的陈述和申辩，作出决定并履行催告程序，凭借《行政处罚决定书》和《加处罚款决定书》向法院申请强制执行。

---

〔1〕 参见江必新、夏道虎主编:《中华人民共和国行政处罚法条文解读与法律适用》，中国法制出版社2021年版，第239页。

## 四、行政机关向法院申请强制执行的常见实务问题

### (一)申请法院强制执行应当符合的条件

关于申请法院强制执行的条件,司法解释有明确规定,实践中比较容易把握。最高人民法院《关于适用〈中华人民共和国行政诉讼法〉的解释》第155条规定:“行政机关根据行政诉讼法第九十七条的规定申请执行其行政行为,应当具备以下条件:(一)行政行为依法可以由人民法院执行;(二)行政行为已经生效并具有可执行内容;(三)申请人是作出该行政行为的行政机关或者法律、法规、规章授权的组织;(四)被申请人是该行政行为所确定的义务人;(五)被申请人在行政行为确定的期限内或者行政机关催告期限内未履行义务;(六)申请人在法定期限内提出申请;(七)被申请执行的行政案件属于受理执行申请的人民法院管辖。行政机关申请人民法院执行,应当提交行政强制法第五十五条规定的相关材料。”

### (二)向法院申请强制执行的期限

当事人拒不履行行政处罚决定的,没有行政强制执行权的行政机关需要向法院申请强制执行。实践中,由于执法人员对不同情况下的申请期限把握不准,容易出现超期执行的问题。下文将梳理《行政处罚法》《行政强制法》《行政诉讼法》等有关规定,对不同情况下申请法院强制执行的期限作出说明,同时,建议执法人员学习涉及的相关法条,提高执法水平。

1. 法院判决维持被诉行政行为或者驳回原告诉讼请求情形的申请期限

最高人民法院《关于适用〈中华人民共和国行政诉讼法〉的解释》

第152条第1款规定："对发生法律效力的行政判决书、行政裁定书、行政赔偿判决书和行政调解书，负有义务的一方当事人拒绝履行的，对方当事人可以依法申请人民法院强制执行。"第153条规定："申请执行的期限为二年。申请执行时效的中止、中断，适用法律有关规定。申请执行的期限从法律文书规定的履行期间最后一日起计算；法律文书规定分期履行的，从规定的每次履行期间的最后一日起计算；法律文书中没有规定履行期限的，从该法律文书送达当事人之日起计算。逾期申请的，除有正当理由外，人民法院不予受理。"最高人民法院行政审判庭《关于行政机关申请法院强制执行维持或驳回诉讼请求判决应如何处理的答复》（〔2013〕行他字第11号）规定："人民法院判决维持被诉行政行为或者驳回原告诉讼请求后，行政机关申请人民法院强制执行的……法律未授予行政机关强制执行权的，人民法院对符合法定条件的申请，可以作出准予强制执行的裁定，并应明确强制执行的内容。"

根据上述规定，当事人不服行政处罚决定向法院提起行政诉讼，法院经过审理维持行政处罚决定或驳回当事人的诉讼请求的，法院作出的法律文书生效后，当事人仍未缴纳罚款的，行政机关可以在法律文书生效之日起2年内向法院申请强制执行。如果法律文书涉及分期履行，则从规定的每次履行期间的最后一日起分别计算每期申请执行的期限，期限仍为两年。

2. 非诉行政强制执行情形的申请期限

具体而言，可分为以下四种情况：

（1）当事人未申请行政复议或提起行政诉讼，且逾期不履行行政处罚决定的，以及申请行政复议又撤回，之后未在法定期限内提起行政诉讼，且逾期不履行行政处罚决定的。《行政诉讼法》第46条第1款规定："公民、法人或者其他组织直接向人民法院提起诉讼的，应当自知道或者应当知道作出行政行为之日起六个月内提出。法律另有规定的除外。”《行政强制法》第 53 条规定：“当事人在法定期限内不申请行政复议或者提起行政诉讼，又不履行行政决定的，没有行政强制执行权的行政机关可以自期限届满之日起三个月内，依照本章规定申请人民法院强制执行。”根据上述规定，行政机关可以在被处罚人 6 个月的法定起诉期限届满之日起 3 个月内向法院申请强制执行。

（2）当事人提起行政复议但对复议维持决定未提起行政诉讼，且逾期不履行行政处罚决定的。《行政诉讼法》第 45 条规定：“公民、法人或者其他组织不服复议决定的，可以在收到复议决定书之日起十五日内向人民法院提起诉讼。复议机关逾期不作决定的，申请人可以在复议期满之日起十五日内向人民法院提起诉讼。法律另有规定的除外。”最高人民法院《关于适用〈中华人民共和国行政诉讼法〉的解释》第 136 条第 1 款规定：“人民法院对原行政行为作出判决的同时，应当对复议决定一并作出相应判决。”根据上述规定，行政机关可以在当事人就复议维持决定提起行政诉讼的 15 日起诉期限届满之日起 3 个月内向法院申请强制执行。

（3）当事人提起行政诉讼又撤诉，且逾期不履行行政处罚决定的。最高人民法院《关于适用〈中华人民共和国行政诉讼法〉的解释》第 60 条第 1 款规定：“人民法院裁定准许原告撤诉后，原告以同一事实和理由重新起诉的，人民法院不予立案。”根据上述规定，由于原告撤回起诉，如无新的事实和理由，是无法再就案涉行政处罚决定提起行政诉讼的，因此行政机关可以在法院准予撤回起诉的裁定书生效之日起 3 个月内向法院申请强制执行。

（4）当事人向行政机关申请延期或分期缴纳罚款并获得批准，但又不按延期或分期申请缴纳罚款的。《行政处罚法》第 72 条第 2 款规定：“行政机关批准延期、分期缴纳罚款的，申请人民法院强制执行的期限，自暂缓或者分期缴纳罚款期限结束之日起计算。”根据上述规定，行政机关可以在暂缓或者分期缴纳罚款期限结束之日起3个月内向法院申请强制执行。

### （三）催告程序和执行管辖

《行政强制法》第54条规定："行政机关申请人民法院强制执行前，应当催告当事人履行义务。催告书送达十日后当事人仍未履行义务的，行政机关可以向所在地有管辖权的人民法院申请强制执行；执行对象是不动产的，向不动产所在地有管辖权的人民法院申请强制执行。"

根据上述规定，催告程序中，行政机关应制作行政处罚决定履行催告文书，并有效送达当事人。加处罚款的，催告书中应载明。行政机关可在当事人行政复议或行政诉讼期限届满后向当事人送达催告书。在送达10日后当事人仍未履行义务的，行政机关才可向法院申请强制执行。

执行管辖包括级别管辖和地域管辖：（1）级别管辖。通常非诉行政强制执行案件是由基层法院管辖。但如果当事人提起行政诉讼的管辖法院是中级法院或高级法院，那么行政机关应向中级法院或者高级法院申请强制执行，即行政机关应当按照级别管辖的一般原则向有管辖权的中级或高级法院申请强制执行，并非完全由基层法院作为非诉行政执行的管辖法院。（2）地域管辖。通常以行政机关所在地法院为非诉行政执行的管辖法院，但也有例外，执行对象是不动产的，向不动产所在地法院申请强制执行；专利管理机关的行政决定，由被执行人住所地或财产所在地的省、自治区、直辖市有权受理专利纠纷案件的中级法院执行。

### （四）申请强制执行所需材料

《行政强制法》第55条第1款规定："行政机关向人民法院申请强制执行，应当提供下列材料：（一）强制执行申请书；（二）行政决定书及作出决定的事实、理由和依据;(三)当事人的意见及行政机关催告情况;(四)申请强制执行标的情况;(五)法律、行政法规规定的其他材料。"

根据上述规定,第一项申请书可以使用本地或相关执法领域关于执法文书的参考样式,补充相应内容,一般应当写明申请执行的理由、事项、执行标的,以及申请执行人所了解的被执行人的财产状况。第二项是指行政处罚案卷(复议案卷),提交前应按照案卷标准进行整理、组卷。第三项是指催告程序的相关文书,包括催告书、送达回证、当事人是否陈述、申辩或自行履行的材料。第四项是指行政决定书、法院判决书确定的内容,通常是罚没款和加处罚款。第五项为兜底条款,如法院需要其他材料,行政机关应配合提供。

# 第十一章　结案实务

## 一、关于结案的规范依据

《行政处罚法》没有涉及行政处罚结案的条款，各地方、各部门对行政处罚的结案有相应规定。如《交通运输行政执法程序规定》第 122 条规定了结案的标准，《河北省行政处罚案卷标准（2022 年版）》第 80~82 条对结案涉及的文书进行了规定。

## 二、结案的标准

### （一）关于结案标准的规范依据

对于行政处罚案件究竟达到什么样的条件才可以结案，尚没有统一的标准，不同地方和不同部门对结案条件的规定并不一致。有的规章详细列举了案件的结案标准，如《水行政处罚实施办法》第 56 条列举了 8 种可以结案的情形、《住房和城乡建设行政处罚程序规定》第 31 条列举了 5 种可以结案的情形、《交通运输行政执法程序规定》第 122 条列举了 6 种可以结案的情形；有的规章仅提出了原则性要求，如《安全生产执法程序规定》《广播电视行政处罚程序规定》；还有相当数量的规章未对结案作出规定。对规定了结案标准的规章列举如下。

《水行政处罚实施办法》第 56 条规定："有下列情形之一，水行政执法人员应当制作结案审批表，经水行政处罚机关负责人批准后结案：（一）水行政处罚决定执行完毕的；（二）已经依法申请人民法院强制执行，人民法院依法受理的；（三）决定不予水行政处罚的；（四）案件已经移送管辖并依法受理的；（五）终止调查的；（六）水行政处罚决定被依法撤销的；（七）水行政处罚决定终结执行的；（八）水行政处罚机关认为可以结案的其他情形。"

《交通运输行政执法程序规定》第 122 条规定："有下列情形之一的，执法人员应当制作《结案报告》，经执法部门负责人批准，予以结案：（一）决定撤销立案的；（二）作出不予行政处罚决定的；（三）作出行政处罚等行政处理决定，且已执行完毕的；（四）案件移送有管辖权的行政机关或者司法机关的；（五）作出行政处理决定后，因执行标的灭失、被执行人死亡等客观原因导致无法执行或者无需执行的；（六）其他应予结案的情形。申请人民法院强制执行，人民法院受理的，按照结案处理。人民法院强制执行完毕后，执法部门应当及时将相关案卷材料归档。"

《住房和城乡建设行政处罚程序规定》第 31 条规定："行政处罚案件有下列情形之一，执法人员应当在十五日内填写结案审批表，经本机关负责人批准后，予以结案：（一）行政处罚决定执行完毕的；（二）依法终结执行的；（三）因不能认定违法事实或者违法行为已过行政处罚时效等情形，案件终止调查的；（四）依法作出不予行政处罚决定的；（五）其他应予结案的情形。"

### （二）结案标准分析

虽然不同地方和不同部门对结案标准的规定并不一致，但是通过对这些规范性文件关于结案标准的规定进行“合并同类项”，可汇总出以下结案标准：（1）行政处罚决定已经执行完毕的；（2）不予行政处罚的；（3）案件终止调查的；（4）案件移送其他有关机关的；（5）申请法院或者政府强制执行的；（6）行政处罚决定被撤销的；（7）终结执行的；（8）违法行为涉嫌犯罪，转为刑事案件办理的；（9）作出处理决定后，因执行对象灭失、死亡等客观原因无法执行或者无须执行的；（10）行政机关认可的其他可以结案的情形。其中前5种情形出现的频次较高，几乎在各个规章及规范性文件中都有规定，具有一定共通性，而后4种情形则零散地出现于不同规章中。

执法人员在把握结案标准时，本地有明确规定的，依据相关规定执行；本地无明确规定的，建议执法人员根据案件所涉及执法领域的规定执行，如案件是住房和城乡建设领域的，根据《住房和城乡建设行政处罚程序规定》第31条规定执行；既无地方规定也无部门规定的，可借鉴本书所列10种情形，前5项标准多为部门规章所规定，具有共通性，一般不存在执法风险。

## 三、结案后的立卷归档

### （一）关于立卷归档的规范依据

《行政处罚法》第47条规定：“行政机关应当依法以文字、音像等形式，对行政处罚的启动、调查取证、审核、决定、送达、执行等进行全过程记录，归档保存。”

国务院办公厅《关于全面推行行政执法公示制度执法全过程记录制度重大执法决定法制审核制度的指导意见》规定：“（九）严格记录归档。要完善执法案卷管理制度，加强对执法台账和法律文书的制作、使用、管理，按照有关法律法规和档案管理规定归档保存执法全过程记录资料，确保所有行政执法行为有据可查。对涉及国家秘密、商业秘密、个人隐私的记录资料，归档时要严格执行国家有关规定。积极探索成本低、效果好、易保存、防删改的信息化记录储存方式，通过技术手段对同一执法对象的文字记录、音像记录进行集中储存。建立健全基于互联网、电子认证、电子签章的行政执法全过程数据化记录工作机制，形成业务流程清晰、数据链条完整、数据安全有保障的数字化记录信息归档管理制度。”

地方和部门也对行政处罚的立卷归档进行了规定，如《河北省行政处罚案卷标准（2022年版）》第七章“立卷归档标准”第95~109条、《市场监督管理行政处罚程序规定》第78条。

此外，还可参考其他有关规定，主要涉及《档案法》、《机关文件材料归档范围和文书档案保管期限规定》（国家档案局令第8号）、《机关档案管理规定》（国家档案局令第13号）等。

### （二）立卷归档要求

执法人员主要根据本地的规范性文件立卷归档，此外，也可参考以下立卷归档要求。

#### 1. 文件收集

制作归档案卷要求收集案件处理过程中涉及的各种文书、证据等文件材料。所收集文件材料应当齐全完整，无重份或多余材料。原则上要求收集各种文件的原件，在原件不能取得的情况下，也可以使用复制件，但应当作出说明。不能随文书装订立卷的录音、录像等证据材料应当放入证据袋中，并注明录制内容、数量、时间、地点、制作人等，随卷归档。

#### 2. 文件排序

行政处罚案件的文书材料一般按照下列顺序排列：

(1)案卷封面;

(2)卷内目录;

(3)行政处罚决定书和送达回证;

(4)立案审批表;

(5)当事人身份证明;

(6)询问笔录、现场检查(勘验)笔录、抽样取证凭证、证据登记保存清单、登记物品处理通知书、查封(扣押)决定书、解除查封(扣押)决定书、鉴定意见等文书;

(7)检验报告、销售单据、许可证等有关证据材料;

(8)案件处理意见书、行政处罚事先告知书等;

(9)行政处罚听证会通知书、听证笔录、行政处罚听证会报告书等听证文书;

(10)行政处罚决定审批表;

(11)送达回证等回执证明文件;

(12)执行的票据等材料;

(13)罚没物品处理记录等;

(14)履行行政处罚决定催告书、强制执行申请书、案件移送函等;

(15)行政处罚结案报告;

(16)备考表。

3. 页号编写

(1)案卷内文件的页号适用铅笔或者打号机,在有字迹页面正面的右上角、背面左上角的显著位置编写;

(2)案卷内的文件材料应用阿拉伯数字从“1”开始,依序标注,空白页不编号;

(3)案卷中的成册印刷品应按顺序编写页号;

(4)使用较大纸张制作的材料,应在折叠后有字迹页面的右上角编写页号；

（5）使用 A4 纸张横印的表格，应当将字头朝装订线方向摆放好，再编写页号；

（6）案卷过厚（超过 100 张），分为多卷装订时，每卷页号编写仍用阿拉伯数字从“1”开始标注。

4. 卷内文件目录著录

卷内文件目录作为整个案件所包含内容的索引，既应当准确反映案卷中文件材料的全貌，还应当做到简练、清晰。卷内文件目录应当包括序号、题名、页号和备注等内容，按卷内文书材料排列顺序逐件填写。

（1）顺序号。是以卷内文件的先后顺序填写的序号，即件号，要求给每份独立的文件编一个顺序号。正件和附件编一个顺序号，请示与批复、来文与复函、转发件与被转发件应各编一个顺序号。

（2）题名。即文件的标题。一般按照文件的原标题照实抄录。

（3）页号。填写文件材料在卷内位置的起止页号，填写时注意不要将双位以上的阿拉伯数字分为上、下两行。

（4）日期。文件的形成时间，填写时间可省略“年”“月”“日”字，在表示年、月的数字右下角加“.”号。

（5）备注。主要用于填写针对该项材料还需要说明的情况，填写力求精练。

5. 填写备考表

案件的备考表放在全卷的最后，应填写该卷中需要说明的情况，如对卷内文件的说明、缺少文件或漏编页号等问题。立卷人在制作案卷时要如实填写有关情况，制作完成后由立卷人、检查人签名。归档后卷内文件发生补充、移出、销毁等情况的，由该卷的立卷人和检查人填写、签名，并注明时间。

6. 案卷装订

案卷装订前应检查卷内文件是否完整并检查排列顺序，防止出现文件缺失、放错、放反、放斜等现象，同时注意文件上的金属物应全部去掉。

（1）装订案卷时，应做到四边整齐，或将文件材料的右侧和下侧对齐，并与案卷封面下侧对齐后，再进行装订。需扫描案卷可不装订。

（2）装订案卷必须使用棉质或化纤线绳，采用三孔一线的装订方法。

（3）凡装订线内有字迹的文件，一律用纸条粘贴，让出字迹部分，装订案卷时不得遮盖卷内文件的字迹，不得掉页。

（4）对破损的文书材料应当进行修补或复制。字迹已扩散的要复制并与原件一并立卷。对字迹难以辨认的材料，应当附上抄件。

（5）光敏纸复印后，将复印件装订入卷，光敏纸有红印章时，复印件与原件一同归档。

（6）文件材料大于案卷封面的可进行折叠，小张字条或纸张不规范的应用 A4 纸进行托底补贴。纸张大于卷面的材料，应当按卷宗大小先对折再向外折叠。

（7）为保证档案的严肃性，归档文件所用的纸张，反面不得出现与归档内容无关的字迹、图表等。

案卷装订完成后，应当整齐、美观、固定，不松散、不压字迹、不掉页，便于翻阅。

7. 编写案卷号和编制案卷目录

案卷制作完成后，立卷单位应当确定保管期限，编写案卷号。案卷号应当每年度按照永久、长期、短期不同保管期限，分别编写 3 个流水号。立卷单位按照不同保管期限，每年编制年案卷目录。

8. 案卷移交

执法人员完成立卷后，应及时移交单位档案管理部门进行归档。案卷归档后，不得私自增加或者抽取案卷材料，不得修改案卷内容。

结案后，不能忽视案卷归档这一工作环节，因为案卷不仅是行政复议机关进行行政复议案件审理和法院对行政行为进行司法审查时的事实根据和材料，其还记载和储存执法中的信息，对于案件评查、总结经验教训、改进执法工作都有着重要意义。